Klaus Waller

HABGIER IN WEISS
DIE ÄRZTE-MAFIA

Wie schwarze Schafe
einen ganzen Berufsstand
in Verruf bringen

Originalausgabe

WILHELM HEYNE VERLAG
MÜNCHEN

HEYNE SACHBUCH
Nr. 19/577

Umwelthinweis:
Dieser Titel wurde auf chlor-
und säurefreiem Papier gedruckt.

Redaktion: Oliver Neumann, Redaktionsbüro Dr. Andreas Gößling

Copyright © 1997
by Wilhelm Heyne Verlag GmbH & Co. KG, München
Printed in Germany 1998
Umschlagillustration: Studio für Werbefotografie
Elmar Kohn, Landshut
Umschlaggestaltung: Atelier Adolf Bachmann, Reischach
Herstellung/DTP: Sibylle Hartl
Druck und Verarbeitung: Ebner Ulm

ISBN 3- 453-13199-1

Für Beate Breitsohl
und alle anderen Angehörigen der Gesundheitsbranche,
die nicht unter den Begriff »schwarze Schafe« fallen –
darunter natürlich sämtliche mit mir befreundeten
und verwandten Ärzte.

INHALT

Teil III – Ergebnis: Kunstfehler.
Ärztepfusch – Fahrlässigkeit, Unfähigkeit und Habgier

Einleitung

> »Wird der Beruf des Arztes als Job gewählt, in dem
> man zu Ansehen und persönlichem Wohlstand ge-
> langen kann, und steht im Hintergrund jeder ärzt-
> lichen Verordnung nur der Gedanke an die Ge-
> bührenordnung, dann wird die Nemesis, die Göttin
> der vergeltenden Gerechtigkeit, nicht lange auf sich
> warten lassen. Bedauerlich, daß ihr erstes Opfer
> dann der Patient ist.«
>
> Dr. med. Karl Dupré

Wenn der praktische Arzt Dr. med. Michael Naumann* Muße
hat (und die hat er ausreichend, seit der organisierte ärztliche
Notdienst auch in der Provinz Einzug gehalten hat), setzt er
sich auf die Terrasse vor seinem Haus und genießt die herrli-
che Alpenlandschaft. Er könnte eigentlich rundum zufrieden
sein, doch er hat ein Problem: Er möchte einem Jüngeren Platz
machen und kann es nicht.

Monatelang versuchte der Endfünfziger, einen Nachfolger für
seine gutgehende Allgemeinpraxis zu finden – ohne Erfolg. Dabei will er für die Patientenkartei (das eigentlich Lukrative bei
einer Praxisübernahme) kaum etwas haben, es geht ihm
hauptsächlich darum, daß jemand in seinen Mietvertrag für die

Praxisräume eintritt. Doch Anzeigen in Fachblättern, Meldungen bei der Kassenärztlichen Vereinigung (KV) – alles nützte nichts. Im Herbst 1997 suchte Funcke bereits seit über einem halben Jahr.

Und das, obwohl die Arbeitslosigkeit der Ärzte laut Ärztekammer-Präsident Karsten Vilmar[1] innerhalb weniger Jahre von 6000 auf 10 000 im Jahr 1997 angestiegen ist und man damit rechnet, daß in Zukunft ohnehin nur noch jeder vierte bis fünfte neu ausgebildete Mediziner eine Arbeitsstelle finden oder gar eine eigene Praxis leiten wird. Und obwohl in den Krankenhäusern genügend Ärzte in »Warteposition« verharren, die sich von ihrer Ausbildung her jederzeit niederlassen könnten.

Naumann führt die Erfolglosigkeit seiner Bemühungen auf eine allgemeine Verunsicherung der Mediziner nicht zuletzt durch die Dauerdiskussion um Gesundheitsreformen, Deckelung und Budgetierung (alles Begriffe, denen Sie in diesem Buch noch öfter begegnen werden) zurück.

Es scheint so, als hätte die – vornehmlich von den ärztlichen Standesvertretern inszenierte – Propaganda von den armen Medizinern, die (als Niedergelassene) alle kurz vor der Pleite oder (als Krankenhausangestellte, insbesondere als Chefärzte) vor einem gewaltigen Einkommensabbau stünden, gewirkt. Und zwar nicht beim Publikum, sondern bei den Ärzten selbst.

Dabei haben die Veränderungen im Gesundheitswesen längst nicht alle Mediziner gleich getroffen. Naumann als Allgemeinmediziner zum Beispiel erklärt, daß es ihm aufgrund der Budgetierung finanziell besser gehe als vorher.

Das Wichtigste aber: Bei allen Reformen ist ein Grundtatbestand nicht ausgeräumt worden – daß nämlich der Medizinbetrieb, so wie er heute organisiert ist, viele schwarze Schafe im weißen Kittel einlädt, sich selbst zu bedienen und oft auf unsaubere, manchmal unrechtmäßige, gelegentlich sogar kriminelle Weise zu bereichern.

Seit Jahren verkünden die Ärztefunktionäre, daß die Einkommen der Ärzte dramatisch sänken. Der Vorsitzende der hessischen Kassenärztlichen Vereinigung, Dr. Wolfgang Grebe, glaubt, daß 1500 von 8400 Praxisärzten in Hessen bald aufgeben müßten, und behauptet: »Dieses Plattmachen der Arztpraxen ist politisch gewollt.«[2]

Doch gibt es keine offizielle Statistik, die eine solche Tendenz bestätigt. Selbst im Mitteilungsblatt des Hartmannbundes, einer konservativen Ärztevereinigung, die immer wieder durch aggressive Interessensvertretung auffällt, mußte eingeräumt werden, daß sich wirklich existenzielle Schwierigkeiten von Arztpraxen nicht gehäuft haben.[3] In einem Gespräch mit dem Vorstandsmitglied der Deutschen Apotheker- und Ärztebank, Jürgen Helff, wies dieser darauf hin, daß sich die Zahl der Praxen, die Schwierigkeiten haben, ihre Kredite abzulösen, prozentual nicht erhöht habe.

Da die APO-Bank nach eigenen Angaben immerhin 30 Prozent der niedergelassenen Heilberufsangehörigen betreut, dürfte die dort festzustellende (Nicht-)Entwicklung einigermaßen repräsentativ sein.

Auch die Kassenärztliche Bundesvereinigung (KBV) wußte auf eine entsprechende Anfrage[4] keinen einzigen an den Folgen der Gesundheitsreform(en) pleite gegangenen Arzt zu nennen.

Dennoch füllen Meldungen wie »Einkommen der Ärzte dramatisch gesunken« oder »Pleitewelle droht« die Spalten der medizinischen Fachpresse, und auch im *Hartmannbund-Magazin* ist weiterhin vom drohenden »Ruin der Vertragsarztpraxen« die Rede[5].

Die *Medical Tribune* brachte ihren Lesern schon 1992 in einem Vergleich nahe, wie wenig Ärzte wirklich verdienten: Ein Hausarzt – jedenfalls wenn er seine Praxis noch nicht länger als zehn Jahre besitze – komme lediglich auf ein privat verfügbares Monatseinkommen von 6600 Mark: »Das ist weniger als ein Ministerialrat, der z. B. im Ministerium das Gesundheitsstrukturgesetz zusammenbastelt, verdient.«[6]

Wieso Hausärzte per se einen Anspruch darauf haben sollten, mehr Geld zu verdienen als ein Ministerialrat, wurde in dem Artikel nicht thematisiert. (Nebenbei bemerkt, habe ich im Grundgesetz trotz intensiven Suchens bisher auch keinen Artikel gefunden, der den Ärzten quasi als Menschenrecht ein freistehendes Einfamilienhaus garantiert.)

Das Magazin *Arzt & Wirtschaft* kam in einer atemberaubenden Modellrechnung zu dem Schluß, daß der niedergelassene Arzt in Deutschland im Schnitt einen Netto-Stundenlohn von nur 18 Mark einnehme. Man teilte einfach die Gesamtsumme der Kassenvergütung von 1996 (39,2 Milliarden Mark) durch die Anzahl der niedergelassenen Ärzte (121 876), unterstellte pauschal 60 Prozent Betriebskosten und eine durchschnittliche Arbeitszeit von 60 Wochenstunden pro Mediziner – und flugs war man beim Hungerlohn angelangt.

Sie wundern sich, daß die meisten Ärzte dennoch weiter praktizieren? Daß Sie keinen einzigen Mediziner kennen, der seinen Mercedes verkaufen oder gar sein schmuckes Einfamilienhaus räumen mußte? Dann seien Sie versichert: Sie leiden nicht an einer Sinnestäuschung. Den Ärzten geht es nach wie vor insgesamt ganz gut.

Denn erstens dürfte es nur sehr wenige Vertreter der Zunft geben, die das ganze Jahr über ohne Urlaubsunterbrechung sechzig Stunden in der Woche arbeiten – wie in der Modellrechnung unterstellt. (Dazu die Aussage eines anonym bleibenden Arztes in der *Medical Tribune*: Ein Arbeitspensum von morgens 8.00 Uhr bis abends 19.00 Uhr oder länger, über das manche Kollegen klagten, das sei nicht sein Fall. Wörtlich: »Ich weiß auch gar nicht, was die Kollegen so lange machen.«[7])

Zweitens gibt es neben den Kassen- auch noch Privatpatienten sowie weitere Quellen für Zusatzeinkünfte. Und drittens gibt es seriösere Angaben über die tatsächlichen Durchschnittsverdienste bundesdeutscher Ärzte.

So verdienten nach Angaben der Kassenärztlichen Bundesvereinigung[8] die niedergelassenen Ärzte 1992 bis 1994 im Durchschnitt pro Jahr immerhin 192 000 Mark vor Steuern – nach Abzug aller Praxiskosten. Das Honorar reichte von rasanten 285 400 Mark bei den Orthopäden und 279 300 bei den Hals-, Nasen-, Ohrenärzten als den Spitzenreitern bis hinunter zu 172 400 Mark bei den Kinderärzten und 156 100 Mark bei den Allgemeinmedizinern, den Schlußlichtern.

Durch die Budgetierung und neue Bewertungsmaßstäbe bei der Vergütung einzelner ärztlicher Leistungen hat sich die Gesamtsumme der Einkünfte kaum verringert – allenfalls haben sich die Durchschnittseinkommen der einzelnen Fachgruppen verändert: Kinderärzte und Allgemeinmediziner stiegen in der Skala, bei einigen Fachärzten (vor allem Radiologen und Laborärzten) sank der Einkommensanteil.

Absolut auf dem aufstrebenden Ast sind übrigens die Lungenärzte, die ihren Praxisumsatz innerhalb von zehn Jahren (von 1987 bis 1997) um fast 50 Prozent gesteigert haben. Neidvoll sprechen die Internisten vom »raketenhaften Aufstieg der Lungenfachärzte, denen auch in großer Honorarhöhe offenbar nicht die Luft ausgeht«.[9]

ARZT IST NICHT GLEICH ARZT

Um Mißverständnissen vorzubeugen: Ob nun 190 000 Mark Durchschnittshonorar per anno oder 150 000 Mark, wie andere Schätzungen für 1996 und 1997 lauten[10] – solche Zahlen

sagen natürlich wenig über die konkreten Einkommensverhält-
nisse der einzelnen Ärzte aus.

Denn innerhalb der jeweiligen Fachgruppen gibt es Spitzen-
verdiener (mit Einkommen bis in den Millionenbereich), aber
auch »Hungerleider«, die (z. B. als Teilzeitkräfte) nur mäßige
Einnahmen erzielen. Hinzu kommt, daß auch das »wirtschaftliche Denken« bei einzelnen Heilkundlern unterschiedlich aus-
geprägt ist.

»Wer als Kassenarzt nicht betrügt, geht pleite«, pflegte Prof.
Dr. Julius Hackethal zu sagen.[11] Ich will diesen Satz an dieser
Stelle einmal wohlwollend übersetzen mit »Ein Kassenarzt, der
absolut korrekt arbeitet, kann nicht viel verdienen« – »korrekt« im Sinne von »Dienst nach Vorschrift«, der, wie wir wissen, ganze Verwaltungen und Konzerne stillegen kann.

Ein bißchen »Improvisation« und Gestaltungsfreiheit muß
man sicher auch dem Berufsstand des Arztes zubilligen, und
wer als Arzt im Zweifelsfall ausschließlich die für die Kassen
kostengünstigste, für ihn aber finanziell schlechtere Variante des
Behandelns und Abrechnens wählt, gehört sicher bald zum
»Elendsproletariat« des Arztstandes.

Doch dieses Buch handelt hauptsächlich von den Medizinern
auf der anderen Seite der Einkommensskala, von denen, die
durch systematischen Mißbrauch des Systems, durch Betrug und
hemmungsloses Gewinnstreben ihr Einkommen in teilweise
schwindelerregende Höhen treiben – auf Kosten der Kassen-
und Privatpatienten. (Selbst wenn die zusätzlichen Einnahmen
möglicherweise von vorteilssuchenden Pharmafirmen oder
Herstellern medizinischer Geräte stammen, bezahlt letztlich der
Patient.) Diese Mediziner profitieren besonders von einem System, dem der Präsident der Berliner Ärztekammer, Ellis Huber, eine »Tendenz zur mafiösen Entartung« bescheinigt.[12]

In diesem Buch wird von Extremfällen, in denen Mediziner aus
Geldsucht das Leben von Patienten aufs Spiel setzten, ebenso

die Rede sein wie vom massenhaften, systematischen Abrechnungsbetrug, von den mafiösen Strukturen im Herzklappenskandal und überflüssigen diagnostischen Maßnahmen sowie sinnlosen Verordnungen, die letztlich nur dem Geldbeutel des abrechnenden Mediziners (ob als niedergelassener Arzt oder als Chefarzt am Krankenhaus) nützen. Wir werden von gewissenlosen »Helfern« und »Heilern« zu sprechen haben, die aus der Not von Krebspatienten auf unseriöse Art Kapital schlagen, und von betrügerischen Machenschaften einzelner Forscher berichten, die nur illegale Wege sehen, um an das große Geld zu kommen.

Schließlich sprechen wir den Bereich Schönheitsindustrie an, in deren Rahmen auch Mediziner von der Sehnsucht nach Attraktivität und ewiger Jugend profitieren.

Eine Berufsgruppe, die in der Öffentlichkeit mittlerweile vor allem deshalb im Gespräch ist, weil sie an allen Ecken und Enden weitere Einnahmen erzielen will, tut gut daran, sich fachlich unangreifbar zu machen. Doch das Gegenteil ist der Fall: Kunstfehler (krasser ausgedrückt: Ärztepfusch) häufen sich. Deshalb wird ein eigener Teil des Buches dem Umstand gewidmet, daß Ärzte nicht nur Fehler begehen (was ja selbstverständlich ist), sondern nur in den seltensten Fällen auch zu diesen Fehlern stehen. »Pfuschen und vertuschen« lautet vielfach das Motto, das dem Ansehen der Ärzteschaft insgesamt großen Schaden zufügt.

Schwierige Zeiten bedeuten Herausforderung

Zugegeben, es ist zur Zeit nicht unbedingt einfach, als Arzt tätig zu sein. Das Hin und Her in den Abrechnungsmodalitäten, die Unsicherheit bezüglich des durch Deckelung und Budgetierung Erlaubten und durch neue Gesetze Verbotenen kostet viel

Energie, die besser in die optimale Behandlung Kranker flösse. »Alle paar Monate muß ich neue Verordnungen und neue Gebührenziffern für meine Abrechnung pauken, und die Fachzeitschriften stapeln sich«, schreibt anonym ein Arzt im Spiegel. »Statt wissenschaftlicher Kongresse besucht man nun Abrechnungsseminare, statt über Problemfälle grübelt man über Abrechnungstricks und Einnahmeverluste.«[13]

Ein Umstand allerdings ist bei allen äußeren Veränderungen gleichgeblieben: Der Arzt in unserem System steht im ständigen Konflikt zwischen der ethischen Herausforderung seines Berufes und der Notwendigkeit (und Möglichkeit), Geld zu verdienen. »Trotz allem Gerede über Humanität und Würde des Menschen«, sagt der ärztliche Gutachter Dr. med. Karl Dupré[14], »leben wir in einer Zeit des Abbaus ethischer Wert. Die humanitäre Verpflichtung des Arztes tritt deshalb immer häufiger hinter rein ökonomischen Überlegungen zurück. Der Patient wird zum Objekt privaten Gewinnstrebens. Das wirkt sich verhängnisvoll in der Zunahme wissenschaftlichen und ethischen Fehlverhaltens aus.«

An anderer Stelle schreibt Dupré: »Verantwortung in ihrer höchsten Stufe und ihr Mißbrauch wohnen nirgendwo so eng beieinander wie im Heilberuf.«[15] So wie der Patient darauf vertrauen muß, daß der Arzt ihn nach den Regeln der ärztlichen Kunst behandelt, ohne daß er dies nachprüfen kann (dazu müßte er ja selbst Mediziner sein), genauso müssen sich die Kassen und die Privatpatienten darauf verlassen, daß die Ärzte in punkto Abrechnung und Honorierung ehrlich vorgehen. Kontrolle ist immer nur stichprobenartig und ansatzweise möglich. »Wer den ärztlichen Beruf als besonders günstige Möglichkeit, reich zu werden, mißversteht, liegt falsch. Wer viel Geld haben will, soll Bauspekulant oder Unternehmer werden«, sagt Ellis Huber, der Präsident der Berliner Ärztekammer.[16]

Aber das ist nur die persönliche Dimension. Jeder einzelne bekanntgewordene Fall von überzogener oder gar betrügerischer Abrechnung, jede unlautere Zuwendung durch Pharmafirmen oder Medizingerätehersteller, jedes Gerichtsverfahren gegen offensichtlichen Ärztepfusch fällt auf die Gesamtheit der Ärzte zurück. Ohne Zweifel können schwarze Schafe einen ganzen Berufsstand in Verruf bringen. Es liegt an der großen Masse der ehrlichen Angehörigen dieses Fachs, sich von solchen Machenschaften abzugrenzen – gerade in schwierigen Zeiten. Sie dürfen auch nicht unter dem Stichwort »Standessolidarität« über einen Kamm geschoren werden.

Die in diesem Buch aufgeführten Fälle, in denen das materielle Interesse des Arztes über das Wohl des Patienten gestellt wurde, bilden naturgemäß nur die Spitze eines Eisberges. Sie sind Exempel für die vielen Facetten dieses Themas. Es liegt nicht in meinem Interesse, einzelne Ärzte an den Pranger zu stellen oder Patienten, die meist genug gelitten haben, als Kronzeugen zu mißbrauchen. Namen, die aus diesem Grund verändert wurden, sind mit einem Sternchen (*) gekennzeichnet.

Teil I

Diagnose: Honorarsuche. Von Schummeleien, Betrügereien und bezahltem Übereifer

1. Betrug auf Krankenschein

Die Scheine im Rucksack

Wenn Dr. Bernhard Schneider* abends nach der Arbeit seinem Eigenheim in einer süddeutschen Kleinstadt zustrebt, hat er stets eine prall gefüllte Aktentasche unter dem Arm. Nun ist Schneider kein Konzernmanager oder Bundespolitiker, der des nachts Akten durcharbeiten muß. Nein, Bernhard Schneider ist Zahnarzt, und in der Aktentasche befinden sich die aktuellen Patientendaten seiner Praxis. »In seiner Praxis hat noch nie eine Helferin diese Eintragungen gesehen«, meint ein Kollege Schneiders, der diesen Fall berichtete. »Er ganz alleine weiß, was er als Behandlungen abrechnet.« Nur einmal kam Schneider kurzfristig in Verlegenheit: Als er einen Bandscheibenvorfall erlitt und die Aktentasche deshalb nicht mehr tragen konnte. Er wußte sich zu helfen: Seither bringt er die Patientendaten im Rucksack nach Hause.

Aber es geht auch einfacher. Im *Spiegel* erzählt ein anonymer Urologe: »Was meinen Sie wohl, warum so viele Ärzte ihre Abrechnung erst in den letzten Tagen eines Quartals zu Hause machen – ganz allein mit der Ehefrau. Da guckt keine neugierige Arzthelferin über die Schulter – oder streicht gar angesetzte und nicht erbrachte Ziffern wieder. Da wird geklotzt und getürkt und gelogen, was das Zeug hält.«[17]

In der Tat: Nichts ist so einfach wie das Schummeln bei den Abrechnungen mit den Krankenkassen. »Jedem logisch und wirtschaftlich denkenden Bürger ist eine Abrechnung nach dem Prinzip der Kassenabrechnung völlig unbegreiflich«, schreibt der ehemalige Chefarzt Dr. Hans Schwabe, »sie wäre nicht einmal verständlich, wenn alle Ärzte den Status von Engeln hätten.«[18] Und er fährt fort: »Als ich anläßlich eines solchen Betruges durch einen HNO-Arzt, der sich um Hunderttausende bereichert hatte, einmal mit einem Prüfarzt darüber sprach, da meinte er: ›Das machen bestimmt nicht wenige – aber nicht so plump!‹ Einer der prozeßführenden Richter sagte, nachdem das Abrechnungssystem während der Verhandlung ausführlich erörtert worden war, ein derartiges System lade ja direkt zum Mißbrauch ein.«

Man muß es also schon besonders toll treiben, um bei Abrechnungsmanipulationen aufzufallen. Dabei ist das Risiko anscheinend auch regional unterschiedlich. Wenn man von den öffentlich gemachten Fällen von Abrechnungsbetrug in größerem Ausmaß ausgeht, dann gibt es ein deutliches Nord-Süd-Gefälle. So ist zum Beispiel die Kassenärztliche Vereinigung von Berlin weitaus eifriger im Aufklären solcher Unregelmäßigkeiten als – beispielsweise – die Kollegen in Bayern.

Auch das weist darauf hin, daß die Fälle, von denen in diesem Kapitel die Rede ist, mit Sicherheit nur die sprichwörtliche Spitze des Eisbergs darstellen.

EIN 25-STUNDEN-TAG

Wenn es nach einem Allgemeinmediziner aus Berlin geht, dann ist es möglich, unser Zeitsystem außer Kraft zu setzen. Denn dann hat der Tag nicht nur 24 Stunden, sondern allein 25 Stunden zum Arbeiten (zuzüglich der Freizeit, denn auch

Berliner Allgemeinärzte dürften sich irgendwann ausruhen und schlafen wollen.)

Aufgefallen war der Mediziner zusammen mit 150 anderen Kollegen bei einer Kontrolle der Berliner KV, die auf dem Umstand basierte, daß jeder Arzt jede an Kassenpatienten erbrachte Leistung durch eine Ziffer abrechnet, die im sogenannten EBM (Einheitlicher Bewertungsmaßstab) festgelegt wird. Wie andere Kassenärztliche Vereinigungen sind auch die Berliner seit Anfang 1996 dazu übergegangen, sogenannte Plausibilitätsprüfungen durchzuführen. Dabei werten zwei Ärzte und sechs Sachbearbeiter die Abrechnungsziffern der einzelnen Ärzte aus und ordnen sie zum Beispiel vorher festgelegten Zeitspannen pro Leistung zu.

Es stellte sich heraus, daß der Allgemeinarzt täglich genau 25,2 Stunden hätte arbeiten müssen, um die Leistungen zu erbringen, die er abgerechnet hat. Er gab täglich drei Stunden mehr an als ein Orthopäde, der in dieser Hitliste der »Akkordarbeiter« auf den zweiten Platz kam. Das Brisante an dieser Untersuchung: Die KV Berlin legte den einzelnen ärztlichen Leistungen extrem niedrige Zeitwerte zugrunde. So wurde etwa für eine einfache Ordination (EBM-Ziffer 1 = 80 Punkte) eine ganze Minute angesetzt. Auch ein Belastungs-EKG (EBM-Ziffer 604 = 500 Punkte) hätte den Arzt demzufolge nur eine Minute beansprucht, obwohl dafür realistischerweise nach Ansicht von Experten zwölf Minuten anzusetzen wären.

Kein Wunder, daß der Vorsitzende der Vereinigung Demokratischer Ärztinnen und Ärzte, Winfried Beck, in der Fernsehsendung »Monitor« zu der Feststellung kam: »Würde man diese realistischen Zahlen nehmen, hätten wir sogar 20 bis 30 Prozent aller Mediziner, die betrügerisch abrechnen.«[19]

Ellis Huber umschreibt das Problem so: »Die ökonomischen Anreize im bestehenden System begünstigen Institutionen und auch Ärzte, die seelenlos und rücksichtslos lukrative Abrechnungsmöglichkeiten ausschöpfen. In der kassenärztlichen Praxis sind dies jene Ärzte, die Abrechnungsoptimierung wichtiger nehmen als optimale Patientenbetreuung und die mit gezielten Strategien Krankenscheine gewinnträchtig ausschlachten.«[20] Manchmal, so muß man hinzufügen, sogar Krankenscheine von völlig Gesunden, auf denen dann erfundene Diagnosen und Therapien abgerechnet werden.

Strafanzeige gegen Kassenärzte

Die Berliner KV reagiert in besonders krassen Fällen, die bei der Plausibilitätskontrolle auffallen, inzwischen mit Strafanträgen. So wurden Ende 1996 die Praxen eines Orthopäden und eines Anästhesisten von der Staatsanwaltschaft durchsucht, Mitte 1997 folgte eine Durchsuchung bei weiteren drei Kassenärzten. Nach Angaben der KV hatten die Ärzte u. a. bei mehreren Patienten gleiche Leistungen abgerechnet. Einige Orthopäden stellten zum Beispiel doppeltes Spritzen in Rechnung. Bei den 50 wichtigsten Abrechnungsziffern war von manchen Berliner Orthopäden die Hälfte mehr an Honorar verlangt worden, als dies bei Kollegen aus anderen Teilen der westlichen Bundesrepublik durchschnittlich üblich ist.

Bei der Überprüfung solcher Vorkommnisse gab es noch ein weiteres Ergebnis: Viele Ärzte hatten ihre Leistungen äußerst nachlässig dokumentiert. So konnte unter anderem nicht nachvollzogen werden, welche Medikamente und wieviel davon einzelnen Patienten gespritzt worden waren. In solchen Fällen, so KV-Geschäftsführer Timm, »dürften die Ärzte damit gar kein Honorar abfordern.«[21]

Bisherige Konsequenz der Überprüfungen (Stand Ende 1997): Für die ersten beiden Quartale 1996 fordert die Kassenärztliche Vereinigung von den Ärzten insgesamt ein

Honorarvolumen in Höhe von 3,45 Millionen Mark zurück. Angesichts der zwei Milliarden Mark, die das Honorarbudget aller 6300 niedergelassenen Berliner Ärzte im Jahr ausmacht, ein relativ kleiner Betrag. Zusätzlich leitete der KV-Vorstand gegen insgesamt 44 Arztpraxen Disziplinarverfahren ein. 14 Ärzte überzogen ihre Abrechnung so stark, daß ihnen ein Entzug der Kassenzulassung drohte.

Nach Angaben des Berliner KV-Vorsitzenden Dr. med. Manfred Richter-Reichhelm mußte die Berliner Staatsanwaltschaft eigens eine Sonderkommission zur Aufklärung von Ärztebetrug einrichten. Sie wird wohl auf Dauer viel zu tun haben: Kammerpräsident Ellis Huber wurde in der *Berliner Zeitung* mit der Vermutung zitiert, daß zehn bis 20 Prozent der Mediziner korrupt seien.[22]

840 000 MARK ZUVIEL ABGERECHNET – IM QUARTAL

Nicht nur bei der Abrechnung von direkt am Patienten vorgenommenen Behandlungen fielen in Berlin Unregelmäßigkeiten auf. So wurde eine »Arbeitsgruppe Labor« bei Plausibilitätsprüfungen im Laborbereich fündig. Ein Labor soll danach in einem einzigen Quartal 1996 genau 841 304 Mark zuviel bei den Krankenkassen abgerechnet haben. Bei der Auswertung einer Stichprobe von 1700 Scheinen (Gesamtzahl: 41 000) fielen immer dieselben Abrechnungstricks auf. Die *Ärzte-Zeitung*[23] berichtet von drei exemplarischen Falschabrechnungen, die in einem elfseitigen Papier der KV Berlin erwähnt werden:

1. Bestimmung glykierter Hämaglobine
Der EBM sehe zur Abrechnung von HbA1 beziehungsweise HbA1c die Gebührenordnungsnummer 3722 (100 Punkte) vor. Bei der Bestimmung der HbA1c habe das Labor »fast

ausschließlich« die Gebührenordnungsziffer 4127 (ähnliche Untersuchungen mit 450 Punkten) verwendet. Nach dem EBM können aber »ähnliche Untersuchungen nur dann abgerechnet werden, wenn dies die entsprechende Leistungsbeschreibung vorsieht und für den betreffenden Parameter (Meßgröße) keine eigenständige Leistungsgröße vorhanden ist.« So gab es für die Expertenkommission keinen »fachlichen Grund«, die Bestimmung der glykierten Hämaglobine nicht mit der niedrigeren EBM-Ziffer abzurechnen. Gesamtschaden: 253 514,62 Mark.

2. Immunglobulin

Bei der Abrechnung von Immunglobulin G, Immunglobulin A sowie Immunglobulin M verwendete das Labor nicht die im EBM vorgesehenen Ziffern 3740, 3741 und 3742 mit jeweils 65 Punkten, sondern entschied sich für die EBM-Ziffer 4360 (»ähnliche Untersuchungen unter Angabe der Art der Untersuchung«) mit immerhin jeweils 180 Punkten – also den fast dreifachen Wert. Nach Ansicht der Expertenkommission (lauter Laborärzte) wird die »sehr häufige Untersuchung« mit Hilfe von Automaten erbracht, die zur »Grundausstattung der Labore« gehören. Somit hätte das Labor in diesem Punkt nach Ansicht der Kommission 118 665,62 Mark zuviel abgerechnet.

3. Schilddrüsendiagnostik

Die Bestimmung von Thyrotropin in der Schilddrüsendiagnostik muß laut EBM entweder als Ziffer 3733 mit 100 Punkten oder als Ziffer 4140 mit ebenfalls 100 Punkten abgerechnet werden. Das Berliner Labor aber setzte die EBM-Ziffer 4225 (»ähnliche Untersuchungen, quantitative Immunassays) mit jeweils 350 Punkten an. Das Labor habe auf diese Weise 116 951,25 Mark zuviel kassiert.

Fazit der Berliner Plausibilitätsprüfer: Das Ausmaß der systematischen Falschabrechnung schließe eine Anhäufung »zufälliger« Fehler und Irrtümer aus.

GERÄTEMEDIZIN OHNE GERÄT

Nicht alle Kassenärztlichen Vereinigungen versuchen derart systematisch wie die Berliner, die schwarzen Schafe unter ihren Mitgliedern ausfindig zu machen und systematischem Abrechnungsbetrug auf die Spur zu kommen. Eher lautet der generelle Vorwurf der Kritiker, daß die Ärzteorganisationen bemüht seien, möglichst vieles unter den Teppich zu kehren. So muß manchmal die durch Anzeigen aufmerksam gewordene Staatsanwaltschaft nachhelfen.

So war es zum Beispiel 1996 in Schleswig-Holstein. Dort ging bei der Staatsanwaltschaft die Anzeige einer »Gemeinschaft ehrlich abrechnender Vertragsärzte« mit Sitz in Bonn ein, die sie veranlaßte, Kontakt zur Kassenärztlichen Vereinigung aufzunehmen. Diese warnte in einem Rundschreiben an die Vertragsärzte vor den staatsanwaltlichen Ermittlungen.

Im Oktober 1996 schließlich forderte die Staatsanwaltschaft die KV auf, diejenigen Abrechnungen offenzulegen, bei denen die Prüfung über die sachlich-rechnerische Berichtigung hinausging. Die KV entschloß sich, dieser Aufforderung bei den Abrechnungen nachzukommen, die den Anfangsverdacht des Betruges unabweislich machten.

Nach Angaben der *Ärzte-Zeitung*[24] reichte die Palette der Täuschungen von der Manipulation von Unterschriften des Praxispartners bis zur Abrechnung von Geräteleistungen, für die in der Praxis die erforderliche Ausstattung fehle.

Auch Überschreitungen der Tagesstundenzahl, Lebensberatung von einjährigen Kleinkindern oder eine Verzwanzigfachung der Krankheitshäufigkeiten gegenüber dem Vorjahr fielen auf. Die Zeitung: »Für eine Reihe von Fällen zeigt die KV kein Verständnis und hält den Kollegen ein ›verkommenes Unrechtsbewußtsein‹ vor«.

Wie die Ärzte-Zeitung Monate später berichtete,[25] mußte die Staatsanwaltschaft ihre Ermittlungen in Schleswig-Holstein auf insgesamt 68 Ärzte ausweiten. Bei einer Großzahl von ihnen wurden die Praxen durchsucht und Beschlagnahmen durchgeführt. Dabei erhärtete sich der Anfangsverdacht in vielen Fällen, nur einige wenige Ärzte konnten ihre Abrechnungen plausibel machen.

Das gesetzliche Strafmaß für Betrug bezifferte Schmidt zwischen einem Monat und fünf Jahren, wobei die vorliegenden Fälle eher »im unteren Bereich« angesiedelt seien. Statt einer geringen Freiheitsstrafe sei in bestimmten Fällen auch die Zahlung einer Geldbuße möglich. Und wer Glück hat, kommt mit einer Einstellung des Verfahrens gegen Zahlung einer Geldbuße für gemeinnützige Zwecke davon ...

ANONYME EHRLICHE ÄRZTE

Interessant an den Vorgängen in Schleswig-Holstein ist die Tatsache, daß, wie oben geschildert, der Stein durch Ärztekollegen selbst ins Rollen gekommen ist. In einem Kommentar mit dem Titel »Ehrliche Ärzte wehren sich« verteidigt der Verfasser K. Frank Erdmann in der Ärzte-Zeitung[26] die »Gemeinschaft ehrlich abrechnender Vertragsärzte«. Sein Kernargument: »Daß es Vertragsärzte gibt, die das Solidarsystem als Selbstbedienungsladen verstehen, ist bekannt. Mit Einführung der Honorarbudgetierung wird aber nicht mehr das System über den Löffel barbiert, sondern es werden Kollegen betrogen. Ihr Punktwert sinkt, ihre Erträge reichen irgendwann nicht mehr aus, um eine ethisch verantwortbare Medizin zu betreiben. Kriminelles Handeln weniger Ärzte kann so wie Hefe im Teig wirken – und das kann für das System verheerende Folgen haben.«

Auch für den etwas seltsam anmutenden Umstand, daß die Kollegen, die sich als »ehrlich abrechnende Vertragsärzte« bezeichnen, ungenannt bleiben wollen, hat der Kommentator im Medizinerblatt Verständnis: »Daß diese anonym bleiben, mag man beklagen, würden sie sich aber outen, dann würde man mit ihnen eventuell nicht mehr zusammenarbeiten, was deren wirtschaftliches Aus bedeuten könnte. Insofern ist die Anonymität durchaus verständlich.« Diese Aussage wirft ein bezeichnendes Bild auf den Corpsgeist vieler Mediziner, die anscheinend eher geneigt sind, zu den schwarzen Schafen ihrer Zunft zu halten, als zu denen, die kriminelle Machenschaften aufdecken.

ABRECHNUNGSBETRUG IST ÜBERALL

Die »Gemeinschaft ehrlich abrechnender Vertragsärzte« soll auch in anderen Bundesländern an die Staatsanwaltschaft herangetreten sein. Ob die großangelegte staatsanwaltliche Aktion gegen Abrechnungsbetrug Anfang 1997 in Ostfriesland aus diesem Grund stattfand, ist nicht bekannt. Die zuständige Kassenärztliche Vereinigung jedenfalls wiegelte sofort ab: Es gehe lediglich um fehlerhafte Abrechnungen, die bei Plausibilitätsprüfungen aufgefallen seien, meinte KV-Bezirksvorsitzender Dr. Folkert Hinrichs[27], man könne aber nicht von Betrug im strafrechtlichen Sinne sprechen.

Nach Ansicht des Funktionärs hätten sich die 14 bis zu diesem Zeitpunkt betroffenen Ärzte »nicht oder nicht ausreichend mit den Inhalten und Regelungen der ärztlichen Gebührenordnung vertraut gemacht«. So kam es wohl dazu, daß sie Übermenschliches leisten konnten – denn nach Aussage von Hinrichs hatten diese Kollegen allein bis zu zehn Stunden pro Tag nur für Gesprächsleistungen abgerechnet.

Nach Ansicht der KV seien in solchen Fällen KV-interne Disziplinarverfahren ausreichend.

Konsequenter ging da 1997 die Kassenärztliche Vereinigung Westfalen-Lippe vor. Sie hatte nach eigenen Angaben von sich aus Gespräche mit der Staatsanwaltschaft aufgenommen. Eine Überprüfung der Rechnungen der Mediziner habe auf »deutliche Betrugsabsichten« hingewiesen.[28]

Nach Angaben der KV mußten sich etwa 60 Ärzte wegen überhöhter Abrechnungen vor dem Disziplinarausschuß der KV verantworten. Insgesamt waren bei Plausibilitätsprüfungen 300 der 10 000 Kassenärzte in Westfalen-Lippe aufgefallen.

Auch hier stolperten die Mediziner vor allem über die extrem hohen Angaben über angebliche Gesprächsleistungen. So hatten manche Ärzte bis zu 14 Stunden am Tag angeblich ausschließlich mit Beratungstätigkeit verbracht.

Daß es dennoch nur zu relativ wenigen Disziplinarverfahren oder gar Strafanzeigen kam, war – so die KV – der Tatsache zu verdanken, daß etwas mehr als 200 Ärzte »Irrtümer« bei der Abrechnung eingeräumt und die entsprechenden Summen zurückerstattet hätten.

EINE MILLION MARK ZUVIEL ABGERECHNET

Nun ist Abrechnungsbetrug keine Erfindung der 90er Jahre, und es gibt ihn nicht erst, seit die Kassenärztlichen Vereinigungen Plausibilitätskontrollen durchführen (die ja letztlich erst durch die »Vercomputerisierung« des Abrechnungswesens möglich wurden). Früher fielen solche Betrügereien allerdings nicht so schnell auf, und vor allem wurden sie von der Kollegenschaft –

wenn es nicht gar zu toll getrieben wurde – eher als »Kavaliersdelikt« angesehen. Wenn es dann aber doch einmal auffiel, ging es meist auch gleich um größere Summen – wie bei einem Zahnarzt aus Paderborn, der Anfang der 80er Jahre die Kassen gleich um fast eine Million Mark betrog.[29] Oder bei einem Hamburger Kollegen, der es zwischen 1979 und 1982 auf 1,3 Millionen Mark erschwindelte Gewinne brachte – durch abgerechnete, aber nicht erbrachte Parodontose-Behandlungen.

Die 135 000 Mark, die dieser Mediziner zusätzlich für vorgetäuschte Laborleistungen in Rechnung stellte, muß man in diesem Zusammenhang wohl als »peanuts« bezeichnen. (Übrigens wurde dieser habgierige Zahnheilkundler zu zwei Jahren und neun Monaten Haft ohne Bewährung verurteilt.[30])

Die Hamburger Kriminalpolizei, die damals etliche Zahnarztpraxen auf Unregelmäßigkeiten untersuchte, stellte auf breiter Front weitere Abrechnungsbetrügereien fest. So hatte ein Zahnarzt Behandlungen auf den Namen seiner Ehefrau abgerechnet, obwohl diese zwar von Beruf ebenfalls Zahnärztin war, aber überhaupt nicht praktizierte. Andere hatten massenhaft Leistungen nicht erbracht, aber berechnet.

Die Staatsanwaltschaft war tätig geworden, weil man entdeckt hatte, daß viele Labors den Zahnärzten »Rabatte« gewährt hatten, die nicht an die letztlich zahlenden Kassen weitergereicht worden waren. So wurden insgesamt 120 Zahnarztpraxen untersucht – bei jedem vierten der kontrollierten Zahnärzte und sechs Dentalfirmen wurden Unregelmäßigkeiten festgestellt. Nach Angaben der Kriminalpolizei hatten die Ärzte den Kassen nachweislich über vier Millionen Mark zuviel berechnet. Vermutungen legten nahe, daß sich der Schaden sogar auf sechs Millionen Mark belief. Und das alles ging alleine auf das Konto von 32 Zahnärzten, die mehr oder weniger zufällig ertappt worden waren.[31]

2. Zahlenjongleure an der Grenze der Legalität

Fragwürdige Hilfe vom Computer

Der Allgemeinmediziner Dr. Michael Otto* aus einer mittelgroßen bayerischen Stadt hat keine Angst, bei Abrechnungs-Unregelmäßigkeiten erwischt zu werden: Seine Praxis wird bei Plausibilitätsprüfungen, wie sie die Kassenärztlichen Vereinigungen verstärkt durchführen, nicht auffallen. Dafür sorgt ein Computerprogramm, das sich der Hobby-Programmierer selbst erstellt hat. Auf Knopfdruck kann er Mitte oder Ende des Quartals erkennen, wie er mit seinen Leistungen im Durchschnitt der eigenen letzten Abrechnungen sowie im Vergleich zu Praxen mit ähnlicher Struktur liegt.

Hat er noch ein paar EKGs »gut«, dann werden die nächsten in Frage kommenden Patienten halt an die Maschine angeschlossen. Das ist schließlich genauso Ermessenssache, wie die Frage, »ob ich beim bettlägrigen Herrn Meyer jeden Tag einen Hausbesuch mache, oder ob ich mich nur jeden zweiten oder dritten Tag blicken lasse.« (Otto)

Solche Computerprogramme kann man nicht im Geschäft kaufen – sie sind verboten. Aber erstens hat Otto das Programm als versteckte DOS-Datei angelegt (»das kann jeder

Laie«), und zweitens hat er es so präpariert, daß es sich bei einem unberechtigten Zugriff innerhalb weniger Sekunden selbst zerstört. Außerdem verrät Michael Otto noch, »daß hier in Bayern die Uhren etwas anders gehen. So etwas wie in Westfalen-Lippe, daß plötzlich morgens die Kripo in der Praxis steht und sich den Computer ansehen will, hat es hier noch nie gegeben.«

Andere Programme sind allgemein erlaubt – sogenannte Optimierungsprogramme, die dabei helfen, immer die günstigste (also am meisten Geld bringende) Gebührenziffer für die Behandlung herauszufinden. Immerhin jeder fünfte Arzt gab in einer Umfrage der Zeitschrift *Capital*[32] zu, entsprechende Software einzusetzen. Dafür kann man Verständnis aufbringen, denn, wie schon erwähnt, brachten die verschiedenen Gesundheitsreformen der letzten Jahren so viele Änderungen und eine solche Bürokratisierung in die Abrechnungspraxis, daß kaum noch jemand durchblickt.

So umfaßt die Gebührenordnung für Ärzte (GOÄ), die für die Abrechnung bei Privatpatienten gilt, rund 3000 verschiedene Positionen (!) mit den dazugehörigen Vergütungssätzen, die in Punkteform ausgedrückt sind. Dabei entspricht nach der GOÄ, die seit 1.1.1996 in Kraft ist, jeder Punkt einer Vergütung von 11,4 Pfennigen.

Eine einfache Beratung zum Beispiel (auch am Telefon) bringt 80 Punkte, was einer Gebühr von 9,12 Mark entspricht. (Wer wundert sich da, daß in den Praxen hauptsächlich »eingehende, das gewöhnliche Maß übersteigende Beratungen« abgerechnet werden – die entsprechen nämlich 150 Punkten = 17,10 Mark). Diese Sätze können in der Rechnung des Arztes bis zur Höchstgrenze des 3,5fachen des Einfachwertes gesteigert werden.

Beim EBM der Krankenkassen ist es ähnlich: Jede Position ist mit einer Ziffer versehen, die wiederum einem bestimmten

Punktwert entspricht. Aber jetzt kommt das Vertrackte: Seit das Gesamthonorar für ärztliche Leistungen »gedeckelt« wurde (also nicht mehr nach oben auszuweiten war), lag der Wert dieser Punkte nicht mehr fest, sondern sank kontinuierlich. Aufgrund der Budgetierungen der vergangenen Jahre konnte kein Arzt sicher sagen, was er wirklich an einer Behandlung verdiente.

Dies wiederum führte dazu, daß jeder Arzt möglichst viele Punkte sammelte. Es kam, wie es bald hieß, zu einem regelrechten »Wettabrechnen«.

»Auf Wiedersehen, Herr Kollege, Ziffer 42«

Neben der Budgetierung wurden spezielle zeitgebundene Ziffern ausschließlich für das ärztliche Gespräch eingeführt. Damit sollten, wie der kritische Orthopäde Winfried Beck aus Frankfurt in einem Artikel[33] schreibt, »die sprechende Medizin, besonders im hausärztlichen Bereich, deutlich aufgewertet werden. [...] Ziel war, offen formuliert, eine Umschichtung der Einkommen von den seit jeher besser verdienenden FachärztInnen zu den sogenannten BasisärztInnen, insbesondere Haus- und KinderärztInnen.«

Dieses Ziel wurde zwar teilweise erreicht, aber insgesamt hatte die neue EBM Auswirkungen, die so keiner vorausgesehen hatte. Durch die Zeitvorgaben für Gesprächsziffern sollte eine sichere Barriere gegen eine Mengenausweitung geschaffen werden, so daß sich der Punktwert stabilisierte. In Wirklichkeit aber geschah folgendes, so Beck: Orthopäden in Berlin und Nordrhein-Westfalen bildeten »Kartelle, um sich PatientInnen gegenseitig zuzuweisen und damit die Anzahl der Krankenscheine künstlich zu erhöhen. Die – gut bezahlten – Beratungsziffern explodierten förmlich. Urologen beispielsweise rechneten die Ziffer 17, eine Beratung von mindestens

15minütiger Dauer, 60mal bei 100 Fällen ab. Wäre diese Ziffer korrekt abgerechnet worden, dann hätte ein Urologe mit einer Gesamtscheinzahl (Patientenzahl pro Quartal) von 1500 insgesamt 225 Stunden im Gespräch mit seinen PatientInnen verbracht. Bei einer fünftägigen Arbeitswoche erforderte dies also etwa 3,75 Stunden täglich allein für diese einzige Ziffer.«

Der Orthopäde fährt fort: »Ähnliches gilt für die Ziffer 42, das konsiliarische Gespräch mit einem Kollegen von mindestens zehnminütiger Dauer. Fast täglich erlebe ich den ein- bis zweiminütigen Anruf eines Kollegen – früher hatten wir nie soviel miteinander telefoniert – und die Verabschiedung ›Auf Wiedersehen, Herr Kollege, Ziffer 42‹.«

Im *Spiegel*[34] heißt es zum selben Problem unter der Überschrift »Bitteres Jahr«: »Spritzen wurden in vielen Praxen nicht von Montag bis Freitag, sondern am Wochenende verabreicht. Der findige Gebührenordnungsinterpret kassierte pro Samstagsstich 300 Punkte zusätzlich. – Injektionen, die nicht mehr getrennt in Rechnung gestellt werden konnten, weil sie in einer Globalziffer verschwunden waren, wurden kurzerhand umfirmiert – aus ›Injektion‹ wurde die ›Punktion‹. Wieder 240 Punkte mehr auf dem Konto des Abrechnungskünstlers. – Orthopäden setzten die Gebührenziffer 17 (›Intensive ärztliche Beratung bei lebensverändernden Erkrankungen‹) überdurchschnittlich oft bei ihren Patienten an – was ›lebensbedrohend‹ ist, unterliegt in der heißen Phase des innerärztlichen Verteilungskampfes um die Honorare eben auch der Entscheidung des behandelnden Arztes.«

Winfried Beck kommt zu dem Schluß: »Schuld an dieser Entwicklung sind nicht zuletzt die Verbandsfunktionäre, haben sie doch bei den EBM-Schulungen im Herbst 1995 immer wieder auf betrügerische Tricks zur maximalen Ausnutzung der neuen Ziffern hingewiesen und somit das Scheitern der neuen EBM herbeigeredet.«

Ob nun die Verbandsfunktionäre auf ihren Schulungen »betrügerische Tricks« vermittelten, wie Beck es nennt, oder einfach nur die Handhabung der EBM erklärten – sicher ist, daß das Regelwerk inzwischen so kompliziert ist, daß bei der Mehrzahl der Ärzte große Unsicherheit herrscht. So ist eine der Hauptattraktionen der medizinischen Fachzeitschrift *Therapiewoche*[35] die wöchentlich wiederkehrende Rubrik »Die KV-Abrechnung«. Hier können Ärzte bei Fachleuten über die Abrechnungsmodalitäten nach GOÄ und EBM Rat einholen. Im folgenden werden zwei Anfragen aus dieser Rubrik wiedergegeben, die auch dem Laien verdeutlichen sollten, wie kompliziert das Jonglieren mit den Ziffern für einen Arzt sein kann. Da fragt zum Beispiel ein Arzt: »Hausbesuche werden nach dem neuen EBM aufgewertet. Wie wird jetzt die zusätzlich erbrachte Beratungsleistung bemessen?«

Die Antwort der *Therapiewoche*: »Die von Ihnen eingeschätzte Aufwertung von Besuchen ist in der Tat erfolgt, insbesondere durch die zusätzliche Abrechnungsfähigkeit der Pauschalen nach den Nr. 12, 13, 14, 15, 16 und 20 und/oder einer Erörterungsgebühr nach den Ziffern 120, 11 oder 17. Bei Wiederholungsbesuchen sollten Sie neben der Erörterungs- und Besuchsziffer die Nr. 2 nicht vergessen.«

Schwer hat es auch ein Hausarzt, der, wie er schreibt, zunehmend mit älteren Patienten zu tun hat. Er möchte Patienten, die erste Anzeichen der Alzheimer-Krankheit zeigen, nicht gleich an den Fachkollegen überweisen. Aber was kann er nach dem EBM in Ansatz bringen?

Die *Therapiewoche*: »Als Hausarzt können Sie erbringen: Die hausärztliche Grundvergütung (90 Punkte), Nr. 1 Ordinationsgebühr bei Rentnern (475 Punkte), bei anderen (26 Punkte), Nr. 11 psych.-neuropsych. Basis-Diagnostik, Dauer 15 Min. (450

Punkte), Nr. 19 Fremdanamnese (500 Punkte), Nr. 60 Ganz-körperstatus (320 Punkte), Nrn. 890 ff. Testpsychologie (Punk-te je nach Test unterschiedlich), Nr. 10 15-Min.-Gespräch (450 Punkte). Die kontinuierliche Betreuung eines Demenzkranken als Hausarzt wird nach folgenden Ziffern in Ansatz gebracht: Nr. 14 Betreuung zu Hause (1800 Punkte), Nr. 15 Betreuung im Alten-/Pflegeheim (800 Punkte), Nr. 25 Besuch (400 Punk-te) und Nr. 42 Konsil (300 Punkte).«

IM ZWEIFELSFALLE »GRÜNDLICH«

Wenn Ihnen jetzt vor lauter Ziffern die Augen schwirren, dann seien Sie versichert: So geht es manchen Ärzten auch. Ande-re aber haben sich in dieser Beziehung zu wahren Experten entwickelt und verstehen es vor allem, jeweils die (finanziell) optimale Ziffer anzusetzen. Sie gehen dabei nach dem Motto »Kleinvieh macht auch Mist« vor.

Ob man zum Beispiel die Ziffer 267 abrechnet (Medikamentöse Infiltrationsbehandlung im Bereich einer Körperregion), die je-desmal 80 Punkte nach der GOÄ (9,12 Mark) bringt, oder aber die Ziffer 268 (Medikamentöse Infiltrationsbehandlung im Be-reich mehrerer Körperregionen – auch eine Körperregion beid-seitig), wofür man 130 Punkte (14,82 Mark) erhält, bedeutet in der Praxis eines Orthopäden, der diese Leistung täglich zigmal erbringt, schon einen Unterschied. Auch ob eine intravenöse In-fusion nun weniger als 30 Minuten gedauert hat (9,12 Mark) oder aber mehr als 30 Minuten (13,68 Mark), macht sich in der Mas-se ohne Frage in der Quartalsabrechnung bemerkbar.

Hinzu kommt natürlich, daß in vielen Praxen die facharzttypi-schen Ziffern quasi automatisch auf dem Krankenschein lan-den, ganz gleich, mit welchen Beschwerden der Patient über-haupt gekommen ist.

Eine Arzthelferin berichtete vor einiger Zeit im Norddeutschen Rundfunk über den Alltag in einer Frauenarztpraxis: »Ein Krankenschein erreicht die Praxis, und schon wird er mit den routinemäßigen Grundleistungen der jeweiligen Facharztpraxis bedacht. Bei einem Frauenarzt schreibt man als gute Sprechstundenhilfe z. B. folgende Leistungen an, ob sie erbracht worden sind oder nicht: eine Beratung, eine eingehende, den Durchschnitt übersteigende Untersuchung, eine Spiegelung und eine vaginale Behandlung. Diese vier Leistungen werden dann immer aufgeschrieben«[36] – egal, wie die Behandlung wirklich aussah.

Aus der Sicht des Praktikers aber sind all dies doch eher Kleinigkeiten. »Wenn man von Abzocken beim Patienten sprechen kann«, sagte mir ein Arzt vertraulich, »dann doch am ehesten beim Privatpatienten.« Schon allein der Tatsache wegen, daß der Arzt über die GOÄ, wie schon erwähnt, weit höhere Summen abrechnen kann als in der Punktwerttabelle angegeben ist.

3. Der Privatpatient als Melkkuh

Gleiche Leistung – unterschiedliche Honorare

Das System ist selbst manchem Angehörigen der ärztlichen Zunft suspekt: »Eine ganz besondere Frage ist, ob es richtig und angemessen erscheint, daß ein Patient bei gleicher Leistung nur aus dem Grunde mehr bezahlen muß, weil er vermögender ist als ein anderer«, befindet der ehemalige Chefarzt Dr. Hans Schwabe und stellt fest: »Diese Regelung stammt schließlich aus einer Zeit, als die Ärzte die Armen umsonst behandelten und dafür die Reichen etwas mehr zur Kasse baten.«[37]

Auf die Idee einer kostenlosen Behandlung würde heute tatsächlich kein Arzt mehr kommen, aber natürlich stimmt auch die Gleichung Privatpatient = vermögender Patient nicht mehr in jedem Fall. Denn die meisten Personen, die heute in den Praxen und Krankenhäusern als Privatpatienten behandelt werden, sind in Wirklichkeit auch versichert – nur halt bei einer privaten Krankenversicherung, die dann auf den höheren Arztrechnungen sitzenbleibt.

Das macht das System nur noch unverständlicher. »Wenn der Mehraufwand oder eine schwierige Leistung die Ursache für eine höhere Rechnung ist«, befindet Schwabe, »dann wird niemand etwas dagegen sagen können. Es gibt nun einmal,

z. B. bei Operationen, sehr verschiedene Schwierigkeitsgrade bei gleichen Eingriffen, und die würden auch eine höhere Liquidation berechtigen. Bei vielen anderen Dingen wie Laboruntersuchungen oder Röntgenaufnahmen gibt es das aber nicht, und doch wird auch da sehr verschieden hoch liquidiert.«

Nun ja, vielleicht kann man die letzte Aussage etwas einschränken: Im Zweifel wird bei Privatpatienten nicht verschieden hoch, sondern zum Schwellenwert (maximale Höhe der Regelspanne) liquidiert! Schließlich soll über das nicht budgetierte Privathonorar möglichst viel Mehrumsatz gemacht werden. Der Privatpatient wird so zur Melkkuh, die sinkende Einnahmen aus den Krankenkassenabrechnungen ausgleichen soll.

DIE REDE IST VON »KANN« UND »BIS ZU«

Dazu muß man noch etwas erklären. Die Gebührenordnung für Ärzte bietet, wie dargelegt, die Möglichkeit, höher als den Gegenwert des normalen Punktwertes zu liquidieren. Dabei gibt es eine sogenannte »Regelspanne« bis zum 2,3fachen des normalen Wertes, der in der Regel auch von den privaten Krankenkassen nicht beanstandet wird. Bei besonderen Schwierigkeiten kann der Arzt auch noch höher gehen – insgesamt bis zum 3,5fachen des normalen Wertes. Wie gesagt, die Rede ist von »kann« und »bis zu« – in der Praxis aber werden die höheren Sätze auch wirklich voll ausgeschöpft. Praktisch ist dabei, daß es zur GOÄ auch gleich Tabellen gibt, an denen man ablesen kann, was die Einfachgebühr, der Schwellenwert und die Höchstgebühr bei den einzelnen Punktwerten in Mark und Pfennig ausmachen.

Da kann der Arzt dann also auf einen Blick feststellen, wieviel er für eine Leistung ansetzen darf. Nehmen wir das Beispiel Einrenken eines Ellenbogen- oder Kniegelenks (GOÄ-Ziffer 2214): Die Einfachgebühr beträgt 42,18 Mark, der Schwellenwert (2,3facher Satz) 97,01 Mark, der Höchstsatz (Multiplikationsfaktor 3,5) immerhin 147,63 Mark.

In ihrem Buch *Was kostet das Kranksein?* kommentieren die Gebührenfachleute Gerhard Schröder und Andreas Schnitzler diese Tabelle so: »In der Regel soll die Gebühr mit einem Betrag ›zwischen‹ dem ein- und dem 2,3-, 1,8- bzw. 1,15fachen des Gebührensatzes berechnet werden und nicht schlechthin nach dem Schwellenwert, dem oberen Wert der Regelspanne. Der Schwellenwert ist kein Mittelsatz in dem Sinne, daß unter normalen Voraussetzungen die ärztliche Liquidation immer beim 2,3fachen angesetzt werden dürfte. In der Regel (d.h. bei Leistungen, die in Schwierigkeit und Zeitaufwand dem durchschnittlichen Normalfall entsprechen) dürfen Gebühren nur zwischen dem ein- und dem 2,3fachen Gebührensatz berechnet werden. Auch innerhalb der Regelspanne erfordert also die Anwendung der üblichen Bemessungskriterien eine abgestufte Gebührenbemessung. Eine durchgängige Berechnung des 2,3fachen Gebührensatzes ist nicht zulässig. Für eine einfache Maßnahme soll auch nur eine einfache Gebühr berechnet werden.«[38]

Das ist schön gesagt. Aber offenbar will es sich kein Arzt zumuten, den Taschenrechner zu nehmen und nach den offiziellen Bemessungskriterien »Schwierigkeit der Leistung«, »für die Leistung erforderlicher Zeitaufwand« und »Umstände bei der Ausführung« den vielleicht angebrachten 1,5fachen Satz (als Beispiel) auszurechnen (in unserem Exempel wären das 63,27 Mark). Ganz zu schweigen davon, daß es offenbar völlig unzumutbar ist, bei einem normalen Verlauf der Behandlung (eingerenkt, fertig!) nur die Einfachgebühr anzusetzen.

In der Praxis hat sich also schon lange genau das eingespielt, was Schröder/Schnitzler ausdrücklich als »nicht zulässig« bezeichnen: die standardmäßige Ansetzung des 2,3fachen Satzes. Da halfen auch die Warnungen des Bundesministeriums für Arbeit und Soziales nichts, daß solches Verhalten zu einer Einheitsgebühr führen könnte (die die Ärzte fürchten wie der Teufel das Weihwasser). Nach einer Mitteilung des Verbandes der privaten Krankenkassen (PKV) zur privaten Liquidation von Ärzten im Zeitraum 1994/1995 wurde darauf hingewiesen, daß die niedergelassenen Ärzte zu 88,88 Prozent den Regelhöchstsatz (Faktor 2,3) bei ihren Patienten berechneten.[39] Nur ganze 8,33 Prozent (!) der Rechnungen beliefen sich auf weniger als den 2,3fachen Satz der GOÄ, 2,9 Prozent der Ärzte liquidierten sogar darüber.

Besonders schwierige Arbeit verrichteten nach dieser Statistik offenbar die ambulant tätigen Zahnärzte: Sie berechneten in fast 30 Prozent (genau: 29,75) der Fälle mehr als den 2,3fachen Regelhöchstsatz. 66,67 Prozent der Rechnungen lagen genau auf dem Höchstsatz, und bei ganzen 3,58 Prozent aller zahnärztlichen Tätigkeiten hielten die Zahnheilkundler einen Wert unter dem Höchstsatz für ausreichend!

Noch drastischer sieht der Überblick bei den privaten stationären Behandlungen durch Chefärzte aus: Auch sie rechneten in knapp 30 Prozent der Fälle mehr als den 2,3fachen Satz ab, hielten in fast 70 Prozent der Behandlungen den Höchstsatz für angemessen und konnten sich nur in ganzen 1,14 Prozent (!) aller Rechnungen dazu durchringen, weniger als den Regelhöchstsatz zu berechnen.

Wen wundert es da noch, daß die Ausgaben der privaten Krankenversicherer für ambulante ärztliche Behandlung allein in den Jahren 1986 bis 1993 auf fast den zweieinhalbfachen Wert stiegen?

»WIE EINFACH UND SCHÖN IST GELDVERDIENEN«

»Kein böses Wort über Privatpatienten, 120 verarzte ich pro Vierteljahr, und die bringen mir 33 Prozent meiner Einnahmen«, triumphiert ein anonymer Urologe, der 1997 durch eine zweiteilige *Spiegel*-Serie über den Praxisalltag (Titel: »Der Kranke ist Nebensache«) Aufsehen erregte. Er spricht aus, was die meisten seiner Kollegen insgeheim denken. In seiner Praxis, so schreibt er, haben die Karteikarten der Privatpatienten die Farbe Gelb. Er fährt fort: »Gelb ist die Farbe des Goldes. Heute signalisiert sie drei Lehrer, und alle drei haben nichts Schlimmes: geringe Prostatavergrößerung, nervöse Reizblase, Samenzyste am linken Nebenhoden. Welch eine Erholung! Wie einfach und schön ist Geldverdienen! Für einen Privaten mit einer herrlich leuchtenden gelben Karte muß ich drei bis vier Kassenkranke behandeln – drei Monate lang! Da zieht es einem den Mund schon in Lachfalten! Vernünftig kann man anordnen, ruhig und gemütlich reden – es lohnt sich allemal. Die Lehrer reden zwar viel und lange, diskutieren oft im Kreis – aber das ertrage ich gern, wenn ich an das fürstliche Honorar denke.«

Die Erfahrungen dieses unbekannten Urologen werden durch offizielle Statistiken gestützt. So berechnete der Verband der privaten Krankenversicherer, daß in Deutschland rund 9,7 Prozent der Bevölkerung privat versichert seien. Ihr Anteil am Gesamthonorar der Ärzte allerdings betrug 1993/1994 fast das Doppelte, nämlich 17,1 Prozent. Und in einer Statistik aus dem Jahre 1990 heißt es in bezug auf den zahnmedizinischen Bereich, daß Zahnärzte mit einem Jahresgewinn zwischen 100 000 und 150 000 Mark 20 Prozent, Zahnärzte mit einem Jahresgewinn von ein bis zwei Millionen sogar 29 Prozent ihres Einkommens aus Privatliquidationen erzielen.[40]

Übrigens: 1996 sprach der Verband der privaten Krankenversicherer davon, die Privatpatienten würden durch das

Liquidationsverhalten der Ärzte in mehrstelliger Millionenhöhe geschädigt. Dies rief eine heftige Reaktion des Ärzteverbandes Hartmannbund hervor. »Die Behauptung des PKV-Verbandes, die Ärzte würden mit einem generellen Ansatz des 2,3fachen Multiplikators den Tatbestand der Falschabrechnung oder gar des Betruges erfüllen, komme der üblen Nachrede wider besseres Wissen gleich«, hieß es in einer Mitteilung im Verbandsorgan. »Die vom Gesetzgeber durch Rechtsverordnung erlassene Gebührenordnung für Ärzte (GOÄ) sehe vor, daß ärztliche Leistungen je nach Schwierigkeit und Zeitaufwand sowie den Umständen der Ausführung nach dem einfachen bis 2,3fachen Satz der Gebührenordnung abgerechnet werden können.«[41] Diese Argumentation als Verteidigung für die Praxis der generellen Höchstabrechnung kann man nur als klassisches Selbsttor bezeichnen ...

KAMPF UMS PRIVATHONORAR

Um den lukrativen Privatpatienten gibt es einen regelrechten Konkurrenzkampf – nicht nur zwischen den niedergelassenen Ärzten, sondern auch zwischen Hausärzten und Krankenhäusern. Dr. med. Reiner Holzhütter widmet dem »Patienten als Goldesel« ein ganzes Kapitel seines Buches Vorsicht Krankenhaus! Der kritische Mediziner schreibt dort unter anderem: »Um Privatpatienten [...] reißen sich die Chefärzte der verschiedenen Disziplinen. Der ›Selbstzahler‹ merkt erst nach der Krankenhausentlassung, was für ein Goldesel er war. Wenn nämlich die gesonderte Rechnung des Labor-Chefarztes für ›prä-operative Labordiagnostik‹ [...] zugeschickt wird. Manchmal ist sie höher als die des Chirurgen für den nachfolgenden Eingriff.«[42]

Bei Kassenpatienten, so Holzhütter, würden die Hausärzte regelmäßig aufgefordert, den Patienten die aktuellen Ergebnisse der üblichen Voruntersuchungen in das Krankenhaus mitzugeben: Röntgenaufnahme der Lunge, EKG, Laborwerte einschließlich Blutgruppe, Blutgerinnungsstatus und AIDS-Test. Diese Diagnostik nämlich könne das Krankenhaus nicht gesondert abrechnen, sie ginge in der Krankenkassenpauschale unter. Holzhütter: »Bei Privatpatienten entfällt der Hinweis, aktuelle Befunde mitzubringen, in aller Regel. Die wesentlich höheren Privathonorare sollen im Hause bleiben. Da wird der Cheflaborant der Klinik gebeten, nicht nur eine Blutzuckerbestimmung durchzuführen, sondern ein ›Blutzucker-Tagesprofil‹ oder einen ›Glukosetoleranz-Test‹. Der Endokrinologe (Spezialist für Stoffwechselerkrankungen) wird hinzugezogen, das ganze konsiliarisch zu deuten. Und der Patient, der sich über die Verzögerung aufregt und einen schnellen Puls bekommt, sieht sich unversehens auf die Schilddrüse angesprochen: ›Sie wissen nicht, ob Ihre Großmutter einen Kropf hatte? Das ist auch nicht so schlimm, da machen wir doch besser eine genaue Schilddrüsendiagnostik bei Ihnen.‹«

Und so geht es weiter: Nach den Laboruntersuchungen (o. B. – »ohne krankhaften Befund«) »bekommt der Röntgenarzt seine Chance«; aber auch eine Beurteilung des Schluckaktes mittels Durchleuchtung und ein sich anschließendes Szintigramm der Schilddrüse zur Größenbestimmung (mittels einer radioaktiv markierten Substanz) bleiben »o. B.«.

Holzhütter resümiert: »Wenn dem prä-operativen Treiben nicht Einhalt geboten wird – etwa durch einen verantwortungsvollen Chirurgen, der zur Tat drängt –, es würden auch die restlichen chefärztlich besetzten Disziplinen zu ihrem Recht kommen.«

«Alternative Heilmethoden» als Einnahmequelle

In Zeiten, wo das Honorarbudget der Krankenkassen für die Ärzte begrenzt wird und wo sogar schon die privaten Krankenversicherungen anfangen, bei den Abrechnungen genauer hinzusehen, suchten einige Ärzte nach zusätzlichen Einnahmequellen – und fanden sie, indem sie einfach auch Krankenkassenpatienten private Behandlungen anboten.

Zunächst ging dies nur über den Weg, sogenannte »alternative« Heilmethoden mit in das Praxisangebot aufzunehmen. Das hatte den angenehmen Nebeneffekt, daß man dadurch auch den Trend zur Naturmedizin, für den bisher allein die Heilpraktiker standen, nutzen konnte.

So boten zum Beispiel etliche Allgemeinmediziner auf einmal die sogenannte »Elektro-Akupunktur-Diagnostik« an. Dabei prüfen sie mit wissender Miene mittels eines elektrischen Gerätes, in dem sich ein Amperemeter befindet, die Hautspannung an den Akupunkturpunkten. Angeblich von der Norm abweichende Werte werden dokumentiert. Sodann wird die Nadel auf verschiedene Medikamente gehalten, und wenn sich schwingungsmäßige Übereinstimmungen ergeben, werden diese Mittel dann verschrieben.

Das hat mit der klassischen chinesischen Akupunktur nichts zu tun, es handelt sich vielmehr um ein Verfahren, das wissenschaftlich möglicherweise noch umstrittener ist als die homöopathischen (und ebenfalls nicht von der Krankenkasse bezahlten) Medikamente, die dann zur Therapie verschrieben werden. Nach dem Motto »Was nichts kostet, ist auch nichts«, muß der Patient 250 bis 300 Mark für diese »Diagnostik« aus der eigenen Tasche berappen.

Diese und ähnliche Angebote haben inzwischen zahlreiche Hausärzte im Angebot. Bei einer Fragebogenaktion im Raum Kassel bekannten sich fast zwei Drittel der antwortenden

Mediziner zum Einsatz »komplementärer Heilmethoden«[43].

Fast 40 Prozent der Ärzte gaben an, daß sie selbst mindestens eine alternative Methode im Angebot hätten, die sie vor allem bei chronischen oder Bagatellkrankheiten einsetzten. Unter anderem wurden genannt: Akupunktur, Homöopathie und Phytotherapie.

Angesichts dieser Entwicklung spricht der bereits erwähnte Orthopäde Dr. Winfried Beck von der Tendenz, nicht nur den Privatpatienten, sondern auch den Kassenpatienten »aus dem sogenannten alternativen Medizinbereich Leistungen anzubieten, die gegen zusätzliches Honorar zur Verfügung gestellt« würden. Da werden »mit der sogenannten Blutwäsche, Ozontherapie und vielen anderen dubiosen Methoden zusätzliche Einnahmequellen erschlossen – man könnte auch angesichts der Notsituation der Patienten sagen: erpreßt.«[44]

Genau darum, um Erpressung, geht es nach Ansicht von Kritikern seit Mitte 1997 auch bei der Umsetzung der letzten Gesundheitsreform. Eine große Zahl von Ärzten nutzt den Umstand zur wundersamen Geldvermehrung, daß von diesem Zeitpunkt an die Kassenpatienten die Wahl hatten und haben, entweder wie bisher direkt über die Kassen abrechnen zu lassen oder aber vom Arzt eine Rechnung zu verlangen, die dann später bei der Kasse eingereicht wird. Was als kleiner Schritt auf dem Weg zu mehr Transparenz gedacht war, wurde von vielen Ärzten umfunktioniert: Sie sahen darin eine Möglichkeit, den Patienten finanziell auszusaugen.

ZWEIKLASSENMEDIZIN

So empfand es auch der 52jährige Jakob Frei*, als er sich nach mehreren Blasenoperationen bei einem Frankfurter Urologen zu zwei fälligen Kontrolluntersuchungen anmeldete.

Der Facharzt bedeutete dem Patienten, die Untersuchungen kosteten 180 Mark. Er legte ihm ein Formblatt vor, in dem Frei unterschreiben sollte, daß er sich »freiwillig« privat behandeln lassen wolle. Jakob Frei unterschrieb nicht – worauf er in dieser Praxis nicht mehr behandelt wurde. Vor der Kamera des Fernsehmagazins »plusminus«, das diesen Fall publik machte[45], wollte der Arzt aus der Mainmetropole nicht Stellung nehmen. Er verwies den anfragenden Reporter auf sein »begrenztes Budget«. Später fiel ihm noch ein, daß die Behandlung ja eigentlich medizinisch nicht notwendig gewesen sei. Für eine angeblich überflüssige Behandlung hätte Frei also 180 Mark bezahlen sollen ...

Wie Frei erging es zahlreichen Patienten, nachdem seit dem 1.1.1997 die Möglichkeit existierte, auch Kassenpatienten auf Rechnung zu behandeln. Zwar sollen sich die Patienten das Geld von den Krankenkassen zurückzahlen lassen können – doch die bezahlen natürlich nur das, was sie auch bei direkter, normaler Abrechnung bezahlt hätten. Die Ärzte aber langen bei privaten Rechnungen oftmals kräftiger zu – hier ist, wie bereits ausgeführt, der 2,3fache Satz der GOÄ die Regel. Außerdem kann der Arzt auf privaten Rechnungen alle möglichen Behandlungsarten abrechnen – auch wenn diese gar nicht zum Leistungsrepertoire der Krankenkasse gehören.

Überredet der Arzt den Patienten trotz dieser Umstände zu einer Privatrechnung, so wendet er damit endgültig eine Zweiklassenmedizin an: Hier die armen Patienten, die auf Krankenschein behandelt werden und nur die nötigste Grundversorgung bekommen – dort die Privatpatienten und zuzahlungswilligen (und -fähigen!) Kassenpatienten.

Objektive Vor- und Nachteile

Der Düsseldorfer Hautarzt Manfred Henscheid* erklärt in diesem Zusammenhang: »Bei mir hat jeder die freie Wahl. Ich kläre meine Patienten ganz sachlich und objektiv über die Vor- und Nachteile der privaten Abrechnung auf.«

Das sind die Vorteile: Privatpatienten haben bei Henscheid keine Wartezeiten (in diesem Fall in der Tat ein unschätzbarer Vorteil, denn der Facharzt vergibt an Kassenpatienten keine Termine – das spärlich bestuhlte Wartezimmer ist deshalb permanent überfüllt, Wartezeiten bis zu zwei Stunden sind die Regel.) Außerdem würden Privatpatienten umfassender behandelt, denn bei Kassenpatienten sei er nur zu »lebensnotwendigen« Behandlungen gezwungen, das Budget reiche oft nicht zu einer optimalen Behandlung aus. In der Praxis sehe das zum Beispiel so aus, daß Kassenpatienten bei ihm bei Allergien wie Heuschnupfen in Zukunft ein unspezifisches Medikament verschrieben bekämen. Der eigentlich gebotene umfassende Allergietest sei zu kostspielig und werde bestenfalls über mehrere Quartale gestreckt. »Wenn der Patient Pech hat, finden wir den bei ihm die Allergie auslösenden Stoff erst nach einem Dreivierteljahr.«

Auch ein Kölner Orthopäde entwickelte plötzlich eine erstaunliche Erkenntnis über die Art der notwendigen Behandlung seiner Patienten: »Wenn einer Kreuzschmerzen hat, dann erhält er in Zukunft eine einfache Schmerztablette. Das ist eigentlich vollkommen ausreichend. Wenn dieser Patient eine optimale Behandlung will, dann kann er natürlich noch Spritzen sowie physikalische Therapien wie Reizstrombehandlung und ähnliches bekommen – aber dafür muß er dann extra bezahlen.«

»BEUTELSCHNEIDEREI«

Hausarzt Dr. Wolfgang Mohr aus Holzgerlingen bei Böblingen hörte bei einer Art privatem »Kollegentest«[46] in einer orthopädischen Praxis, wie der Arzt eine Patientin mit einer Platzwunde so informierte: »Ich kann Ihre Haut mit einer einfachen Kassennaht nähen, das sieht dann nicht schön aus. Wenn ich Ihnen eine schöne Naht machen soll, müssen Sie draufzahlen.«

Begründet wird diese Entwicklung vornehmlich mit den sogenannten Praxisbudgets, die im zweiten Halbjahr 1997 eingeführt und mit denen Obergrenzen für das Kassenhonorar festgelegt wurden. Mit dem Hinweis, sie bekämen von der Kasse nur noch 25 bis 30 Mark pro Patient und Quartal, erschreckten daraufhin viele Ärzte ihre Kundschaft.

Der *Kölner Express* berichtete im Juli 1997: »Um Patienten [...] die Privatrechnung schmackhaft zu machen, schrecken einige Ärzte nicht davor zurück, ihren Patienten in Flugblättern, Praxisaushängen oder Anzeigen mit teilweise dubiosen Behauptungen angst zu machen. Mit der Parole, Ärzte müßten aus Kostengründen die Behandlung abbrechen, wenn die Patienten der Einzelabrechnung nicht zustimmen, war der Gipfel erreicht.«[47]

In einem Kommentar zu diesen Vorfällen nannte der *Express* solche Methoden »Beutelschneiderei«: »Gesundheit ist ein teures Gut. Wohl wahr. Nur leider scheinen einige Ärzte diese Maxime etwas anders zu verstehen – als Lizenz zum Abzocken. [...] Läßt sich der verängstigte Patient so über den Tisch ziehen, bleibt er später auf den Kosten sitzen. [...] Die Standesorganisationen haben bereits reagiert. Das ist gut so.«

Die Zeitung berichtet über folgende Reaktion der Kassenärztlichen Bundesvereinigung zu der angesprochenen Entwicklung: »Erstens: Ein Budget für jeden einzelnen Patienten gibt es nicht. Vielmehr gibt es eine Obergrenze für jede Praxis. Zweitens: Ein Arzt darf einen Kranken nicht aus Geldgründen abschieben. Das wäre glatter Rechtsbruch. Er muß jeden Kassenpatienten mit dem medizinisch Notwendigen versorgen.« Man beachte die Wörter »medizinisch Notwendigen«. Hier liegt der Hase im Pfeffer, und hier droht den Kassenpatienten trotz einer scheinbar eindeutigen KBV-Aussage (»Drittens: Mit solchen rabiaten Methoden setzt der Arzt seine Existenz aufs Spiel«) der finanzielle Pferdefuß.

NOTWENDIG ODER SINNVOLL?

Der Drang nach Mehreinnahmen führte nämlich dazu, daß Ärzte jetzt zwischen »notwendiger« und »sinnvoller« Behandlung unterscheiden. Der Berufsverband Deutscher Internisten (BDI) gab seinen Mitgliedern unter der Überschrift »Was zu beachten ist« folgenden Hinweis: »Zu beachten ist der Grundsatz, daß der Vertragsarzt von dem Kassenpatienten keine Zuzahlung fordern darf, wenn Leistungen medizinisch indiziert sind und der Patient sich als GKV-Versicherter von einem Kassenarzt behandeln läßt. Sind hingegen Leistungen nach dem Sozialgesetzbuch V im vertragsärztlichen Sinne nicht notwendig, aber sinnvoll, dann können sie privat liquidiert werden, sofern der Patient einen solchen Wunsch vor der Behandlung schriftlich erklärt.«[48]

Und damit es die Kollegen auch möglichst einfach haben, druckte der BDI in seinem Mitteilungsblatt unter dieser Klarstellung auch gleich noch ein Musterformular ab: »Erklärung über gewünschte Privatbehandlung von vertragsärztlich (kassenärztlich) medizinisch nicht notwendigen Leistungen«. Darin soll der Patient folgende Aussagen unterschreiben: »Auf eigene Kosten wünsche ich die Erbringung von vertragsärztlich (kassenärztlich) medizinisch nicht notwendigen Leistungen, die also in meinem Fall nicht vom Leistungsanspruch der gesetzlichen Krankenkasse umfaßt werden, die ich aber für sinnvoll erachte. Ich werde die entstehenden Kosten nach der Gebührenordnung für Ärzte (GOÄ) selbst tragen und bin mit der Abrechnung auch über die Privatärztliche Verrechnungsstelle einverstanden.«

Unter diesem Text soll dann eine Auflistung der »gewünschten Leistungen« erfolgen.

»AUSREICHEND NUR KNAPP WENIGER ALS MANGELHAFT«

Natürlich läßt eine solche Unterscheidung zwischen »notwendiger« und »sinnvoller« Behandlung einen breiten Interpretationsspielraum, den die Ärzte aller Erfahrung nach zugunsten ihres eigenen Geldbeutels auslegen. Das Ärzteblatt *Praxiserfolg* empfiehlt unter anderem, den Patienten mit folgender Feststellung zu konfrontieren: »Wir dürfen bei Kassenpatienten nur eine ausreichende, notwendige und wirtschaftliche Versorgung« erbringen. Und: »Die Richtlinien schreiben für Kassenpatienten eine ausreichende (Note 4) Behandlung vor. Wir meinen, unsere Patienten habe eine bessere Behandlung als Note 4 verdient.«[49]

Solche Argumentation ist offenbar bei vielen Medizinern inzwischen zum Allgemeingut geworden. In einem Leserbrief an die *Süddeutsche Zeitung* überlegt Dr. Norbert Hien aus München nach dem üblichen (und teilweise verständlichen) Lamento über die Budgetierung dazu: »Nach dem Sozialgesetzbuch haben laut Arbeitsgemeinschaft der Verbraucherverbände (AGV) alle gesetzlich versicherten Patienten Anspruch auf jede notwendige medizinische Behandlung. Was ist notwendig? Notwendig wozu – zum Überleben? Wie lange? Bis zum 90. Lebensjahr? Notwendig ist sicher weniger als wünschenswert. Ausreichend ist sicher nicht befriedigend, sondern nur einen Punkt besser als mangelhaft.«[50] Dr. Hien kommt zu dem Schluß, daß er eigentlich gar nicht anders darf, als Zuzahlung zu verlangen: »Nach den Wirtschaftlichkeitsrichtlinien der Kassenärztlichen Vereinigung (KV) darf eine ärztliche Behandlung zu Lasten der gesetzlichen Krankenversicherung (GKV) nur durchgeführt werden, wenn diese notwendig und ausreichend ist. Jede darüber hinausgehende Behandlung muß privat verrechnet werden. Daraus ergibt sich von selbst, daß im Bereich der gesetzlichen Krankenversicherung nur eine Grundversorgung und keine Wunschversorgung gedeckt ist.«

In dieselbe Kerbe schlägt der Unterhachinger Arzt Dr. Hans Haberl in einer Zuschrift an dieselbe Zeitung: »Nur Illusionisten können unter dieser Prämisse [der Budgetierung, Anm. d. A.] von einer Beibehaltung des bisherigen Versorgungsniveaus ausgehen – das ist betriebswirtschaftlich aus der Sicht der Praxis nicht möglich, es sei denn, der Arzt ist ein wirtschaftlicher Selbstmörder. [...] Der gesetzliche Rahmen für eine Leistungsminderung ist in Form des Sozialgesetzbuches V vorhanden: Der Kassenpatient hat danach nur Anspruch auf das ›medizinisch Erforderliche‹, die Durchführung soll ›ausreichend, zweckmäßig und wirtschaftlich‹ erfolgen (im Klartext: das, was gerade noch ausreicht, und davon die billigste Lösung, genügt!). Eine optimale Versorgung, wie sie bislang weitestgehend praktiziert werden konnte, ist also nicht mehr durchführbar!«

»ERFÜLLT DIE KRITERIEN DER KORRUPTION«

Dies scheint unter den in der Bundesrepublik praktizierenden Medizinern gängige Meinung zu sein. Jedenfalls gibt es kaum Ärzte, die in der Öffentlichkeit solchen gefährlichen Überlegungen eine klare Absage erteilen. Einer der wenigen ist der Vorsitzende des Vereins Demokratischer Ärztinnen und Ärzte, Dr. Winfried Beck. Der niedergelassene Orthopäde führt den Fall einer Gynäkologin an, die im Fachblatt *Ärztliche Praxis* bekannte, Sonografie (Ultraschalluntersuchung) gebe es in ihrer Praxis nur gegen Privatrechnung. Wörtlich führt die Ärztin aus: »Wenn ich mit Kollegen spreche, höre ich immer nur, KassenpatientInnen zahlen nicht privat! Das stimmt nicht. In meiner Praxis ist mittlerweile fast allen Patientinnen bekannt, daß privat Bezahltes auch mit einem besseren Service verbunden ist. Jetzt werde ich jeden Tag darauf angesprochen, diese oder jene Leistung doch bitte privat zu erbringen.«

Da sich auch diese Ärztin – wie aus dem Zusammenhang des Artikels deutlich wird – auf die Meinung beruft, Leistungen für Kassenpatienten müßten halt nur »ausreichend« sein, zitiert Beck[51] eine Stellungnahme des Bundesverbandes der Betriebskrankenkassen vom 30.4.1996: »Die Auffassung, daß Versicherte der gesetzlichen Krankenkassen einen besseren ›Service‹ der Ärzte privat bezahlen müssen, entbehrt jeder berufs- und sozialrechtlichen Grundlage. Schon gar nicht ist es rechtlich oder ethisch vertretbar, den Patienten medizinisch nicht notwendige Untersuchungen anzubieten. Es ist u. E. gesundheits- und sozialpolitisch indiskutabel, den Versicherten eine ›optimale‹ Behandlung unter Berufung auf das Gebot der Wirtschaftlichkeit des Sozialgesetzbuches vorzuenthalten. In der Tat wird hier eine Zweiklassenmedizin produziert, die wir aufs Schärfste zurückweisen. Wir halten die Vorgehensweise, bei einer vermeintlich nicht ausreichenden Vergütung einer Leistung des EBM diese privat zu liquidieren, für einen eklatanten Verstoß gegen die vertragsärztlichen Pflichten.«

Die AOK zitiert Beck mit den lakonischen Worten: »Wenn sich einer entschließt, Vertragsarzt zu sein, muß er neben den damit verbundenen Rechten auch die Pflichten akzeptieren. Seine höchste Pflicht ist, seine Kassenpatienten so gut wie möglich zu behandeln und sie dafür nicht zusätzlich zur Kasse zu bitten. Wenn er das nicht will, muß er seine Zulassung zurückgeben.«

Der kritische Mediziner Beck kommentiert diese Stellungnahmen so: »Eine optimale Behandlung muß also immer die notwendige sein. Eine über das Notwendige hinausgehende ist also immer überflüssig und als diagnostischer Eingriff damit potentiell schädlich. [...] Wer eine Servicemedizin jenseits des Notwendigen definiert und propagiert, verabschiedet sich vom bisherigen Verständnis von Diagnostik und Therapie, nur um eine Legitimation für eine neue Variante der Einkommenssteigerung zu finden.«

Beck glaubt, daß die von der Gynäkologin und ihren zahlreichen Kollegen propagierte Auslegung bei einer breiten Anwendung in der Konsequenz »in der ambulanten Versorgung zu einer gesundheitspolitischen Situation wie in Italien, Spanien, Griechenland etc. führen« würde. »In diesen Ländern ist die generelle private Zuzahlung zu ärztlichen und pflegerischen Leistungen gängige Praxis. Kassenmedizin gilt in diesen Ländern als minderwertig, zweitklassig. Und wer sich die private Zuzahlung nicht leisten kann, muß eben mit einer minderwertigen Medizin vorliebnehmen.«

Schließlich fährt er schweres Geschütz auf: »Diese mehr oder weniger erzwungene Zuzahlung erfüllt die Kriterien der Korruption, der passiven wie der aktiven: passiv, weil Ärzte und Pflegepersonal erst nach privater Zuzahlung ihre berufliche Qualifikation zum Einsatz bringen, und aktiv, weil die Bevölkerung anders nicht zu ihrem Recht kommt.«

Kommt die generelle Zuzahlung?

Winfried Beck berichtet im Zusammenhang mit den Überlegungen über die ethische Vertretbarkeit einer »Zweiklassenmedizin«: »Schon gibt es Überlegungen in Facharztkreisen wie bei ZahnärztInnen, die generelle Zuzahlung im Krankheitsfall zu legalisieren.«[52]

Im Magazin des Hartmannbundes wurde diese Aussage offen bestätigt. Auf der Seite »intern« heißt es dort im März 1997: »Das Sachleistungssystem in der gesetzlichen Krankenversicherung (GKV) ist überholt. Arzt und Patient können bei einem Kostenerstattungssystem mit Selbstbeteiligung gemeinsam über eine kostengünstige Therapie entscheiden.«[53]

Mit diesem Modell werde keineswegs das Prinzip der Solidarität verletzt, denn: »Es gibt keine echte Soldarität zwischen Millionen von Versicherten zwischen Flensburg und Mittenwald! Untragbar für uns Ärzte ist es jedoch, über 90 Prozent unserer Bevölkerung zu drastisch herabgesetzten Honoraren nach dem Stand der Wissenschaft zu behandeln.«

Nötig sei ein leistungsgerechtes Honorar (wer stellt die Kriterien auf?) mit festen Sätzen, damit auch der Arzt kalkulieren könne. Da zusätzliche Mittel über Beitragssatzerhöhungen nicht zu erwarten seien, bleibe »kein anderer Weg als die Einführung der Kostenerstattung mit Selbstbeteiligung.« (Zu deutsch also die Behandlung mit privater Zuzahlung des Patienten.)

Es scheint, als komme die Mahnung von Medizinern wie Winfried Beck, »den Anfängen zu wehren« bereits zu spät.

4. Der Arzt als Unternehmer

Wenig Aufwand – viele Patienten

Tina Schmalfuß* war ein Teenager wie viele. Gerade 18 Jahre alt geworden, Schülerin der zwölften Klasse und froh, der Pubertät entwachsen zu sein. Einige Wochen, nachdem sie ihren ersten festen Freund kennengelernt hatte, litt Tina immer häufiger unter Erbrechen und Schwindelanfällen. Einmal wurde sie beim Tanzen in der Disko sogar ohnmächtig. Sie war doch wohl nicht ...? Ihre besorgte Mutter wollte Klarheit und schickte sie zum Frauenarzt.

Zwei Schwangerschaftstests blieben ohne positives Ergebnis. »Sie können völlig beruhigt sein«, erklärte die Gynäkologin, »solche Schwindelanfälle kommen in Ihrem Alter öfter vor. Sie sind nicht schwanger.« Rein »aus Routine« aber wolle sie doch noch eine Blutuntersuchung machen. Als Tinas Mutter am Tag darauf in der Praxis anrief, um das Ergebnis der Blutuntersuchung abzurufen, wurde sie von der Frauenärztin regelrecht beschimpft. Das Ergebnis sei noch nicht da, die Mutter solle nicht so hysterisch sein, sie, die Ärztin, habe doch deutlich gesagt, daß Tina nicht schwanger sei. Die Ärztin schüchterte Frau Schmalfuß mit dieser Reaktion so ein, daß diese daraufhin nicht noch einmal anrief. Einige Wochen später fand sich Tina wieder in der gynäkologischen Praxis zu einer Untersuchung ein. Als die Ärztin in die Karteikarte sah, sagte sie: »Sie sind ja schwanger!« Die 18jährige fiel aus allen Wolken.

Wie sich herausstellte, war der Bluttest damals positiv ausgefallen. Tina war schwanger – inzwischen im vierten Monat. Ein Schulmädchen, das in gut einem Jahr Abitur machen und dann studieren wollte. Das sozusagen noch gar nicht aus dem Kinderzimmer herausgekommen war. Aber jetzt war es zu spät für eine soziale Indikation (bis zum dritten Monat möglich). Tina versuchte auch gar nicht erst, eine eventuelle Sonderregelung zu erreichen – sie entschied sich für das Kind, auch wenn dies in unserer Gesellschaft erhebliche Schwierigkeiten mit sich bringt. Es wird zwar viel davon geredet, man müsse die Frauen in ihrem Wunsch zum Kind unterstützen, aber im konkreten Fall gibt es dann kaum Hilfen. (Tina jedenfalls mußte Schule und Ausbildung zunächst einmal unterbrechen.)

Niemand weiß, wie die Entscheidung des Mädchens ausgefallen wäre, wenn sie gleich zu Beginn der Schwangerschaft die richtige Diagnose von ihrer Gynäkologin erhalten hätte. Sie hatte gar keine Chance, wirklich in Ruhe zu überlegen.

Tina war ein Opfer der Routine einer Praxis geworden, in der es die Ärztin offenbar nicht einmal für nötig erachtet, eingehende Laborbefunde auszuwerten und – zumindest im Ernstfall – selbst auf die Patientin zuzugehen. Was wäre gewesen, wenn ein anderer Bluttest einen Verdacht auf Krebs ergeben hätte?

Nein, in einer solchen Praxis steht ganz ohne Zweifel nicht das Wohlergehen des Patienten im Vordergrund, sondern das der Ärztin, die mit möglichst wenig Aufwand möglichst viele Patientinnen behandeln möchte.

Julius Hackethal prangerte dies am Beispiel der Hausärzte an und nannte eine solche Praxisführung »Fließbandversorgung«[54]: Nach einer Satistik von 1991 rechneten mehr als die Hälfte der Allgemeinärzte, nämlich 55,6 Prozent, mehr als 1200

Krankenscheine pro Quartal ab: 20,3 Prozent 1200 bis 1500, 23,8 Prozent 1500 bis 2000 und 1,5 Prozent über 2000. Hackethal: »Es ist völlig ausgeschlossen, daß man bei über 1000 Krankenscheinen im Quartal die Patienten so betreuen kann, wie es sich gehört.«

Bliebe nur zu sagen, daß die Zahl der Scheine in vielen Facharztpraxen noch weitaus höher liegt.

Ignoranz als Grundeinstellung

Die Ärzte müßten lernen, wirtschaftlich zu denken, wird den niedergelassenen Medizinern allenthalben eingeredet. »Praxisberater und Marketing-Spezialisten bringen heute dem Arzt bei, wie Patienten an das Kleinunternehmen Praxis gebunden werden [...]«, stellt Ellis Huber, Präsident der Berliner Ärztekammer, fest.

Doch wer sich umsieht, entdeckt auch heute noch eine oft unwahrscheinlich große Ignoranz dem »Kunden« Patient gegenüber. Ein Extremfall ist das Beispiel eine Hautarztes aus Hamburg, der wegen Beleidigung einer Ausländerin zu 3200 Mark Geldbuße verurteilt worden war – und kein Unrechtsbewußtsein zeigte.[55]

Eine Perserin, die seit zwölf Jahren in Deutschland lebte, begleitete ihren Vater in die Praxis des Hautarztes, um für ihn zu übersetzen. Sie hatten für elf Uhr vormittags einen Termin bekommen und warteten um halb zwei immer noch. Als sich die Frau bei der Arzthelferin am Empfang beschweren wollte, kam der Arzt hinzu, sah auf dem Tresen einen vom Sozialamt ausgestellten Krankenschein und hielt diesen irrtümlich für den Schein des Vaters der Frau. Daraufhin beschimpfte er die Frau nach deren Erinnerung mit den Worten »Ausländer raus!« und »Arschloch«. Es ließ sich nicht klären, ob der Arzt wirklich gesagt hatte »Ausländer raus!« oder vielleicht »Ausländer gehören raus«. Nur der erste Ausspruch hätte nach Ansicht des Richters zu einer härteren Strafe führen können.

Aber was der Hautarzt vor Gericht aussagte, war schlimm genug und spricht für seine Gesinnung, nicht nur Ausländern gegenüber: »Ausländer haben sich zu benehmen«, forderte er (dieser Satz kostete ihn dann die 3200 Mark Strafe) und: diese Ausländer ohne Arbeit, die nirgendwo hin müßten, zu keiner Zeit, die auf Kosten der deutschen Behörden zu ihm kommen dürften und die auf Sozialschein zu behandeln er bereit sei – könnten die denn nicht warten »wie deutsche Patienten«?

Da liegt – außer der ekelhaften Ausländerfeindlichkeit – der Hase im Pfeffer: Patienten haben nach Ansicht vieler Ärzte geduldig zu warten. Die meisten Patienten sind offenbar so erzogen, daß sie dies auch bereitwillig machen.

WIRTSCHAFTLICHKEIT ZU LASTEN DES »KUNDEN«

Von wirklicher »Kundenfreundlichkeit« ist oft nichts zu sehen. Alltag in vielen deutschen Praxen ist nach wie vor:

• daß trotz Terminen extreme Wartezeiten entstehen,
• daß Patienten nicht informiert werden, wie lange sie warten müssen (oder warum sich ein Termin verschiebt),
• daß die Arzthelferinnen Patienten herablassend und unfreundlich behandeln,
• daß der Patient zur Blutabnahme oder zu anderen Untersuchungen extra zu einem weiteren Termin »vorgeladen« wird, auch wenn diese Maßnahmen sofort durchgeführt werden könnten (z. B. weil für die Bestimmung des erforderlichen Laborwertes eigentlich keine Nüchternheit nötig wäre),
• daß an der Einrichtung des Wartezimmers gespart wird (bil-

lige Kunstdrucke an den Wänden, schlechte Bestuhlung),
• daß keine oder uralte Zeitschriften von allgemeinem Interesse ausliegen. (Wie der Satiriker Wolfgang Körner richtig feststellt: Die Lektüre »bringt der Doktor meist von zu Hause mit, um den Patienten über die Hobbies des Arztes näherzukommen. Wenn er Jäger ist, lesen seine Patienten gern die beliebte Zeitschrift *Wild und Hund*, wenn er Tennis spielt, das *Tennismagazin*.«[56])

Dabei gibt es durchaus Beispiele, wie man es auch anders machen kann. »Um Patienten langfristig zu binden, müssen Arzt und Personal zunehmend Dienstleistungsmentalität entwickeln«, stellt der Unternehmensberater Rolf Stefan Roessner fest.

In der Zeitschrift *Capital*[57] heißt es dazu: »Zu den effizienten Maßnahmen zählt beispielsweise das Anpassen der Sprechzeiten auf die Patientenbedürfnisse mit speziellen Sprechstunden für Berufstätige am Samstag. Oder auch schriftliche Informationen wie eine Patientenzeitung oder die Therapieanleitung, die der Arzt persönlich überreicht. Zur regelmäßigen Imagepflege gehören, so Berater Roessner, auch Seminare in den Praxisräumen, beispielsweise zu den Themen Ernährung oder Rauchen.«

Dazu stellt *Capital* vor, wie die Ärztin Verena C. Mösch aus Mülheim an der Ruhr ihre Praxis führt: »Zwar behandelt die 42jährige Fachärztin für Frauenheilkunde und Geburtshilfe meist nach Terminvereinbarung. Trotzdem lassen sich lange Wartezeiten nicht immer vermeiden. ›Ich möchte mir bei Bedarf für meine Patientinnen auch mehr Zeit nehmen können‹, sagt die Gynäkologin. Kundinnen mit knappem Zeitbudget wird sie demnächst Pager (Nachrichtenempfangsgerät) zur Verfügung stellen. Statt in der Praxis herumzusitzen, können Interessierte dann Einkäufe erledigen oder Berufstätige noch weiterarbeiten. Rückt die Behandlung näher, ruft die Arzthelferin die Patientin mit einer Nachricht auf dem Gerät.

Überhaupt geht die Praxis auf Besucherwünsche ein. Eine Kinderecke findet sich mittlerweile in vielen Wartezimmern, oft auch schon ein Getränkeautomat. Bei Frau Doktor Mösch erhalten die Kundinnen zudem eine Broschüre, die allgemeine Praxisinformationen wie Öffnungszeiten und Telefonnummer enthält, aber auch das Personal vorstellt und Anfahrtswege nebst Parkmöglichkeiten nennt.«

»Geld allein macht nicht glücklich«

Musterpraxen wie die der Mülheimer Fachärztin bilden bei weitem die Ausnahme. Für die Mehrzahl der deutschen Ärzte gilt, zumindest was die Praxiskosten angeht, in allererster Linie das Wort »Sparen«. Und weil die Personalkosten naturgemäß einen hohen Anteil am Umsatz des Kleinunternehmens Praxis ausmachen, wird hier als erstes angesetzt.

Denn was Arzthelferinnen verdienen, ist geradezu lächerlich. Nach Tarif (1997) stehen einer Helferin im ersten bis dritten Berufsjahr 2393 Mark pro Monat zu – brutto natürlich. Nach 23 Berufsjahren (!) erhöht sich das Tarifgehalt auf maximal 3284 Mark für eine einfache Helferin. Für qualifiziertere Kräfte gilt eine tarifliche Obergrenze von 4060 Mark brutto – mehr ist nach Tarif definitiv nicht drin.

Eine solch schlechte Bezahlung hat nicht nur für den aktuellen Lebensunterhalt Folgen. Eine alleinstehende Arzthelferin beispielsweise, die eventuell im Laufe der Berufszeit auch noch ein Kind großzieht, sammelt so geringe Rentenansprüche an, daß sie im Alter Sozialhilfe in Anspruch nehmen müßte.

Aber selbst diese Gehaltssummen sind vielen Ärzten noch zuviel. So gibt es viele Mediziner, die richtig gern »ausbilden« – und dann später nicht übernehmen, sondern den nächsten billigen Lehrling engagieren. Daß sie sich im gleichen Atemzug über das schlechte schulische Niveau der Bewerberinnen für die Ausbildungsplätze beklagen, verwundert kaum – bei solchen Berufsperspektiven melden sich halt nicht immer die Cleversten.

Das soll allerdings nicht heißen, daß es keine qualifizierten Arzthelferinnen gäbe. Aber ihre Tätigkeit wird von den Ärzten oft geringgeschätzt und durchweg schlecht bezahlt. Viele Praxisinhaber stellen qualifizierte Bewerberinnen, die etwa nach einer Babypause wieder in den Beruf wollen, nicht mehr ein – vor allem, weil diese Frauen durch ihre Berufserfahrung Anspruch auf ein höheres tarifliches Gehalt hätten. (Manche haben auch davor Angst, daß erfahrene Sprechstundenhilfen selbstbewußter sind und die Autorität des Arztes eher in Frage stellen.) Daß eine wirklich gute, patientenorientierte und organisationsfähige Mitarbeiterin der Praxis möglicherweise durch die Patientenzufriedenheit auch Mehrumsatz bringen kann, hat sich bislang nur bei wenigen Medizinern herumgesprochen.

Da findet sich ein Arzt schon ganz toll, wenn er in einem »Round-table-Gespräch« zum Thema in der *Medical Tribune*[58] sagen kann: »Ich denke, daß eine Arzthelferin auf jeden Fall 3000 Mark verdienen muß. Darunter geht gar nichts.«

Für dieses »gutdotierte Gehalt« dürfe das Alter und die Berufserfahrung keine Rolle spielen. Ach ja, die Überstunden seien damit natürlich auch komplett abgegolten. Die meisten Teilnehmer der Runde aber sind sich einig: Das Tarifgehalt reiche aus. »Geld allein macht auch nicht glücklich«, erklärt einer dieser Kollegen. Eine Arzthelferin habe doch einen interessanteren und vielseitigeren Job als eine Sekretärin oder eine Angestellte bei der Krankenkasse, die den ganzen Tag am Computer sitze oder Krankenscheine sortiere. Darüber unterhalte er sich oft mit seinen Helferinnen. Denn er lege Wert auf ein gutes Betriebsklima, zudem biete er eine geregelte Arbeitszeit.

Sein Personal dürfe auch aus der laufenden Sprechstunde heraus schnell eine Besorgung erledigen, wenn gerade nicht viel los sei. Fazit: »Wenn man ein bißchen menschlich ist, muß man nicht soviel bezahlen.«

Noch schlichter sieht dies ein Hausarzt, der ebenfalls an der Runde teilnimmt. Der Beruf der Arzthelferin sei doch kein Beruf fürs Leben, sondern für eine junge Frau »bis sie vielleicht heiratet«. Und ein anderer Arzt ergänzt: »Viele junge Mädchen sehen in diesem Beruf auch nur ein Sprungbrett, um eine Anstellung bei der Krankenkasse oder KV zu erhalten, oder sie sehen die Chance, eines Tages Pharmareferentin zu werden.«

Die Teilnehmer des Gespräches, die sicher repräsentativ für die große Mehrzahl der niedergelassenen Ärzte stehen, sahen zwar auch ein, daß der Beruf der Arzthelferin »kein leichter und oft auch kein angenehmer Beruf« sei. So erwarten sie von ihren Mitarbeiterinnen neben der rein fachlichen Qualifikation auch psychologisches Gespür, denn, so drückt es ein Teilnehmer aus: »Die Patienten nehmen sich manchmal Sachen raus – sagenhaft, würde ich nicht hinnehmen.«

Andererseits erhielten die Helferinnen aber auch Anerkennung von den Patienten und schleppten zu Weihnachten »waschkörbeweise« Geschenke nach Hause.

Und so kommt ein Hausarzt zu dem Fazit: »Sehen Sie, Arzthelferin zu sein ist doch ein schöner Beruf.« Vor allem sei er vielseitig, »und der Umgang mit Menschen ersetzt vielleicht den Hunderter mehr.«

Daß man dieselben Argumente auch fast der gesamten Ärzteschaft vorhalten kann, wenn sie darüber jammert, daß ihr Einkommen durch die Gesundheitsreformen auf hohem, ja höchstem Niveau stagniere oder sich vielleicht ein bißchen nach unten bewege – das kommt natürlich keinem der Teilnehmer in den Sinn ...

30 000 Mark im Monat – und trotzdem pleite?

Ein Internist, den es besonders schlimm getroffen hat, kam in der Rubrik »Experten direkt gefragt« der *Medical Tribune*[59] zu Wort. Eigentlich wollte sich »Dr. K. U.« (Namen werden in dieser Rubrik schamvoll verschwiegen) über seinen Umsatz (fast 700 000 Mark im Jahr!) gar nicht beklagen, nur darüber, daß so wenig übrigbleibe. Hoch, so der Internist, seien hauptsächlich seine Personalkosten. Sie verschlängen alleine 275 000 Mark. Dann stellt sich allerdings heraus, daß darin auch die 76 000 Mark enthalten sind, die seine in der Praxis mitarbeitende Frau jährlich verdient. »Dann habe ich auch noch eine Direktversicherung für sie abgeschlossen. Ich möchte, daß meine Frau gut abgesichert ist.«

Diesen frommen Wunsch kann man ihm abnehmen, denn er hat seiner Frau (zumindest pro forma) einiges zu verdanken. Zum Beispiel, daß das Geld für die Praxismiete in der Familie bleibt: Zwei Jahre nach der vor 20 Jahren erfolgten Praxisgründung hatte seine Frau die Praxisetage gekauft und an ihren Mann vermietet.

»Das war ein kluger Schachzug«, kommentiert der von der *Medical Tribune* mit der Beratung beauftragte Dr. jur. Peter Feuerstein, Rechtsanwalt und Bankjurist aus Wiesbaden. Die weiteren Finanzkünste des Internisten gefielen dem Experten dann nicht mehr ganz so gut. Und dies, obwohl sich die jährlichen Einnahmen des Herrn Doktor (und seiner Ehefrau) sehen lassen können:

- 260 000 Mark Praxiseinnahmen nach Abzug der Kosten,
- 46 000 Mark Nettogehalt der Ehefrau,
- 31 000 Mark Praxismiete,
- 28 000 Mark Einnahmen aus sog. Bauherrenmodellen.

Damit stehen Familie U. monatlich 30 400 Mark zur Verfügung – doch für den »Lebensunterhalt bleiben uns gerade mal 4200 Mark pro Monat übrig, mit den anderen 26 200 Mark muß ich die Kredite, Kranken-, Lebensversicherung und die Ärzteversorgung bezahlen.«

Mal abgesehen davon, daß diese 4200 Mark einem absolut unerreichbaren monatlichen Bruttogehalt von fast 8000 Mark einer Arzthelferin entsprächen, reicht eine solche Summe für einen echten Arzt natürlich nicht aus. Deshalb hatte Dr. U. in den letzten Jahren »immer ein Minus von 100 000 Mark auf dem Girokonto.«

Zu dem Hungereinkommen des Facharztes kam es so: 1985 wollte sich der Internist mal was leisten und baute sich ein Wohnhaus. Das kam mit einer Million Mark etwas teurer als geplant. Zusätzlich beteiligte sich Dr. U. auch noch an drei Bauherren-Modellen, darunter einem geschlossenen Immobilienfonds. Das heißt: Insgesamt »besaß« der Internist jetzt fünf Immobilien(!) – die aber alle noch abbezahlt werden mußten. Schön, daß wenigstens die Praxis, die zum Zeitpunkt der Beratung noch mit 160 000 Mark belastet war, kurz danach durch eine fällige Lebensversicherung abgelöst werden konnte.

Die Zeitung: »Der Klotz am Bein sind hauptsächlich das teure Wohnhaus und die drei Steuersparmodelle, die der Steuerberater empfohlen hat und die sich überhaupt nicht rechnen. ›Darunter ist zum Beispiel ein Bürokomplex, er ist zwar vermietet, aber halt im Ruhrgebiet, wo zur Zeit nicht mehr viel geht. Da bin ich auf eine Mietgarantie hereingefallen, die wurde nämlich nie bezahlt ...‹ «

Die Empfehlungen im einzelnen aufzuführen, die der Experte Dr. jur. Feuerstein dem Möchtegern-Steuersparer und Häuslebauer Dr. U. im einzelnen gab – von »knallhartem Verhandeln« mit der Versicherung bis hin zum Wechsel der Kreditgeber – ersparen wir uns hier. Immerhin kam sein Rat beim

Adressaten an: »Jetzt sehe ich nicht mehr so schwarz«, meinte Dr. U. zum Abschluß. »Ich habe immer nur das Minus auf dem Konto gesehen und wußte nicht, wie es weitergehen soll. Ich denke, daß ich heute nacht etwas besser schlafen werde.«

Der Schlaf sei ihm gegönnt.

Vom Tricksen zum Betrug

Daß Dr. K. U., wie eben geschildert, die von ihm benutzten Praxisräume auf den Namen seiner Frau gekauft hat und sich somit die Miete für die Räume quasi selbst überweist, ist ein völlig legaler Vorgang, der höchstens unter die Rubrik »kleine Steuerspartricks« gehört.

Aber es gibt Kollegen, denen solche Kleinigkeiten nicht genügen. Sie verstoßen mehr oder weniger offen gegen Standesrecht, um – zum Beispiel – am Verkauf der von ihnen verschriebenen Tabletten mitzuverdienen. Doch nicht genug damit: Wenn dann der Name des Ehepartners herhalten muß, darf man offen von Betrug reden.

So bietet eine Firma namens Doc Pharma Arzneimittelbetrieb GmbH & Co. KG Ärzten an, sich als stille Teilhaber am Unternehmen zu beteiligen. Versprochen werden vom Firmengründer Dieter Gartner (selbst Arzt) »mindestens zehn Prozent Rendite«.[60]

Das Unternehmen hat sich darauf spezialisiert, sogenannte Generika herzustellen – bewährte Medikamente, deren Patente abgelaufen und die daher billig herzustellen sind. Daß in der Arztpraxis eines stillen Teilhabers dann möglichst nur noch Pillen aus der »eigenen Produktion« verschrieben werden, versteht sich von selbst.

Das verstößt gegen die offiziellen Regeln des Arztberufes. Denn ein Mediziner darf aus den von ihm veranlaßten Maßnahmen keinen wirtschaftlichen Vorteil ziehen. Dennoch beteiligten sich nach Gartners Angaben mehrere hundert Kollegen an dem Modell. Einige davon dürften Gartners Ratschlag nachgekommen sein und sich über den »nichtärztlich tätigen Ehepartner« beteiligt haben.

Schlicht und einfach: Betrug

Von solchen Praktiken bis zum offenen, systematischen Betrug ist es nur ein kleiner Schritt. Ihn ging der damals 49jähriger Allgemeinmediziner Dr. Kurt Horstmann* aus einem kleinen Ort im Westerwald. Mindestens 30 Patienten hat der Arzt nach Angaben der Staatsanwaltschaft Koblenz zur Frühpensionierung und zum Rentenbetrug verholfen – ohne, daß eine entsprechende Indikation vorlag. Der angerichtete Schaden wurde auf mindestens eine Million Mark geschätzt.[61]

Dafür, daß Horstmann den entsprechenden Patienten mit dramtisch überzogenen »Diagnosen« half und durch entsprechende Instruktionen auch zur Täuschung des Amtsarztes beitrug, kassierte er stattliche »Erfolgsprämien«. Doch damit nicht genug: Der hochverschuldete Arzt soll sich auch Kassenzahlungen für nie erfolgte Behandlungen mit Patienten geteilt haben.

Das Ende vom Lied: Sowohl Horstmann als auch einige seiner Patienten wurden Mitte 1997 von der Polizei festgenommen. Die Staatsanwaltschaft mußte dazu in einem Fall sogar Amtshilfe in der Dominikanischen Republik beantragen: Dorthin hatte sich eine von Horstmann produzierte Frühpensionärin in den gar nicht so wohlverdienten Ruhestand begeben ...

5. Umsatz durch Überdiagnostik

Die Masse macht's

Das WDR-Verbrauchermagazin »Quintessenz«, eine beliebte Hörfunksendung, testete 1995 zwölf Arztpraxen auf ihre diagnostische und therapeutische »Gründlichkeit«. Das Ergebnis konnte man auch in einer Agenturmeldung nachlesen: »Bis zu vierfach überhöhte Preise, übertriebene Apparatemedizin und sogar die Empfehlung zu unnötigen Operationen.«[62]

Für die angeblich erkrankten Privatpatienten waren zuvor Beschwerden anhand der Gebührenordnung »konstruiert« worden. Die bei diesen Krankheitsbildern notwendigen diagnostischen Maßnahmen hätten nach der Gebührenordnung für Ärzte zwischen 150 und 200 Mark kosten dürfen. Abgerechnet wurden jedoch bis zu 813 Mark!

»Quintessenz« berichtete, eine Patientin sei zu elf verschiedenen Voruntersuchungen, vom EKG bis zur Röntgenaufnahme, gebeten worden, bevor man sie überhaupt zum Arzt vorgelassen habe. Bei einem 18 Monate alten Jungen, der wegen Verdachts auf Vorhautverengung untersucht werden sollte, rieten zwei Ärzte zu einer Operation, die sie natürlich auch gleich selbst ausführen wollten. Der WDR: »Das Kind war völlig gesund, eine Operation war also unnötig, hätte dem Arzt aber Einnahmen gebracht.« Hinzu kam, daß ein solcher Eingriff in der

Regel erst ab dem vierten Lebensjahr vorgenommen wird, der ärztliche Rat sich also als doppelter Kunstfehler herausstellte. Das alles hat seinen Grund: Ein Mediziner, der zu einem Patienten sagt: »Sie sind gar nicht krank«, kann nichts verdienen.

Das liegt am System: »Der Kassenarzt bekommt nur dann ein Honorar, wenn er auf dem Krankenschein eines Krankenversicherten therapeutische und diagnostische Tätigkeiten vermerkt. Das vorhandene Abrechnungssystem führt zu einem gnadenlosen Konkurrenzkampf unter den Ärzten. Jeder versucht, möglichst viele Leistungen, die in der Gebührenordnung vorhanden sind, anzubringen und abzurechnen«, wie Ellis Huber[63] es ausdrückt. Weiter sagt er in diesem Zusammenhang: »Der einzelne Arzt sieht an seinen Abrechnungen, daß er mit sicherer und präziser Diagnostik und Therapie, sorgfältig abgewogen und möglichst zurückhaltend, sehr viel weniger verdient als seine Kollegen, die mit ihren Gerätschaften und Möglichkeiten den großen Rundumschlag inszenieren und gleichzeitig mit symptomatischer Behandlung einen chronischen Dauerpatienten erhalten. Es ist lukrativer, einen Kranken drei- bis viermal einzubestellen und immer wieder neu zu untersuchen.«

So ist etwa auch ein Gynäkologe, wie Eva Schindele[64] feststellt, »nicht unbedingt daran interessiert, die Selbstheilungskräfte der Frauen zu aktivieren oder ihnen zum Beispiel statt einer Vaginalcreme rechtsdrehenden Joghurt zu empfehlen.«

IMPOSANTE DATEN, FARBIGE BILDER

Der kritische Ärztefunktionär Ellis Huber spricht von regelrechten »Modekrankheiten«, die immer wieder zu teurer, überflüssiger Diagnostik führten. Als Beispiel nennt er den »Knochenschwund« als typische Alterserscheinung: »Ein neues Gerät, um die 100 000 Mark teuer, erlaubt mit farbigen Bildern die Messung der Knochendichte. Die Orthopädiepraxen begannen, immer mehr Patienten, vornehmlich Patientinnen, mit imposanten Daten und farbigen Bildern zu versorgen. Eine therapeutische Konsequenz aus der Osteodensitometrie gibt es nicht. Dennoch lassen ständige Kontrollmessungen eine lukrative Einkommensquelle erschließen. Etwa ein Prozent des kassenärztlichen Honorars floß im Jahr 1991 in die Knochendichtemessung.«[65] Als Ergebnis »aus diesem gigantischen Aufwand mit seinen gigantischen Konsequenzen ergibt sich eigentlich nur die Empfehlung an alte Menschen, täglich etwa einen Liter Milch zu trinken, die für den Knochenaufbau wichtiges Kalzium enthält.«

KONSENS ZWISCHEN ARZT UND PATIENT

Nun muß man an dieser Stelle einräumen, daß hier nicht allein die Ärzte schuld sind. Vielmehr hat sich offenbar in der Gesellschaft ein allgemeiner Konsens gebildet, der da lautet: Man kann gar nicht genug diagnostizieren und therapieren. »Krankheiten, die man früher mit hinreichender Sicherheit durch das Stethoskop und mit ärztlichen Sinnen diagnostizierte, brauchen heute den Einsatz von EKG, Belastungs-EKG, Langzeit-EKG, Sonographie und weiteren, teilweise sogar gefährlichen diagnostischen Methoden«, stellt Ellis Huber fest. Das liegt nicht nur an den Ärzten: »Die Patienten selbst fühlen sich um so besser versorgt, je mehr mit ihnen gemacht wird. Die Massenmedien berichten laufend über neue therapeutische Möglichkeiten, und viele Bürger wünschen dann den Einsatz solcher Geräte, obwohl dies keinerlei ärztlichen Sinn macht.«

Wenn ein Arzt den Menschen solche Wünsche ausreden wolle, brauche er sehr viel Zeit und hohes psychotherapeutisches Geschick, für das er allerdings nichts bezahlt bekomme.

(Mit Verlaub: Da überschätzt Huber die Psychotherapie – als wenn sich die Menschen einen derart tief sitzenden Aberglauben – ärztliche Diagnostik und Therapien helfen mehr als gesunder Menschenverstand – so leicht ausreden lassen würden!)

Der Düsseldorfer Kinderarzt Michael Vogel* berichtet folgende Erfahrungen: »Als ich meine Praxis neu aufgemacht habe, wollte ich die Kinder möglichst wenig mit Medikamenten traktieren. Also riet ich zum Beispiel Müttern von fiebernden Kindern, es zunächst einmal mit den klassischen Wadenwickeln zu versuchen. Aber damit habe ich die Erwartungen der Eltern enttäuscht. Die wollten Medikamente verschrieben haben. Immer mehr Patienten drohten damit, sich einen Kollegen zu suchen, der auch ›wirklich helfe‹ – indem er etwas verschreibe. Da hab ich dann nachgegeben, und seitdem bekommen die Patienten bei mir, was sie erwarten.«

Amüsanterweise brachte ihn die Einsicht in die Überflüssigkeit mancher Therapie sogar mit seiner eigenen Familie in Konflikt: Seine Frau nämlich beschwerte sich Bekannten gegenüber, ihr Mann schreite bei Krankheiten seiner eigenen drei Kinder viel später ein als bei den Patienten. (Bei Julius Hackethal findet sich der Satz: »Angehörige von Ärzten sollen ja in der Regel deshalb länger leben, weil sie nicht wie die anderen Patienten behandelt werden.«[66])

»REINE GELDSCHNEIDEREI«

Was für die Vergabe von Medikamenten gilt (Dr. Vogel beteuert natürlich, in den beschriebenen Fällen nur »harmlose« Pillen zu verschreiben), gilt genauso für diagnostische Maßnahmen. Je gründlicher desto besser, heißt das Motto, und wer arbeitet gründlicher als eine Maschine oder ein chemisches Labor?

»Die Überbetonung apparativer Diagnostik in der ambulanten ärztlichen Versorgung durch das Honorarsystem verleitet zu einem sinnlosen und gefährlichen Wettbewerb um prestigeträchtige diagnostische Apparaturen«, stellt Ellis Huber fest.[67] Und fährt fort: »Die Geräte müssen sich amortisieren, und in diesem System wird es dann zur scheinheiligen Selbstverständlichkeit, daß Diagnosegeräte ohne Notwendigkeit eingesetzt werden: ›Herr Doktor, können Sie nicht einmal wieder ein EKG machen? Das hat mir beim letzten Mal so gutgetan,‹ sagt die Patientin. Der Arzt macht das EKG und noch eine sonographische Untersuchung. Er nützt die Placebo-Wirkung der apparativen Zuwendung. Der Einsatz medizinischer Technik wird zum heilenden Ritual, durchaus wirksam, aber völlig überteuert. Solche Heilrituale mit High-Tech-Apparaturen sind so sinnvoll wie sanftes Handauflegen oder der Einsatz von Pendeln und Weihrauch. Letzteres käme die Gesundheitsversorgung allerdings wesentlich billiger.«

Zu einem Allzweckmittel, mit dem man viel Geld verdienen kann, sind die sogenannten sonographischen Untersuchungen geworden, die zum Beispiel bei der Untersuchung von Schwangeren immer häufiger eingesetzt werden. Jede dieser Untersuchungen bringt bei Privatpatientinnen nach der GOÄ-Nummer 415 immerhin 34,20 Mark ein – und nach dem in der Regel abgerechneten Schwellenwert 78,66 Mark.

Ebenso beliebt wie die Apparatediagnostik sind Labortests; kaum eine ärztliche Diagnostik kommt ohne entsprechende Blutuntersuchungen aus. Besonders lukrativ sind Labortests bei der Behandlung von Privatpatienten. Da kann man nämlich auch Untersuchungen anbieten, die keine Krankenkasse zahlen würde.

Ein Ludwigsburger Labor machte den Praxen das Angebot, ein »Großes Profil GOÄ« durchzuführen. Dabei handelt es sich, wie *Capital* feststellte[68], um »ein Sammelsurium von 32 Laborwerten vom Blutbild über Mineralien bis zum Allergietest.« Das Magazin weiter:»Das kostet den behandelnden Mediziner 25 Mark, dem Patienten in Rechnung stellen darf er aber 304,12 Mark – macht 1116 Prozent (!) Gewinn.« So etwas nennt der Präsident der deutschen Gesellschaft für Laboratoriumsmedizin, Michael Krieg,»reine Geldschneiderei und Anreiz zur Mengenausweitung«.

Den Geschäftsführer des Berufsverbandes Deutscher Laborärzte, Hartmut Reineck, zitiert *Capital* mit der Schätzung, durch falsche und überflüssige Labortests würden jährlich 500 Millionen Mark verschwendet ...

VORSORGE ZUR FINANZIELLEN BEREICHERUNG

Harte Kritik gibt es auch aus ärztlichen Kreisen an den sich immer breiter ausweitenden Vorsorgeuntersuchungen. »Regelmäßige Kontrolluntersuchungen waren früher nur für bestimmte Risikogruppen erforderlich, etwa für Industriearbeiter oder Prostituierte«, stellt der amerikanische Pädiater und Medizinkritiker Prof. Dr. med. Robert S. Mendelsohn fest[69] und betont:»Heute dagegen fordern viele Ärzte, daß sich jeder mindestens einmal im Jahr untersuchen läßt, obwohl die letzten fünfzig Jahre nicht den geringsten Beweis dafür erbracht haben, daß jene, die sich vertrauensvoll den Untersuchungen unterziehen, etwa länger leben oder gesünder seien als die anderen, die den Ärzten fernbleiben.« Nach Meinung Mendelsohns[70] gibt es auch »keinen Beweis dafür, daß Raster-Untersuchungen auf Brustkrebs für irgend jemanden von irgendeinem Nutzen wären.«

Welchen Wert Vorsorge-Untersuchungen generell hätten, lasse »sich am besten daraus ersehen, wie groß die Beteiligung der Ärzte an diesen Untersuchungen ist, ich meine als Patienten. Sie nehmen so gut wie nie an diesen Untersuchungen teil.«

Lakonisch beschließt Mendelsohn das Kapitel seines Buches mit dem Satz: »Ich selbst habe übrigens auch noch nie an einer Vorsorgeuntersuchung teilgenommen.«

Tendenziell in ein ähnliches Horn bläst der ehemalige Chefarzt Dr. Schwabe: »Man hat einen riesigen Propaganda-Rummel um die Vorsorgeuntersuchungen entfacht. Die Kosten dafür waren hoch, und auch die Untersuchungen kosteten jährlich Milliarden. Alle Statistiken des In- und Auslandes haben bisher keinen Beweis dafür erbracht, daß diese Untersuchungen die Morbidität oder die Mortalität in einer erkennbaren Weise zu beeinflussen vermocht haben. Diese Erkenntnisse führten auch dazu, daß man in den USA wieder weitgehend von diesen Maßnahmen Abstand genommen hat. [...] Man empfahl, sie nur bei Risikogruppen gezielt beizubehalten.«[71]

»ANGST UND SCHRECKEN ZUM WOHLE DES UROLOGEN«

Aber wer ist eine Risikogruppe? Das bestimmt der jeweilige Arzt. So wird z. B. in urologischen Praxen nach wie vor auch bei älteren Männern eine Gewebsprobe der Prostata entnommen, um dann in aller Regel festzustellen, daß Krebs vorliege. Kein überraschender Befund, denn seit Hackethal weiß man, daß über 70 Prozent der Männer über 70 Jahre einen kleinen Prostatakrebs haben, der in der Regel keine Beschwerden macht und an dem man auch nicht stirbt.

Aber, so schreibt der anonyme Urologe, der 1997 im *Spiegel* über die Praxis der niedergelassenen Ärzte berichtete: »Warum werden diese alten Herren aber trotzdem von den heutigen Urologen biopsiert? Pecuniae causa – des Geldes wegen. Ein Mann mit Prostatakrebs ist Geldes wert. Er muß alle paar Wochen getröstet und chemisch kastriert werden (eine

Injektion alle vier oder zwölf Wochen für 800 bis 2000 Mark). Und er ist seinem Doktor auch noch dankbar dafür.«[72]

Die Wahrheit aber sei, so der Urologe, daß der Mann ohne seinen Arzt besser dran wäre – »nicht verweiblicht, kräftiger, schlanker, munterer, optimistischer.« Die heute üblichen Hormonbehandlungen brächten nämlich frauliche Figuren, Fettansatz, Müdigkeit und Muskelschwund hervor.

»Sicher: Der Prostatakrebs ist heute die dritthäufigste Tumor-Todesursache der alten Männer«, schreibt der Facharzt für Urologie. »Aber nur jüngere Alte (50 bis 70 Jahre) mit schnell wachsendem Tumor sollten energisch behandelt werden. Bei diesen kommt dann allerdings leider oft jede entscheidende Hilfe zu spät. Sie sterben an dem Leiden, was auch immer wir tun.«

Er kommt zu dem Fazit: »Die heute gefeierten Früherkennungen machen zumeist aus gesunden Greisen scheinbar Krebskranke, die unnötigerweise operiert werden, mit Verweiblichung entmannt, in Angst und Schrecken gehalten – zum Wohle des daran verdienenden Urologen.«

KLUGE »MUFFEL«

»Es gibt keine Gesunden, sondern nur schlecht untersuchte Kranke«, heißt ein beliebter ärztlicher Slogan, den Julius Hackethal zitierte.[73] Genau dieser Satz fällt einem ein, wenn man die Aufmachermeldung der Tageszeitung *Ruhr-Nachrichten* vom 9. Oktober 1997 liest: »Deutsche sind noch immer Vorsorge-Muffel.«

In diesem Artikel wird die bedauernde Feststellung des Vorsitzenden der Kassenärztlichen Vereinigung Westfalen-Lippe, Ulrich Oesingmann, wiedergegeben, noch immer würden zu wenig Menschen rechtzeitig etwas für ihre Gesundheit tun.

Oftmals sei es die irrationale Angst davor, daß »tatsächlich etwas gefunden wird«, die viele Bürger vor dem Arzt-Besuch zurückschrecken lasse.

Offenbar will Oesingmann jetzt endlich das »bislang nicht ausgeschöpfte Potential der 80 Prozent sich offensichtlich gesund fühlender Bürger [...] mobilisieren«, wie er es selbst einmal ausgedrückt hat,[74] und die Zeitung hilft ihm bei seiner Werbekampagne für die Vorsorgeuntersuchungen.

Es ist aber vielleicht eher so, daß die »Vorsorge-Muffel« den Braten riechen und ahnen, daß diese Diagnostik in der Regel nur einem hilft – dem Geldbeutel des Arztes.

Als Verfechter dieser These sei Dr. Karl Dupré erwähnt, der in seinem Buch *Ärztliche Behandlungsfehler* ebenfalls die Vorsorgeuntersuchungen in Frage stellt. Er schreibt u. a.:[75] »Die Effizienz der Früherkennung ist bisher ausschließlich für den zytologischen (Funktion und Aufbau der Zellen betreffenden) Bereich gesichert. [...] Oft dienen zytologische Untersuchungen nur der finanziellen Bereicherung der sie praktizierenden Ärzte und stehen in keiner Relation zu dem, was sie vorgeben. Sog. Qualitätskontrollen stellen nur Augenwischerei dar. Es besteht keine klare Rückkopplung zur klinischen Realität.«

Für viele Krebsformen, so Dr. Dupré, werde die Möglichkeit einer wirklichen Vorsorge- und Früherkennungsuntersuchung vorgetäuscht. Dies gelte in besonderem Maße für den Eierstockkrebs, der »sich leicht dem Tastbefund eines nicht ständig Geübten« entziehe. Da der niedergelassene Arzt nicht die Möglichkeit habe, sein Tastgefühl laufend zu trainieren, wiege er oft die Patientin mit einer »falsch-ergebnislosen« Krebsvorsorgeuntersuchung in trügerischer Sicherheit – und die Krebserkennung werde dadurch in erschreckendem Maße verschleppt. Auch an der Vorsorge bei Brustkrebs läßt Dupré kaum ein gutes Haar: »Die Fehlbeurteilung von Mammographien sind Legion. Es wird immer wieder verkannt, daß mit dieser Röntgenuntersuchung weder die Krebsdiagnose gestellt noch ausgeschlossen werden kann.«

Es gebe keine zuverlässigen Zahlen darüber, aber es könne durchaus sein, meint Dupré, »daß die Einführung der Mammographie zur Vorsorgeuntersuchung bei Brustkrebs das Gegenteil des Erwarteten und Gewünschten bewirkt hat. Sie hat in vielen Fällen zur Verschleppung der Diagnose beigetragen und ist nur selten geeignet, ein Karzinom frühzeitig zu erfassen und in einem früheren und damit günstigerem Stadium der Behandlung zuzuführen.«

Nach der Feststellung, daß zum Beispiel auch Dickdarmkrebs, Enddarmkrebs oder Hodenkrebs bei der angeblichen »Vorsorgeuntersuchung« immer wieder übersehen würden, betont Dupré: »Die kostenaufwendigen Untersuchungsmethoden sind dort eigentlich besonders erfolgreich, wo die Behandlungsmöglichkeiten äußerst schlecht, ja fast null sind. Sie helfen nämlich vor allem bei der Metastasensuche.«

Und er zieht das Fazit: »Die Erwartungen, die der Laie mit der Vorsorgeuntersuchung verbindet, können sich nicht erfüllen.«

Dr. Mendelsohn möchte am liebsten den Begriff »Vorbeugung« ganz aus dem Verkehr ziehen. Er schreibt in diesem Zusammenhang: »Natürlich ist nichts dagegen einzuwenden, daß die Leute auf sich achtgeben sollten, damit sie nicht krank werden; aber was die Schulmedizin unter Vorbeugung versteht, ist davon so weit entfernt, wie es ferner nicht geht. ›Vorbeugen‹, wie die ›Kirche‹ [so nennt Mendelsohn den etablierten Medizinbetrieb] es betreibt, ist genauso grausam und gefährlich wie ihr ›Heilen‹ – vielleicht sogar noch mehr; denn Ärzte benutzen den Vorwand präventiver Medizin, um dahinter jede Menge wahrlich aggressiver Prozeduren zu verstecken.«[76]

Warum dies so ist? Ganz einfach, meint Mendelsohn: »Würde ein Arzt wirkliche Vorbeuge-Medizin praktizieren, wären seine Patienten gesünder und brauchten ihn daher auch weniger oft aufzusuchen. Man sieht gleich, daß so etwas den Vorstellungen der Schulmedizin völlig zuwiderläuft.«

GEFÄHRLICHE RÖNTGEN-ÜBERDIAGNOSTIK

Dr. med. Wolfgang Mohr, selbst Hausarzt, berichtet im Rahmen seines bereits erwähnten »Kollegentests«[77] über ein Erlebnis beim Orthopäden. Es ging zu, heißt es in diesem Zusammenhang, »wie in einem Taubenschlag: Ich sah Patienten und Helferinnen durch die Gänge hasten, vom Arzt keine Spur. Ich sagte der hübschen Sprechstundenhilfe: ›Ich habe Schmerzen im linken Knie.‹ Meinte sie: ›Da machen wir mal gleich eine Röntgenaufnahme.‹ Ich fragte verdutzt: ›Röntgenstrahlen – muß das nicht der Arzt anordnen?‹ Schnippisch zischte sie: ›Dafür haben wir keine Zeit. Der Doktor will die Röntgenaufnahme bei der Untersuchung schon sehen.‹«

Was Mohr hier schildert, ist gängige Praxis, nicht nur bei Orthopäden. »Deutsche Praxen sind mit Röntgengeräten überschwemmt«, befindet der Radiologe Dr. Karl-Heinz Volbeding in einem Interview der *Therapiewoche*,[78] und wir haben inzwischen gelernt: Apparate, die sich der Arzt anschafft, müssen auch ausgelastet werden.

So kommt es, daß die deutschen Ärzte als »Weltmeister im Röntgen« gelten, wie es der *Spiegel* nennt. Das Magazin: »Nach einer Untersuchung des Bundesamtes für Strahlenschutz werden allein in Westdeutschland jährlich über 88 Millionen Röntgenaufnahmen angefertigt. Binnen zwölf Monaten wird jeder Bundesbürger durchschnittlich 1,4mal geröntgt ...«[79]

Nach Volbeding[80] ist die Anzahl der Röntgenuntersuchungen in Deutschland in absoluten Zahlen genauso hoch wie in den USA mit ihrer dreimal so hohen Bevölkerungszahl. Das liege »mit daran, daß in den USA, aber auch in Frankreich, fürs Röntgen weniger bezahlt wird, wenn ein Nicht-Röntgenfacharzt geröntgt hat.«

In Deutschland sei die Situation so, »daß ein Internist mit einem Röntgengerät fünfmal so oft röntgt wie der internistische Kollege, der zum Röntgenfacharzt überweist.«

Volbeding weist darauf hin, daß in Schweden das Röntgen in den letzten Jahren um rund zehn Prozent zurückgegangen sei, in Deutschland aber im selben Zeitraum um 200 Prozent zugenommen habe. Und das, »obwohl so mancher geglaubt hatte, mit der Einführung von Sonographie und Endoskopie müsse man weniger röntgen – das wird doch heutzutage alles zusätzlich gemacht!«

Erschwerend kommt hinzu, daß sowohl die Röntgenausstattung in der Praxis als auch der Ausbildungsgrad des einzelnen Arztes oft von zweifelhafter Qualität sind. Ex-Chefarzt Dr. Schwab: »So wird zum Beispiel eine Magendurchleuchtung mit dem gleichen Betrag abgegolten, ob nun der betreffende Arzt eine hochauflösende Röntgeneinrichtung mit Elektronischer Bildröhre benutzt, wobei sich die Kosten einer derartigen Einrichtung bis zu einer Höhe von 500 000 Mark bewegen, andererseits ein anderer Arzt dazu ein uraltes Röntgengerät für wenige tausend Mark benutzt, bei dem der Patient auch noch eine zehnfach (und auch noch mehr) höhere Strahlendosis abbekommt. Mir sind Ärzte mit derartigen veralteten Röntgeneinrichtungen durchaus bekannt, hier fehlt eine wirksame Kontrolle in den Praxen.«[81]

Ähnliches gilt offenbar für den Stand der Ausbildung: So haben nach Angabe von Dr. Karl-Heinz Volbeding, der selbst jahrelang ein eigenes Institut für Radiologie in Hamburg geführt hat, viele Kollegen ihre Röntgenkurse in Wochenendkursen erworben. Nach Ansicht von Volbeding ist das Facharztsystem durch diese Entwicklung unterminiert worden. Er plädiert dafür, das Röntgen wieder ausschließlich in die Hand des Facharztes zurückzulegen.

Allerdings wehrt er sich vehement gegen den Vorwurf, er wolle ein Monopol für Röntgenfachärzte erreichen: »Wer als Internist oder Urologe meint, aufs Röntgen nicht verzichten zu können, der kann ja eine entsprechende zusätzliche Facharztausbildung anschließen, dagegen hat niemand etwas; eine solche Ausbildung dauert dann aber eben mindestens drei Jahre.«[82]

ABWEHRKRÄFTE WERDEN VERNICHTET

Daß zuviel (und unfachmännisches) Röntgen gefährlich ist, darüber gibt es keinen Zweifel. Zwar hält Volbeding die Zahl von 20 000 Menschen, die jährlich an den Folgen von Röntgenstrahlen sterben, für zu hoch geschätzt – doch wird offenbar insgesamt zu leichtfertig mit dem Röntgengerät umgegangen.

Deshalb, so Volbeding, habe die sensibilisierte Öffentlichkeit selbst ein großes Interesse daran, daß dieses diagnostische Mittel ausschließlich von wirklichen Fachleuten bei entsprechend eingegrenzter Indikation angewendet wird.

Daß immer wieder »mal eben« ein Röntgenbild angefertigt wird, hält auch Dr. Edmund Lengfelder vom Strahlenbiologischen Institut der Universität München für gefährlich. »Jeder Röntgenvorgang schädigt wichtige Abwehrkräfte in den Zellen«, erklärt er im Mitgliederblatt der Barmer Ersatzkasse.[83] Diese Abwehrkräfte benötige der Körper jedoch dringend, um sich gegen lebensgefährliche Erkrankungen zur Wehr setzen zu können. Lengfelders These: »Jedes zweite Röntgenbild ist überflüssig, vielleicht sogar gefährlich.«

Aber es sieht alles danach aus, als würde die Strahlenbelastung der Bürger unaufhaltsam steigen. Denn als Nachfolger des klassischen Röntgenapparates kommt immer häufiger der

Computertomograph zum Einsatz. Dabei wird die zu beobachtende Körperregion Scheibe für Scheibe durch computergesteuerte Röntgenstrahlen durchsiebt. Zwar hat in diesem Fall jede einzelne Aufnahme nur einen sehr niedrigen Strahlenwert – in der Summe aber übersteigt eine Diagnose per Computertomographen eine einfache Röntgenaufnahme in der Strahlenbelastung »etwa um den Faktor sieben«, wie Alfred Bäumel vom Bundesamt für Strahlenschutz schätzt.

Nach einer im *Spiegel* veröffentlichten Statistik aus dem Jahre 1993 arbeiteten in Deutschland zum damaligen Zeitpunkt 1000 Computertomographen[84]. Das waren zwei Prozent aller Röntgengeräte, aber sie produzierten 17 Prozent der gesamten Strahlenmenge ...

Dabei gibt es durchaus eine Alternative: den Kernspintomographen, der völlig »nebenwirkungsfrei« arbeitet, denn der Patient wird nicht Röntgenstrahlen, sondern einem starken Magnetfeld ausgesetzt. Bei Anschaffungskosten von etwa vier Millionen Mark pro Gerät ist der Kernspintomograph allerdings etwas zu teuer für den normalen niedergelassenen Urologen, Internisten oder Orthopäden. Das »mal eben« geschossene Röntgenfoto wird uns als Patienten also auf absehbare Zeit weiter überflüssiger Strahlenbelastung aussetzen.

»Nur zwei Prozent Komplikationen«

Eine erschreckende Überdiagnostik erkennen Experten auch auf einem Gebiet, das viel unmittelbarere Folgen haben kann als die Summe zahlreicher Röntgenaufnahmen – die Untersuchung von Herzkrankheiten mittels Herzkatheter. Als Beweis für den hohen Standard dieser Diagnosemethode in Deutschland führen die Befürworter an, daß nur bei zwei Prozent aller Herzkatheterisierungen Komplikationen aufträten. Der kritische Mediziner Dr. Rainer Holzhütter sarkastisch: »Dabei ist es nur ein kleiner Schönheitsfehler, daß mit ›Komplikation‹ in aller Regel der Tod des Patienten gemeint ist.«[85]

Zwei Todesfälle auf 100 Untersuchungen – wahrlich ein dramatischer »Standard«. Aber es kommt noch dicker: Nach Meinung von Kritikern wie Holzhütter sind ein Großteil der Untersuchungen völlig überflüssig! Die Expertenschätzungen (zum Beispiel des Herzchirurgen Prof. Dr. Thomas Meinertz aus Hamburg) besagen, daß jeder fünfte bis jeder dritte Herzkatheter überflüssig sei – Holzhütter selbst behauptet sogar, daß mindestens 80 Prozent (!) aller Herzkatheterisierungen nicht indiziert seien: »Nachweislich können sie durch andere, risikolose Verfahren ersetzt werden.« Er macht folgende grausame Rechnung auf: »Wenn von 1000 Herzkatheterisierten 20 sterben, dann bedeutet das doch, daß von den 800 überflüssigerweise Katheterisierten 16 nicht überleben.«[86]

Der Hamburger Medizinjournalist Max Conradt schrieb über das Thema Herzdiagnostik und Herzkatheter im *Hamburger Abendblatt* vom 11.7.1996: »Mit rund 4400 dieser Untersuchungen pro eine Million Einwohner liegt Deutschland an der Spitze aller europäischen Länder. In Österreich sind es 2640 Untersuchungen pro Million, in Schweden 1927, in Dänemark sogar nur 1136. Speziell in Hamburg wird ein unsinniger Herzkatheter-Aufwand betrieben. Pro eine Million Einwohner waren es 1992 genau 8805 Katheter-Untersuchungen und damit doppelt so viele wie im Bundesdurchschnitt.«[87]

Das alles hat natürlich seinen Hintergrund: In Hamburg allein stehen zwölf Großgeräte für die Herzkatheterdiagnostik. Jedes einzelne kostete mehr als eine Million Mark. Das muß sich amortisieren ...

Holzhütter: Das »System der Vermarktung der Herzkatheterisierung« könne sich »kaum totlaufen, da es immer ein Zipperlein geben wird, das als Indikation zum Katheterismus herhalten kann.« Inzwischen würden sogar die früher als Lauf-wunder gepriesenen Stürmer des örtlichen Fußballvereins ka-thetert, sofern sie sich eine Erscheinung anmerken ließen, »die jedem Jugendlichen als lästig aber banal vertraut ist: Seitensti-che.«[88]

Teil II

Therapie: Geldabschneiden. Von Verordnungen, Herzklappen und anderen Finanzquellen

6. Keine Arbeit – kein Geld

Kopf abtrennen? Richtig!

Prof. Dr. med. Robert Mendelsohn aus Illinois/USA, selbst jahrelang Chefarzt einer Kinderklinik, prangerte in unzähligen Publikationen, Rundfunk- und Fernsehauftritten sowie in seiner Lehrtätigkeit an der Universität das etablierte Gesundheitswesen an. Für seine Studenten hatte er immer einen guten Rat zur Hand – zum Beispiel folgenden: »Auf Prüfungsfragebögen immer die Antwort ankreuzen, die den größtmöglichen medizinischen Eingriff bedeutet, dann liegt man genau richtig. Angenommen, da steht, der Patient hat einen Pickel auf der Nase, und es wird gefragt, was zu tun sei. Wenn eine der möglichen Anworten lautet: Ein paar Tage abwarten und beobachten – die ist bestimmt falsch. Nicht ankreuzen! Aber wenn da steht: Kopf abtrennen, an eine Herz-Lungen-Maschine anschließen, alle Arterien wieder vernähen und dem Patienten zwanzig verschiedene Antibiotika und Steroide verabreichen – die Antwort ist richtig.«[89] Dieser kleine Ratschlag, so Mendelsohn schlicht, »hat mehr meiner Studenten durchs Examen geholfen als jede andere Vorlesung.«

Ob in den USA oder in der Bundesrepublik: Es wird nicht nur auf Teufel komm raus diagnostiziert, sondern auch therapiert, was das Zeug hält. Denn beides bringt Geld, egal, ob es hilft. Ein Erfolgshonorar ist im Gesundheitswesen unbekannt.

Der »Arzt will leben, er will ein Häuschen haben, er will ein Auto haben, er will eine Frau haben, er verdient nichts, wenn er dem Patienten sagt: ›Du hast nichts‹«, brachte es Professor Dr. med. Victor von Weizsäcker einmal auf den Punkt.[90]

So kommt es, daß oft aus einer Mücke ein Elefant gemacht wird, manchmal auch mit unsauberen Tricks. Ellis Huber nennt ein Beispiel: »Ein Patient, der allein und zu Hause mit seiner Krankheit zu Rande kommt, ist nicht lukrativ. Ein verstauchter Fuß wird sinnvollerweise mit Eisumschlägen behandelt, um Symptome und Schmerzen zu lindern. Eisumschläge kann nun ein Patient ohne Schwierigkeiten zu Hause selbst oder mit Hilfe seiner Angehörigen machen. Statt eines beschwerlichen Ganges mit verstauchtem Fuß in die Arztpraxis ist der Betroffene zu Hause sein eigener Therapeut.«[91]

Doch da dies dem Arzt kein Geld bringe, »empfehlen manche Marketing-Berater in ihren Praxis-Seminaren dem Arzt, normales Eis mit Lebensmittelfarbe grün zu färben. Umschläge mit grün gefärbtem Eis vermitteln dann dem Patienten den Anschein, daß sein verstauchter Fuß mit einer ganz besonderen Methode behandelt wird, die er zu Hause nicht durchführen kann. Grünes Eis hat danach den Zweck, Patienten zum Praxisbesuch zu animieren und eine Abrechnungsposition zu eröffen, die bei der Selbstbehandlung nicht möglich wäre.«

Ein extremer Fall

Rund 30 Prozent aller abgerechneten Leistungen sind überflüssig, an ihnen stoßen sich die Vertragsärzte gesund. Diese Behauptung stammt von einem, der es wissen müßte: Eckart Fiedler, Chef der Barmer Ersatzkasse (BEK).[92] Er war bis 1988 selbst im Dienste der Ärzteschaft tätig – als Hauptgeschäfts-führer der Kassenärztlichen Bundesvereinigung.

Wenn man diese Prozentzahl einmal auf die 1250 Pillen, Kapseln, Zäpfchen oder Tropfen überträgt, die jedem Kassenpatienten pro Jahr auf Krankenschein bzw. Plastikkarte verschrieben werden, dann würde dies bedeuten, daß er über 400 davon zuviel verordnet bekommen hat. Da trifft es sich gut, daß Schätzungen besagen, daß mindestens 30 Prozent aller Medikamente, die verordnet werden, zwar gekauft, aber letztlich doch nicht eingenommen werden.

Wahrscheinlich landet sogar ein noch höherer Teil der verschriebenen Medikamente später wieder im Mülleimer, was aber dadurch ausgeglichen wird, daß etliche nicht rezeptpflichtige Medikamente auf eigene Faust gekauft werden und damit die Gesamtstatistik der eingenommenen Medikamente wieder in die Höhe getrieben wird. Nicht enthalten sind in der Aufzählung außerdem die Arzneimittel, die auf Privatrezept verordnet werden – auch auf dem Gebiet der Therapie wird der Privatpatient oft als goldene Melkkuh angesehen.

Einen extremen und geradezu unglaublichen Fall von Übertherapie schildert Kurt Büchel in seinem Buch *Das Medizin-Syndikat* aus den 70er Jahren. Er sei hier als Beispiel dafür angeführt, wie sehr ärztliches Gewinnstreben ausarten kann.[93]

Der Angestellte R. Rudolph hatte bei einem Unfall ein schweres Schleudertrauma der Halswirbelsäule (Peitschenschlagsyndrom) erlitten. Nachdem mehrmonatige Behandlungen mit Medikamenten, einer Kopfstütze und sogar einer Operation keine Besserung brachten, entschloß sich der mittlerweile von Rudolph aufgesuchte Dr. med. K., Facharzt für Neurologie und Psychiatrie, zu einer »in der Geschichte der Medizin bisher vielleicht einmaligen« (Büchel) Intensivbehandlung. Innerhalb von etwa anderthalb Jahren verabreichte er Rudolph zirka 2800 (!) Injektionen (intramuskulär, intravenös, intraneural, intracutan sowie in die Hirn und Rückenmarkshaut und als Stellatum-Block-ade), 298 intravenöse Infusionen sowie eine Lumbalpunktion.

Das bedeutete, daß Rudolph Tag für Tag, inklusive Sonn- und Feiertage, durchschnittlich sieben großkalibrige Injektionen bzw. Infusionen erhielt – mit insgesamt 74 verschiedenen, teils hochwirksamen Medikamenten. Darunter verschiedenste schmerz- und entzündungshemmende Präparate, Psychophar-maka, Vitaminpräparate, Leberschutzpräparate, Anabolika und Kreislaufmittel.

Doch das war nicht alles. Zusätzlich mußte der Patient rund 4000 (!) Einzeldosen Medikamente in Form von Tabletten, Dragées, Kapseln und Zäpfchen einnehmen – insgesamt etwa neun Arzneimittel pro Tag, ohne Unterbrechung. (Diese Medi-kamente kosteten Rudolph knapp 29 000 Mark). Die Behand-lung war für den Patienten nicht nur ein körperliches Marty-rium, sondern auch ein finanzielles: Allein für Injektionen und Infusionen berechnete Dr. K. 148 601 Mark! Aber das war ja nur ein Teil der »Behandlung«.

Als die Summe der Rechnungen die 100 000-Mark-Grenze überschritt, bewies der Arzt auch noch »Sinn für Humor« (auf Kosten des Leidtragenden): Die fragliche Rechnung schickte der Arzt, so Büchel, in einem »mit einer Handzeichnung ver-zierten Briefumschlag: Aus zwei gekreuzten Spritzen rankten lorbeerkranzartig Girlanden aus Wirbelknochen und um-schlangen das in der Mitte stehende krönende Wort ›Ju-biläumsausgabe‹ «.

Für Rudolph verlief die Geschichte auch nach diesem »Ju-biläum« eher tragisch. Denn bald darauf mußte die Behand-lung abgebrochen werden: Seine Geldmittel waren erschöpft. Selbst sein Auto hatte er für 22 000 Mark verkaufen müssen (die er am selben Tag dem Arzt aushändigte). Nachdem er ins-gesamt 110 000 Mark bezahlt hatte, war es aus. Und doch blie-ben noch 39 873 Mark offen!

Auf diese Summe verklagte der Arzt seine »goldene Melk-kuh«. Und erhielt endlich die Quittung: Das Gericht kam nach einem Sachverständigengutachten zu dem Schluß, »daß der Kläger die ihm aus dem mit dem Beklagten abgeschlossenen Arztvertrag erwachsenen Pflichten schuldhaft derart schlecht erfüllt hat, daß das Bestehen auf der Vergütung eine unzulässige Rechtsausübung darstellt.«

Anders gesagt: Dr. K. hatte es gar nicht auf die Heilung des Schleudertraumas abgesehen, sondern auf das Honorar des Patienten, und fortwährend in grober Weise gegen seine ärztlichen Pflichten verstoßen.

SUCHT ALS EINNAHMEQUELLE

Wir haben bereits betont, daß das Beispiel des Dr. K. ein Extrem darstellt. Allzu gierig hatte er in die Tasche des Patienten langen wollen. Er hat sich später damit herauszureden versucht, daß sein Patient auf immer weitere Medikamente und Injektionen gedrängt habe – kein Wunder, nachdem er ihn zunächst mit seiner »Intensivbehandlung« mittels suchterzeugender Medikamente abhängig gemacht hatte.

So betonte der als Gutachter herangezogene neurologische Leiter einer Universitätsklinik: »Es entspricht nicht den Regeln der ärztlichen Kunst, wenn sich der Arzt bei der Anwendung an sich bewährter und in dem gegebenen Fall indizierter Methoden bezüglich Dauer und Dosierung der Behandlung ohne zwingende Indikation grob von den Erfahrungswerten entfernt und dabei ein nicht abschätzbares Maß an Nebenwirkungen und Risiken in Kauf nimmt, auch wenn der Patient zu einem solchen Vorgehen seine Zustimmung gibt oder sogar ausdrücklich auf eine Fortsetzung der Behandlung drängt.«[94]

Das, was dieser Gutachter beschreibt, passiert nach Expertenmeinung täglich millionenfach in deutschen Arztpraxen. Denn sonst wäre die massenhafte Verschreibung von Psychopharmaka nicht zu erklären. Etwa zehn bis 20 Prozent der Bevölkerung soll in den Industrieländern regelmäßig zu Tranquilizern greifen.[95] Gut ein Drittel der deutschen Bevölkerung leidet unter Schlafstörungen. Vielen von ihnen werden chemische Schlaftabletten verschrieben, die ein hohes Suchtpotential beinhalten und teilweise erhebliche Nebenwirkungen aufweisen.

So werden abhängig machende Mittel wie Benzodiazepine über Jahre hinweg an Patienten verabreicht, obwohl sie, wie etwa der Pharmakologe Prof. Michael Eichelbaum erklärt, nur in bestimmten Fällen und auch nur für ein paar Tage verordnet werden dürften.[96]

Das Ganze spielt sich sozusagen im Dunkeln ab, ist in der Gesellschaft mehr oder weniger ein Tabuthema. Nur ganz selten einmal kommt ans Tageslicht, daß auch erfolgreiche Politiker oder Manager tablettensüchtig sind – wie etwa Uwe Barschel, der von dem Beruhigungsmittel Tavor abhängig war.

Egal, ob beruflicher Streß, Beziehungsschwierigkeiten oder durch andere Ereignisse ausgelöste depressive Verstimmungen, Angstgefühle oder Erschöpfungszustände zur Verschreibung von Psychopharmaka führen: Nach Schätzungen sind knapp eine Million Menschen in der Bundesrepublik betroffen.

Und da dies alles geschieht, obwohl die Gefahren abhängig machender Medikamente sowohl in der Öffentlichkeit als auch speziell in Medizinerkreisen immer und immer wieder thematisiert werden, drängt sich der Verdacht auf, daß viele Ärzte das langfristige Verschreiben von Psychopharmaka auch als effektive »Marketingmaßnahme« ansehen – sie bindet den Patienten an die Praxis. (Nebenbei bemerkt hat die Einführung der Chipkarten der Krankenkassen und der damit möglich gewordene »Chiptourismus« – der Wechsel von Arzt zu Arzt innerhalb eines Quartals – die Kontrolle über die wirklich verschriebene Höchstmenge von Medikamenten fast unmöglich gemacht. Jedem Patienten ist es möglich, sich von mehreren Ärzten dasselbe Medikament verschreiben lassen, ohne daß er befürchten muß aufzufallen.)

Nun kann, wie der Arzt Ekkehart Adler, ein Kritiker leichtfertiger Psychopharmakavergabe, betont,[97] sowohl des Hervorrufen als auch das Aufrechterhalten einer Medikamentenabhängigkeit nach einem Urteil des Oberlandesgerichts Frankfurt den Tatbestand der Körperverletzung erfüllen. Der Arzt macht sich selbst dann schon strafbar, wenn er nicht eindrücklich genug vor den Gefahren der Abhängigkeit von Medikamenten warnt.

Doch in der Realität hat der Mediziner, wenn er sich als »staatlich konzessionierter Dealer« (so der Medizinkritiker Peter Sichrovsky) betätigt, im allgemeinen nichts zu befürchten. Zwar wäre ein übermäßiges Verschreiben von Psychopharmaka im Zeitalter des Computers leicht überprüfbar, doch beschränkt sich die Suche der Kassenärztlichen Vereinigungen bei ihren Plausibilitätsprüfungen in erster Linie auf Abrechnungsbetrug – und den begeht der entsprechende Kollege ja im eigentlichen Sinne nicht.

So wird es auch weiterhin kriminelle Ärzte geben, die – wie Gerd Glaeske, Leiter der Abteilung Pharmakologischer Beratungsdienst der AOK Kreis Mettmann 1989 im Magazin *Stern* feststellte – manchmal sogar soweit gingen, süchtigmachende Medikamente an solche Patienten zu verschreiben, die gerade eine Entziehungskur hinter sich haben.[98] Ein süchtiger Patient ist ein Dauerpatient und deshalb für den Arzt lukrativ ...

Als Ekkehart Adler einen Kollegen auf eine schwere Medikamentenabhängigkeit eines Patienten aufmerksam machte, war dieser Arzt kein bißchen überrascht: »Ich laß doch keinen Krankenschein vom Tisch flattern«, beschied er, »dem hab' ich gleich eine Hunderterpackung Tranxilium verschrieben.«[99]

Die »nutzlose« Gebärmutter

Kann man die eine Sorte von Patienten und vor allem Patientinnen (sie stellen den Hauptanteil der Psychopharmakakonsumenten) durch das ständige Verschreiben von Tabletten bei der Stange halten, so kommt man bei anderen durch eher rabiate Methoden zu lukrativen Einnahmen – durch Operationen. Eines der beliebtesten Organe: die Gebärmutter.

Seit Jahrzehnten gehört die Hysterektomie (Entfernung der Gebärmutter) zu den Standardeingriffen der Gynäkologie – oft ohne zwingende medizinische Indikation.

Um zu dieser Entwicklung zu gelangen, brauchte man sich nur eine (männliche) Begründung einfallen zu lassen: »Ein Arm ist nützlich; Brüste haben kosmetische Vorteile. Gewisse Organe dagegen sind absolut nutzlos, so zum Beispiel die Gebärmutter nach der Geburt der Kinder«, führte der amerikanische Gynäkologe Dr. med. John Morris vor dem US-Kongreß aus[100] und gab damit die Meinung unzähliger Kollegen wieder.

Seit den siebziger Jahren wurde die Gebärmutterentfernung vielen Frauen, die ihre Familienplanung abgeschlossen hatten, geradezu aufgedrängt und zwar als »vorsorgliche« Maßnahme, die sinnvoll sei, bevor dieses Organ entarte. Auch eine seit einigen Jahren anhaltende Diskussion über die Notwendigkeit solcher Verstümmelungen und wachsender Widerstand aus Reihen der Frauenbewegung und von kritischen Gynäkologen (vor allem: Gynäkologinnen) hat offenbar bei der Mehrzahl der Frauenärzte kein Umdenken bewirkt.

So vermutet die Autorin Eva Schindele auch kommerzielle und andere nichtmedizinische Interessen hinter diesen Eingriffen. Sie führt in ihrem Buch *Pfusch an der Frau* eine Untersuchung aus dem schweizerischen Tessin an, in der belegt wird, »daß Hysterektomien zumindest für die Gynäkologen, die über Belegbetten verfügen, ein lukratives Geschäft sind: Je mehr

Klinikbetten in einer Region, desto mehr Gebärmutterentfernungen.«[101] Zudem könne Frauen die Nähe einer Universitätsklinik oder sonstiger Ausbildungsstätten gefährlich werden. Schindele: »Schließlich müssen zukünftige GynäkologInnen eine hohe Anzahl selbständig durchgeführter Gebärmutterentfernungen nachweisen, und das treibt die Zahl der Hysterektomien in die Höhe.«

»Gynäkologen schlachten Frauen aus«

Eine Untersuchung aus dem Kanton Bellinzona kommt im Zusammenhang mit Gebärmutter-Operationen zu noch erschreckenderen und detaillierteren Beurteilungen und animierte die *Medical Tribune* zu der Überschrift: »Wie Gynäkologen Frauen ausschlachten«.[102]

Der Titel ist durchaus nicht nur doppeldeutig zu verstehen. Denn die beiden Mitarbeiter des Gesundheitsamtes in Bellinzona, G. Domenighetti und A. Casabianca, kamen zu dem Schluß: »Gynäkologen schlachten Frauen für ihren persönlichen Profit aus, oder sie haben ein heimliches Vergnügen am Herausreißen von Gebärmüttern!« Unter anderem ermittelten die beiden Autoren:

* Ärztinnen und Rechtsanwaltsgattinnen büßen ihre Gebärmutter signifikant seltener ein als Frauen aus der übrigen Bevölkerung. Offenbar haben die Gynäkologen vor dem Fachwissen oder den juristischen Möglichkeiten dieser beiden Patientengruppen Respekt.
* Die Entscheidung über eine Operation hängt von der Schichtzugehörigkeit ab: Begehrteste Opfer sind die am wenigsten gebildeten und die am besten (d.h. privat) versicherten Frauen.

- Das Geschlecht des Operateurs spielt eine wichtige Rolle: Gynäkologinnen nehmen nur halb soviel Gebärmutterentfernungen vor wie ihre männlichen Kollegen.

»Mit keinem anderen Organ wird so fahrlässig umgegangen wie mit der Gebärmutter«, urteilt die Ärztin Ingrid Olbricht, ärztliche Leiterin der psychosomatischen Abteilung einer Klinik in Bad Wildungen.[103] Nach ihren Erfahrungen seien 80 Prozent der Hysterektomien überflüssig. Prof. Mendelsohn zitiert eine Untersuchung an sechs New Yorker Krankenhäusern, die immerhin ergeben hatte, daß 43 Prozent der nachgeprüften Gebärmutter-Operationen ungerechtfertigt waren.[104]

Und dies alles, obwohl die Gebärmutterentfernung der Frau keineswegs ein »Gefühl der Befreiung« beschert, sondern, wie Eva Schindele weiß, erhebliche Nachwirkungen haben kann wie zum Beispiel Erschöpfungszustände, Verwachsungen, Kreuzschmerzen, sexuelle Probleme. Schindele: »Doch Gynäkologen nahmen diese Beschwerden lange Zeit nicht ernst. Voreilig legten sie sie unter der Rubrik ›psychische Probleme mit der Weiblichkeit‹ ab oder bezeichneten Frauen, die klagten, einfach als Querulantinnen.«[105] Die Autorin stellt fest: »Die Gebärmutter ist eben kein überflüssiges Organ [...]. Sie ist Teil unseres inneren weiblichen Orchesters, und wenn sie fehlt, dann kommt der Organismus aus dem Takt. Neuere Forschungen belegen, daß die Gebärmutter eine wichtige Rolle im gesamten Stoffwechsel- und Hormonhaushalt spielt. So kommen Frauen, die hysterektomiert worden sind, im Durchschnitt vier Jahre eher in die Wechseljahre. Bei jüngeren Frauen, deren Gebärmutter vor der Menopause entfernt worden ist, stellen einige medizinische Untersuchungen vermehrt Herzkrankheiten fest. Auch das Risiko, an Osteoporose zu erkranken, steigt.«

Ganz schön viele Neben- und Nachwirkungen der »harmlosen« Entfernung eines »absolut nutzlosen« Organs ...

VOM WESEN DER »SCHULMEDIZIN«

Wenn es bei der Beurteilung der Notwenigkeit von Gebärmutteroperationen so eklatante Unterschiede zwischen weiblichen und männlichen Gynäkologen gibt, weist dies auf den
Umstand hin, daß sich die verordneten Therapien bei den verschiedensten Krankheiten oft nach den Interessenlagen der
Ärzte richten. Julius Hackethal geht in seinem Buch *Der Meineid* des Hippokrates so weit zu behaupten, daß es die sogenannte »Schulmedizin«, die ja eigentlich Maßstab der Therapien sein müßte, eigentlich gar nicht gebe. Er führt eine Reihe von Beispielen an: »Internisten behandeln Gallensteine,
chronische Magengeschwüre, Hämorrhoiden usw. bis zur
Grenze des Vertretbaren konservativ, d.h. ohne Operation;
Chirurgen dagegen raten in den gleichen Ausgangssituationen
oft dringend zur Operation und operieren. Niedergelassene
Orthopäden – ohne entsprechende Operationsmöglichkei-
ten – warnen vor der Frühindikation zu künstlichen Gelen-
ken; Krankenhausorthopäden dagegen erklären für das gleiche Gelenk ein Ersatzgelenk als notwendig und setzen es ein.
Unfallchirurgen empfehlen für das akute Stadium des Sudeck-
Syndroms – eine häufige Gelenkentzündung nach Verletzun-
gen – entweder durchblutungs*hemmende* Arzneien und Heil-
hilfe mit *kalten* Bädern oder durchblutungs*steigernde* Medikamente und Maßnahmen mit *heißen* Bädern, je nach Wei-
terbildungslehrer und -lehre. Knochenbrüche gleicher Art werden von den einen gegipst, von den anderen genagelt und ver-
plattet. Prostataadenome hobeln die Klinikurologen oft schon
bei kleinen Vergrößerungen, die Urologen, Internisten und Allgemeinärzte ohne Operationsmöglichkeit behandeln selbst
tennisballgroße Vorsteherdrüsen mit Pillen und Tropfen. In der
Thrombosevorsorge bei Krankenhauspatienten, insbesondere vor und nach Operationen, schwören die einen auf gerin-

nungshemmende Medikamente, während die anderen deren Nachteile mehr als deren Vorteile fürchten und nur auf Thrombosevorbeugung durch Bewegung und Bandagierung setzen. Unzählige andere Beispiele für diese extreme Uneinheitlichkeit ließen sich aufführen.«[106]

Wo aber die Therapie so sehr der »Intuition« des Arztes überlassen bleibt, so sei hier angefügt, darf man sich nicht wundern, daß auch der pekuniäre Gesichtspunkt bei der Entscheidungsfindung eine Rolle spielt ...

DIAGNOSE: KREBS

Der Internist Dr. Helmut Schorn* hatte wie die meisten seiner Kollegen an sich selbst nie eine Vorsorgeuntersuchung vornehmen lassen. Im Zuge einer gewöhnlichen Grippe aber wurde, mehr aus Zufall, sein Blut gründlich untersucht. Man fand heraus, daß der gerade 50 Jahre alte Arzt an Leukämie erkrankt war.

Natürlich weiß ein erfahrener Arzt in diesem Alter, was diese Diagnose bedeutet. »Es ist doch ein gewaltiger Unterschied, ob man diese Diagnose einem Patienten mitteilen muß, oder ob es einen selbst trifft«, sagte er wenige Tage nach der Diagnose resigniert zu Freunden.

Sollte er die Tortur einer Rückenmarkstransplantation (seine Schwester kam, wie man herausfand, als Spenderin in Frage) inklusive wochenlanger Chemotherapie auf der Intensivstation auf sich nehmen? Und das bei einer maximalen Heilungschance von 50 Prozent? (Nur im Kindesalter gilt Leukämie heute als relativ aussichtsreich zu behandeln.)

Der Familienvater entschied sich für die Behandlung. Als er in seiner schlimmsten Zeit in der Universitätsklinik lag, aller Abwehrkräfte beraubt, haarlos, abgemagert bis zum Skelett, mit einem furchtbaren, dauerhaften Übelkeitsgefühl – da sagte er zu Besuchern: »Ich habe das nur wegen der Familie auf mich genommen.« Ein Jahr später war der Arzt tot – nach 16monatigem, letztlich vergeblichem Kampf.

Seine Aussage, daß er die Torturen nur der Familie wegen auf sich genommen habe, kam nicht von ungefähr. Immer häufiger nämlich, so berichtete schon 1985 der Hamburger Gynäkologie-Professor Klaus Thomsen vor einem Ärztekongreß, sagten behandelnde Ärzte von Krebskranken: »An mir würde ich eine solche Therapie nicht vornehmen lassen.«[107]

In der Tat ist und bleibt der Krebs die Krankheit, die – zumindest im Erwachsenenalter – weitgehend als unheilbar einzustufen ist. Therapien bedeuten bestenfalls einen zeitlichen Aufschub des unabwendbar eintretenden Todes – erkauft vielfach mit aggressiven, quälenden Therapiemethoden. Wer kann sagen, wie lange Dr. Schorn ohne die Therapie noch gelebt hätte?

Wie dem auch sei – es ist verständlich, daß Menschen bei der Diagnose Krebs alles daran setzen, diese Krankheit zu besiegen. Verständlich ist es auch, wenn behandelnde Ärzte nach der Erkenntnis, einen unheilbaren Fall vor sich zu haben, dennoch die Flucht nach vorn suchen und sich hinter geschäftiger Diagnostik verbergen – auch wenn sie dem Patienten nichts bringt und die Kosten steigen.

Ein Hamburger Krebsexperte schätzte, daß 60 Prozent der Kollegen auch dann noch Diagnostik betrieben, wenn statistisch klar sei, daß der Krebs jeder Therapie widerstehe. »Wenn man sie fragen würde, warum, könnten sie keine Antwort geben.«[108]

Sicher ist: die Behandlung von Krebs ist extrem teuer. Sowohl die behandelnden Ärzte als auch die Pharmaindustrie verdienen an der aggressiven Behandlung eines Krebsleidens mehr als an einer guten Schmerztherapie, die es vielen Menschen besser ermöglichen würde, ihr Schicksal anzunehmen.

So jedenfalls drückte es Prof. Dr. Hackethal aus: »Krebs ist der Beelzebub unter den Krankheitsteufeln der Patienten und der Goldesel unter den Moneymakern der Medizinindustrie. [...] Krebsdiagnostik und Krebstherapie nach den Regeln der Schulmedizin sind die Millionärsmacher Nr. 1 der Chefärzte. [...] Aber auch Alternativmediziner aller Art leben als letzte Hoffnung heilasylsuchender Flüchtlinge vor der Schulmedizin nicht schlecht vom Krebs.«[109]

7. Von Heilern
und Wunderheilern

Da hilft auch kein Geld

>>*Lungenkrebs – Wer hat Erfahrung? Wer kann über erfolgreiche Behandlung berichten? Erbitte dringend Adressen von Therapiezentren, auch seriösen Alternativmethoden, die eine Erfolgschance bieten. Bei Erfolg großzügige Belohnung.*<<

Diese ins Auge stechende Anzeige, die mehrere hundert Mark gekostet haben dürfte, erschien im Oktober 1997 in einer Wochenendausgabe der *Süddeutschen Zeitung*.[110] Der Inserent hatte es eilig, denn Lungenkrebs wird in der Regel so spät entdeckt, daß das Ende meist unmittelbar bevorsteht. Heilungschancen: gleich null. Da ist man gerne bereit, irdische Güter (sprich: Geld) für die letzte Heilungshoffnung auszugeben.

Wer will es Krebskranken verdenken, daß sie oft alles versuchen, ihre Krankheit zu besiegen? Wir leben schließlich in einer Zeit, in der der Tod als Tabu aus dem Alltagsleben ausgeklammert wird und höchstens als Massenware in TV-Serien Konjunktur hat. Um so bedrohlicher wirkt er, wenn er ohne Vorankündigung vor der Tür steht.

Solange die Behandlung von Krebskranken nach dem Motto »Therapie um jeden Preis« abläuft und nicht die Lebensqualität des Kranken im Vorgergrund steht, darf man sich nicht wundern, daß immer mehr Menschen bei unseriösen Heilern Hilfe suchen, die aus der größten menschlichen Not, der Todesangst, gnadenlos ein Geschäft machen.

So berichtete die Presse im Februar 1997 über einen niedergelassenen Urologen, der seine teilweise schwerkranken Patienten mit Haaranalysen, Paßfotos und eigens gemischten »Wundertropfen« heilen wollte.[111] Der Arzt soll, zusammen mit zwei Komplizen, das angebliche »Wundermittel«, das lediglich aus Pflanzenextrakt und Traubenzucker bestand, für 6000 Mark an Krebskranke verkauft haben. Geschätzter »Umsatz« des Urologen mit dieser »Medizin«: annähernd eine Million Mark!

DAS HEIL BEI HEILERN SUCHEN

Zwischen 50 und 80 Prozent aller an Krebs Erkrankten, so lauten Expertenmeinungen, probieren im Verlauf ihrer Krankheit zusätzlich zur schulmedizinischen Behandlung oder sogar ausschließlich alternative Heilmethoden aus. Die Bereitschaft, dabei auch völlig obskuren Heilsversprechen zu vertrauen, steigt in dem Maße, wie die schulmedizinische Behandlung mittels Apparaten und Chemotherapie als »unmenschlich« empfunden wird.

Wunderheiler haben Konjunktur – nicht zuletzt durch die miteinander konkurrierenden Fernsehsender, die ihren Zuschauern immer neue Sensationen liefern müssen und denen dann jede Methode mit wirklichen oder angeblichen Einzelerfolgen darstellungswert erscheint. Vom Geistheiler bis zum ursprünglich medizinisch ausgebildeten Scharlatan werden alle Krebs-Gurus zur Selbstdarstellung eingeladen.

Die meist als Alibi ebenfalls befragten »Schulmediziner« haben es schwer, denn unbestritten gibt es in Einzelfällen auch bei »unwissenschaftlichen« Heilmethoden Erfolge.

Doch »Spontanheilungen« treten auch bei klassischen medizinischen Behandlungen auf, ohne daß man weiß, wie sie wirklich zustande kommen. Die Erklärung für solche Erfolge seien möglicherweise nicht auf der pharmakologisch-physikalischen Ebene zu suchen, denkt inzwischen auch der Krebsspezialist Walter Gallmeier,[112] der mit einer »Projektgruppe biologische Krebsbehandlung« die Zusammenhänge zwischen Krebs und Seele erforscht. Mit dieser Art »Grundlagenforschung« haben die selbsternannten Heiler jedoch nichts im Sinn. Sie »wissen« schon, was bei Krankheiten aller Art – gleichgültig, ob Krebs oder AIDS – hilft: nur ihre eigene Methode.

Oft findet sich dabei eine fatale Mischung aus esoterischer Grundaussage und Kommerz, wie etwa bei der Sektenchefin Uriella (bürgerlich: Erika Bertschinger-Eicke), die gegen Bargeld mit ihrem Badewasser und anderen Tinkturen Erkrankungen aller Art heilen will. Laut *Spiegel* verbietet die Heilsbringerin (der übrigens auch schon viele TV-Sendungen eine Plattform zur Selbstdarstellung boten) ihren Klienten Arztbesuche.[113] 1996 mußte sich das selbsternannte »Sprachrohr Gottes« vor Gericht verantworten, weil zwei ihrer Patienten verstorben waren. Sie wurde zwar vom Landgericht Waldshut vom Vorwurf der fahrlässigen Tötung und fahrlässigen Körperverletzung freigesprochen, doch betonte die Richterin in ihrer Urteilsbegründung, die Zweifel an der Verantwortung der Angeklagten seien nicht ausgeräumt worden.[114] Im Zweifel aber müsse zugunsten der Angeklagten entschieden werden. Die Staatsanwaltschaft hatte gegen die Sektenchefin ein Jahr und sechs Monate Haft ohne Bewährung beantragt.

Sektenchefin Uriella, deren Treiben der WDR nach einem Urteil des Oberlandesgerichts Karlsruhe als »Scharlatanerie«

bezeichnen darf (die Dame hatte geklagt),115 ist sicher ein extremes Beispiel.

Zumeist im stillen wirken dagegen die fernöstlich orientierten 5000 bis 7000 (!) Geistheiler, die in Deutschland praktizieren.116 Nach Angaben des »Dachverbandes Geistiges Heilen«, in dem 20 Geistheiler-Vereinigungen zusammengeschlossen sind, begeben sich pro Jahr drei Millionen Deutsche zum Geistheiler und machen dort etwa 100 Millionen Termine.

Angeboten werden zum Beispiel Qi Gong, Reiki oder Chakra-Therapie, geheilt aber wird, so betonen die Geistheiler, durch »puren Geist«.

DER »BERÜHMTESTE ENTDECKER DER WELTGESCHICHTE«

In einem solchen Klima haben auch und vor allem Helfer Erfolg, die aus der »Schulmedizin« kommen und sich dann alternativen Heilmethoden zugewandt haben. Einer der bekanntesten unter ihnen ist der inzwischen mehrfach von Gerichten verurteilte, angebliche Krebsspezialist Ryke Geerd Hamer.

Der studierte Mediziner und Theologe entwickelt Anfang der 80er Jahre eine eigene Theorie. Ausgehend von der oben angesprochenen und auch von Schulmedizinern nicht bestrittenen Wechselwirkung zwischen Krankheit und seelischem Befinden erklärte Hamer, ein einziger seelischer Konflikt könne binnen weniger Monate eine lebensbedrohende Krebsgeschwulst wachsen lassen. Werde der seelische Konflikt gelöst, verschwinde der Krebs von selbst wieder.

Diese Ursache-/Wirkung-Theorie ist für jeden nachdenkenden Menschen von geradezu unglaublicher geistiger Schlichtheit – und fand vielleicht gerade deshalb Zuspruch bei nur noch eindimensional an ihre Rettung vor dem Tode denkenden Krebskranken.

Jedenfalls eröffnete Hamer in einem »Privatpension« genannten Haus eine Fachklinik – die dann durch Gerichtsbeschluß geschlossen wurde. Später verlor er (»wegen monomaner Idee im Realitätsverlust«[117]) auch die Approbation als Arzt – was ihn, den »berühmtesten Entdecker der Weltgeschichte« (Hamer über Hamer[118]) nicht daran hinderte, Krebskranke weiter nach seiner »Neuen Medizin« zu behandeln (bzw. bewußt *nicht* zu behandeln). In der Folgezeit verfestigte sich sein Ruf als »Wunderheiler« immer mehr.

Auch der Philosoph Rudolf Bahro ging, als bei ihm Krebs diagnostiziert wurde, zu Hamer, dessen Außenseiterstellung sich auch an einem Schild in seiner Praxis ablesen ließ: »HIV ist ein Phantom. Entwarnung! Aids nur eine zusammengelogene Seuchentheorie«.[119] Später sagte der ehemalige Baghwan-Jünger Bahro über die Behandlung durch Hamer: »Ich hab' da nichts zu bereuen. Zu Hamer zu gehen war sicher ein zeitgemäßer Gedanke. Aber nicht jeder zeitgemäße Gedanke erweist sich als richtig.«[120] Therapieformen als Modeerscheinung? Bahro unterzog sich schließlich einer (von Hamer verteufelten) Chemotherapie, die seinen Tod bis 1997 hinauszögerte.

DAS DRAMA UM OLIVIA

Seinen größten Auftritt hatte Hamer auf Kosten eines kleinen Kindes – der damals sechsjährigen Olivia Pilhar aus Wien.

Bei dem Mädchen war 1995 im Wiener St.-Anna-Kinderhospital ein sogenannter Wilms-Tumor an Niere und Leber diagnostiziert worden. Diese Krebsart tritt fast ausschließlich bei Kleinkindern auf. Bei rechtzeitiger Behandlung kann ein hoher Prozentsatz der Kinder gerettet werden – in Österreich gab es bei der Behandlung des Wilms-Tumors von 1989 bis zum »Kasus Olivia« keinen einzigen Todesfall. Dementsprechend optimistisch waren auch die Ärzte – aber als die Eltern erfuhren, daß der einzige Weg zur Heilung über Operation und Chemotherapie führte, ergriff sie offenbar die Panik.

Über eine Bekannte bekamen sie Kontakt zu Ryke Geerd Hamer, der schon vier Kinder aus dem St.-Anna-Kinderhospital »auf dem Gewissen« hatte (so ein Zeitungsbericht)[121]. Er redete den verzweifelten Eltern ein, Olivias Erkrankung habe eine seelische Ursache, und zwar leide sie unter einem »Verhungerungskonflikt«. (Diagnostiziert hatte Hamer dies anhand einer Äußerung Olivias, die einmal gesagt habe: »Die Oma kocht einen Fraß.«[122]) Diese Diagnose war besonders perfide, weil der Tumor rasch wuchs und sich der Bauch des Mädchens aufblähte – wie bei afrikanischen Kindern, die unter einem Hungerödem leiden. Zu sehen war dieser Bauch Tag für Tag in jeder Wohnstube Österreichs – denn das Fernsehen hatte den Fall entdeckt und hielt die Nation auf dem laufenden.

Es gab auch viel zu berichten: Zunächst wurde den Eltern das Sorgerecht entzogen, weil sie sich weigerten, ihre Tochter im Krankenhaus heilen zu lassen. Daraufhin riet Hamer den Pilhars, mit ihrer Tochter trotz deren Schmerzen (Hamer: »Schmerzen gehören zum Heilungsprozeß«) nach Spanien zu fliehen. Sie würden zu Tätern an ihrem Kind, wenn sie einer Chemotherapie zustimmten, die eine »natürliche Heilung« unterbreche. Mit der Hilfe von vier Mitgliedern der Sekte »Fiat Lux« erreichten die Pilhars Malaga.

Aus Österreich reiste eine Ärztegruppe nach Spanien, um Olivia zurückzuholen. Sie mußten erkennen, daß dies nur mit Gewalt möglich gewesen wäre. Immerhin wurde in zähen Verhandlungen mit den Eltern erreicht, daß Olivia wenigstens in ein spanisches Krankenhaus aufgenommen wurde. Kurz darauf gelang es der Wiener Kinderärztin Marina Marcovic, die Eltern doch noch zu einer Rückkehr nach Wien zu überreden. Olivia wurde mit einer Maschine der österreichischen Ärzteflugambulanz transportiert. Nachdem das Mädchen einen Schwächeanfall erlitten hatte, wurde sie in einem Krankenhaus bei Tulln untersucht. Der Tumor hatte sich innerhalb von zwei Monaten um das Dreizehnfache vergrößert und füllte jetzt den Bauch der Kleinen fast völlig aus. Dennoch gab es Grund zur Hoffnung, denn die Eltern gaben die Zustimmung zu einer Chemotherapie – widerriefen diese aber schon einen Tag später. Vier Tage später ordnete ein Gericht eine Zwangsbehandlung der todkranken Olivia in der Universitätsklinik Wien an. Ihre Überlebenschance wurde nur noch auf 20 bis 40 Prozent geschätzt.

Während der Mutter die Anwesenheit im Krankenhaus gestattet wurde, durfte der Vater nicht zu seiner Tochter. Er hielt weiter zu Hamer, den er wie einen Guru verehrte: »Er hat herausgefunden, daß sich nicht die Sonne um die Erde, sondern die Erde um die Sonne dreht.« Dies aber müßten die Schulmediziner »verschweigen und unterdrücken, sonst könnten sie einpacken.«[123]

Ein gutes halbes Jahr später konnte Olivia aus dem Krankenhaus als geheilt entlassen werden. In einem juristischen Nachspiel wurden die Eltern von einem österreichischen Gericht Ende 1996 zu je acht Monaten Haft auf Bewährung verurteilt – wegen fahrlässiger Körperverletzung und der »Entziehung eines Minderjährigen aus der Macht des Erziehungsberechtigten«. Gegen Hamer lag zwar ein Haftbefehl vor, der aber nicht vollstreckt werden konnte.

Dafür kam Hamer 1997 in Deutschland vor Gericht (wobei allerdings der »Fall Olivia« keine Rolle spielte). In einem spektakulären Prozeß, der bisweilen unterbrochen werden mußte, weil Hamer im Gerichtssaal von seiner Fan-Gemeinde wie ein Guru gefeiert wurde, verurteilte ihn das Amtsgericht Köln zu einer Gefängnisstrafe von 19 Monaten ohne Bewährung – wegen Verstoßes gegen das Heilpraktikergesetz.

WER TRENNT DIE SPREU VOM WEIZEN?

Zweifellos: Hamer ist in erster Linie ein fehlgeleiteter Missionar, der wirklich glaubt, die (medizinische) Welt neu erfunden zu haben. (Sein Verteidiger vor dem Kölner Gericht: Hamer sei der bedeutendste Mensch seit Galilei.[124]) Aber wenn Hamer behauptet, er lebe ausschließlich vom Verkauf seiner Bücher (die von einer wachsenden Fangemeinde begierig gekauft werden) und sei ansonsten »bettelarm«, zudem wisse er nichts von Zusammenhängen seiner »Neuen Medizin« mit Sekten, dann ist dies relativ unglaubwürdig. Eine Gemeinde der Gläubigen läßt ihren Guru in aller Regel materiell nicht im Stich. Dennoch bekommt sein Fall gerade durch die psychopathologische Dimension auch in bezug auf seine eigene Person eine gewissermaßen tragische Komponente – die bei vielen anderen Geldverdienern im »Krebsbusineß« nicht zu entdecken ist.

Wie schwer es ist, die Spreu (unseriöse Therapien) vom Weizen (neue, möglicherweise wirksame Methoden) zu trennen, zeigt der Fall des Erfinders der Krebs-Eigenbluttherapie Nikolaus Klehr.[125] Dieser sollte im Sommer 1993 inhaftiert werden. Vorwurf: Er habe seinen Patienten wissentlich eine untaugliche Therapie mit je 3000 Mark berechnet. Klehr erreichte über seine Anwälte (darunter der CSU-Politiker Peter Gauweiler) eine Freilassung gegen sieben Millionen Mark (!) Kaution. Seine Geschäfte dürften also nicht allzu schlecht gelaufen sein. Worauf auch der Umstand hinweist, daß er zusätzlich eine Geldstrafe wegen Steuerhinterziehung zu entrichten hatte. Doch die Betrugsanklage wurde vom zuständigen Landgericht nicht zugelassen. Denn ein objektiver Nachweis der *Wirkungslosigkeit* der Therapie sei nicht zu erwarten. Zudem habe Klehr in keinem Fall einen Heilungserfolg *garantiert* – also die Patienten auch nicht getäuscht.

Man braucht also als Arzt nicht nachzuweisen, daß die angewendete Therapiemethode wirksam ist, und wenn man zudem dem Patienten keine Garantie gibt (sondern vielleicht nur verspricht), daß die Behandlung Erfolg hat, ist man aus dem Schneider.

Klehr jedenfalls ist es: Er beantragte offiziell die Anerkennung seiner Therapie, und die Bezirksregierung Oberbayern (die ihm ursprünglich eigentlich die Approbation als Arzt entziehen wollte) bewilligte sie ihm schließlich.

6000 MARK FÜR EIN HARMLOSES MITTELCHEN

Man muß es also schon ziemlich toll treiben, um die Justiz schließlich doch in Bewegung und zu einem Urteil zu bringen. Im Falle des Urologen Martin Achner* kam es dazu: Viereinhalb Jahre Gefängnis und drei Jahre Berufsverbot brachte ihm seine Geldgier ein.[126] Der niedergelassene Arzt hatte Patienten und Patientinnen mit den verschiedensten Beschwerden, darunter auch unheilbar Krebskranke, ein Präparat mit dem Phantasienamen »Solitron Engramm Neutralisation«, kurz SEN, verkauft. Kostenpunkt: 6000 Mark pro Flasche!

Diese immensen Kosten wurden den Patienten gegenüber damit begründet, daß jedes Präparat in einem schottischen Laboratorium individuell zubereitet werde, auf jeden Kranken abgestimmt. Zu diesem Zweck verlangte er von seinen Patienten jeweils ein Paßfoto und eine Haarsträhne – beides diene nach eingehender Analyse als Grundlage für die Rezeptur. Das schottische Labor (Etikettenname: Quatrium Laboratories

Scotland) konnte von der Staatsanwaltschaft nicht ausfindig gemacht werden – es existierte vermutlich nicht. Achner hätte auch kein aufwendiges Labor gebraucht, um diese »Wundertropfen« herzustellen. In Wirklichkeit verkaufte der Urologe seinen gläubigen Patienten (darunter Rentner, die ihre letzten Ersparnisse zusammengekratzt hatten) nämlich eine Mischung aus Echinacea, Zucker und Alkohol, die von einer mitangeklagten Hausfrau zusammengemixt worden war.

Ingesamt brachte der Verkauf dieses angeblichen Wunderheilmittels fast eine Million Mark ein. Der Urologe aber blieb bis zuletzt bei seiner Behauptung, er habe das Mittel guten Gewissens als Therapeutikum verkauft und die Wirkung in einer Feldstudie belegen wollen: »Ich wollte meinen Patienten etwas Gutes tun.«

»Verjüngung« gegen Bares

Dr. Dr. Nikolas Cornelius* ist Chefarzt einer Privatklinik, in der sich betuchte und betagte Leute einer Verjüngungskur unterziehen. Die äußerst Wohlhabenden unter seinen »Patienten« (darunter viel Prominenz von Film und Fernsehen) wohnen im Klinikgebäude, das man eher als Luxussanatorium bezeichnen müßte. Sie zahlen zusätzlich zur täglichen Spritze (etwa 300 Mark) aus sagenumwobener Rezeptur noch einige hundert Mark pro Tag für den Klinikaufenthalt und die »umfassende Betreuung«, inklusive bunter Abende. Wer es etwas billiger haben möchte, steigt in einem Hotel in der Nähe ab und holt sich nur die tägliche, von »Fachpersonal« verabreichte Ration des Wundermittels ab.

Cornelius hat mit der verabreichten Arznei eigentlich wenig zu tun. Man hat ihn engagiert, weil er die Erfinderin der Therapie, wie er sagt, persönlich gekannt hat. Und weil er zwei

Doktortitel hat – einen davon tatsächlich in Medizin. Sein täglicher Händedruck ist den Patienten einiges wert ...

Ähnliche Einrichtungen gibt es in der ganzen Republik. Ob sie Frischzellen verabreichen (zwischenzeitlich verboten, inzwischen wieder erlaubt) oder eine Behandlung nach Aslan betreiben – sie machen ihr Geschäft mit der Sehnsucht der Menschen nach ewiger Jugend.

In solchen Instituten bezahlen die kaufkräftigen Patienten leicht fünfstellige Summen – für eine einwöchige Behandlung. Was soviel kostet, muß ja auch etwas wert sein! Das ist so ähnlich wie mit bestimmten Modetherapien aus dem esoterischen Bereich, etwa der Behandlung mit Bach-Blüten. Letztlich schaden diese Mittelchen in der Regel nicht, und manchmal helfen sie sogar – dank Placebo-Effekt.

Als sehr effektiv für die Heilzunft haben sich die verschiedenen »Modekrankheiten« herausgestellt. So kam Mitte der neunziger Jahre durch die Behauptung, die Därme der Deutschen seien von einer Hefepilz-Epidemie befallen, »eine Abzockerei ohnegleich« in Gang, wie es der Freiburger Hygiene-Professor Franz Daschner ausdrückte.[127] Buchverlage, Labors und vor allem Heilpraktiker verdienten sicher nicht schlecht an der furchteinflößenden Behauptung, Hefepilze breiteten sich vom feuchten Klima des Darms auf den gesamten Organismus aus und führten so zu »scheinbar mysteriösen Krankheiten«.

Diese These ist außerordentlich praktisch, denn so können viele unerklärlichen »Befindlichkeitsstörungen« der Patienten plötzlich erklärt und therapiert werden – ein sprudelnder Quell schöner Einkünfte, wie der Münchener Magen-Darm-Spezialist Hermann Füeßl befand. In der *Münchner Medizinischen Wochenschrift* berichtete er von einer Befragung unter 1000 Kollegen seiner Fachrichtung. Nur zwei der befragten Kollegen hätten »jemals einen invasiven [von außen eingedrungenen] Pilzbefall im Magen-, Dünn- und Dickdarm gesehen«.

Die neue Verdienstquelle zahlreicher Heilpraktiker und Buchratgeber hat allerdings auch Risiken und Nebenwirkungen – die Therapie nämlich. Da die Grundthese davon ausgeht, daß moderne Ernährungsgewohnheiten Schuld an der angeblich explosionsartigen Vermehrung der Mikroorganismen seien, verbannen die betroffenen Patienten (in der Mehrzahl: Patientinnen) unter anderem Obst, Säfte, Brot, Reis und Zucker vom Speiseplan. Sie leiden dann erst recht – unter Fehlernährung.

Schlank um jeden Preis?

»Aus gegebenem Anlaß« machte die Ärztekammer Nordrhein im Juni 1996 in ihrem Mitteilungsblatt auf folgende Selbstverständlichkeit aufmerksam: »Patienten müssen sich darauf verlassen können, daß Ärztinnen und Ärzte bei der Empfehlung von Gesundheitsprodukten nicht vom Gewinnstreben beeinflußt werden.«[128]

Die Ärztekammer sprach in diesem Zusammenhang von »sogenannten Ärzteberatern«, die niedergelassenen Ärzten ein »lukratives Nebeneinkommen durch den Verkauf von Gesundheitsprodukten« versprächen. Dabei stünden Abmagerungs- oder Stärkungsmittel im Vordergrund, die durch die Ärzte selbst, durch deren Angestellte oder durch die Ehefrau verkauft werden sollten. »Das besondere Vertrauen, das Ärztin und Arzt durch die Patienten entgegengebracht wird, kann durch das Empfehlen und Verkaufen von Abmagerungs- oder Stärkungsmitteln in der Praxis mißbraucht werden.« Die Mittel weckten häufig bei den Patienten falsche Hoffnungen und seien meist stark überteuert.

Schließlich holte die Kammer noch den dicksten Hammer aus der Tasche und drohte: »Nicht zu unterschätzen ist auch die Gefahr, aufgrund der gewerblichen Tätigkeit in der Arztpraxis durch das Finanzamt insgesamt als Gewerbebetrieb eingestuft zu werden – mit den bekannten steuerrechtlichen Konsequenzen.« *Diese* Warnung versteht jeder Arzt.

Aber nicht jeder beachtet sie auch. Vor allem, wenn die Praxis verschuldet ist und man »neidvoll auf einige florierende Modepraxen« schielt, wie der Arzt Dr. Reinhard Jansen aus Euskirchen gestand, der wegen massenhaften und allzu leichtfertigen Verschreibens eines Diätmittels vor Gericht landete und zu drei Jahren Haft verurteilt wurde.

Das Rezept für dieses Mittel hatte er bei dem belgischen Arzt Yvan Coesens abgeschaut, dem in Luxemburg die Zulassung als Arzt entzogen wurde, weil seine Wunderpräparate im Verdacht standen, schwerste Nebenwirkungen und in manchen Fällen sogar den Tod verursacht zu haben. Der Euskirchener Arzt hatte, wie der *Spiegel* schilderte[129], zugegeben, »daß er in vielen Fällen zu leichtfertig die sogenannten Diät-Kapseln verordnete (die mit ›Diät‹ nicht das geringste zu tun haben, denn angeblich durfte man ja weiteressen wie bisher und sollte trotzdem fulminant abnehmen). Daß er auf Zusatzeinnahmen schielte, daß er sich medizinisch über die Wirkungen nur zu oberflächlich informierte, daß er die ihm bekanntgewordenen Warnungen, etwa ein Schreiben der Ärztekammer, nicht ernst genug nahm.«

Auch wenn im Falle Jansens der Nachweis nicht zu führen war, daß die von ihm verordnete Mixtur Patienten in Todesgefahr gebracht hätte – allein die nackten Zahlen weisen auf das Gewinnstreben von Jansen und zwei Apothekern, mit denen er zusammenarbeitete (und die seine Rezepte nie in Frage stellten), hin: Insgesamt 13 902 Rezepte hatte der Arzt über die Mittel ausgestellt; die Apotheker setzten damit zwischen 1992 und 1995 mindestens 1,1 Millionen Mark um! Für jedes ausgeschriebe Rezept kassierte der Arzt bei seinen Patienten

30 Mark in bar (insgesamt also über 400 000 Mark) – und rechnete seine Leistungen zusätzlich noch bei den Kranken- kassen ab.[130] Gisela Friedrichsen: »Wie Haarwuchsmittel sind auch Schlankheitspräparate ein immerwährendes Ziel der Begierde vieler Menschen. Und die Begehrlichkeit des Arztes in Geldnöten, diese Begierde zu nutzen, stand ihr in diesem Fall nicht nach.«

Mediziner schüren Übergewichtshysterie

Profitierten im Falle Jansen vor allem ein einzelner Arzt und zwei Apotheker von dem anscheinend unausrottbaren Ver- langen nach Verringerung des Körpergewichts, so gibt es bei der Vergabe sogenannter »Appetitzügler« eine über nationa- le Grenzen hinwegreichende »unheilige Allianz von Medizinern und Pharmafirmen«, wie ein aufrüttelnder Bericht in der *Zeit* überschrieben war.[131] Geschrieben hatte ihn Prof. Dr. Dr. h. c. Michael Berger, Direktor der Klinik für Stoffwechselkrankhei- ten und Ernährung der Heinrich-Heine-Universität Düsseldorf.

Am 15.9.1997 waren, von der Öffentlichkeit weitgehend un- beachtet, die Medikamente Fenfluramin (Ponderax) und Dex- fenfluramin (Isomeride) von den Herstellern vom Markt ge- nommen worden. Berger: »Wie in ähnlichen Fällen konnte die Gefährdung einer großen Zahl von Patienten vielleicht gerade noch abgewendet werden – eine allseits bekannte Gefährdung durch Pharmaka wurde von den Experten verschwiegen oder heruntergespielt.«

Insbesondere Dexfenfluramin war in der letzten Zeit als »Wunderpille« bekannt geworden. Zahlreiche Publikums- medien berichteten enthusiastisch über den Appetitzügler, der in den USA unter dem Namen »Redux«, hierzulande als »Isomeride« gehandelt wurde. Auch zahlreiche »begeisterte

Fettsucht-Professoren« (Berger) priesen das Medikament. Bereits drei Monate nach Einführung des Mittels Anfang 1996 in den USA wurden pro Woche 85 000 Verordnungen ausgestellt. Dabei war, wie Professor Berger betont, »bestens bekannt, daß Dexfenfluramin ein erhebliches Gefährdungspotential besitzt. Neben anderen Nebenwirkungen wurden immer wieder Fälle von pulmonaler Hypertonie [einer gefährlichen Bluthochdruckerkrankung, d. V.] berichtet.« Nach einer europäischen Studie vergrößerte sich das Risiko einer (wie Berger betont: kaum behandelbaren) pulmonalen Hypertonie unter Einnahme der Appetitzügler um das 23fache!

Der besondere Skandal: Die Mediziner J.A. Manson und G.A. Faich spielten in jenem *New England Journal of Medicine*, das die Studie veröffentlichte, die Gefahren von Dexfenfluramin herunter, indem sie diese mit den Gefährdungen durch Fettsucht und selbst mildem Übergewicht verglichen und dabei diesen Alltagszuständen »groteske Auswirkungen« (Berger) auf Krankheits- und Todesgefahr nachsagten.

Erst später kam heraus: Die beiden Autoren waren bezahlte Berater jener Firmen, die Dexfenfluramin in den USA herstellen und vertreiben.

Der Wissenschaftler Michael Berger klagt an: »Auch hierzulande schüren Mediziner die Übergewichtshysterie und fördern damit den Verkaufserfolg der Appetitzügler. So schrieb der Medizinprofessor Alfred Wirth im Juli 1997 in einem Informationsblatt der Deutschen Hochdruckliga über Dexfenfluramin: ›Die häufigsten Nebenwirkungen sind harmlos und meist vorübergehend: Müdigkeit, trockener Mund und Schwindel.‹ Der Düsseldorfer Medizinprofessor Hans Hauner äußerte in der Fachzeitschrift *Der Internist* im März 1997, daß ›die neuen Wirkstoffe‹, darunter das Dexfenfluramin, ›besser verträglich und risikoärmer‹ seien und ›vermutlich in naher Zukunft eine größere Bedeutung erlangen‹ würden.«

Erst als sich die Indizien auf weitergehende gesundheitliche Auswirkungen als bisher bekannt häuften, mußten Fenfluramin (Ponderax) und Dexfenfluramin (Isomeride) vom Markt genommen werden. Wie viele Patienten durch die Medikamente letztlich zu Schaden gekommen sind, wird nie ans Tageslicht kommen.

Für den Spezialisten Berger aber stellt sich die Frage »nach der Verantwortlichkeit der Medizinprofessoren und Fachgesellschaften, welche die Propagierung dieser Appetitzügler geduldet oder sogar betrieben haben. Es stellt sich ebenso die Frage nach der Unabhängigkeit wissenschaftlicher Arbeit und der ärztlichen Fortbildung, in Deutschland wird sie fast vollkommen durch die Pharmaindustrie finanziert.« Und er schließt: »Das mindeste an Forderung, das sich aus diesem erneuten Pharmaskandal ergibt: Sämtliche finanziellen Förderungen von Wissenschaftlern, Funktionsträger, Ärzte, deren Organisationen, Fachgesellschaften sowie deren Kongresse und Konferenzen müssen öffentlich deklariert werden.«

8. DER MUND – EINE GOLDGRUBE

DES EINEN PECH, DES ANDERN GLÜCK

Zahnarzt Dr. Wilhelm Haupt* aus einer Ruhrgebietsstadt hatte Pech: Er verletzte sich beim Tennisspielen die Hand. So mußte der bereits feststehende Beginn einer umfassenden Parodontose-Behandlung bei seiner Patientin Beate Baumann* auf zunächst unbestimmte Zeit verschoben werden. Aber wenn man sich schon einmal mit einer so unangenehmen Behandlung abgefunden hat, wartet man ungern. Beate Baumann (Beamtin, also Privatpatientin) ließ sich von Bekannten einen anderen Zahnarzt empfehlen, Eberhard Wegner* aus einer Nachbargemeinde.

Diesem Arzt erzählte sie vom Mißgeschick ihres behandelnden Arztes und bat ihn, die Paradontose-Behandlung vorzunehmen. Der Zahnmediziner besah sich ihre Zähne, reichte ihr die Hand und gratulierte ihr: »Da haben Sie aber Glück gehabt, daß sich der Herr Kollege verletzt hat. Sie haben nämlich gar keine Paradontose.« Sie habe lediglich freiliegende Zahnhälse durch zu eifriges Zähneputzen und solle in Zukunft lieber eine weiche Zahnbürste nehmen ...

Beate Baumann war erfreulicherweise beim zweiten Arzt an einen Zahnarzt gelangt, dem zumindest in diesem Fall das Wohlergehen seiner Patienten wichtiger war als der eigene

Verdienst. Offiziell wollte er zu dem Vorfall nicht Stellung nehmen (»Das ist doch auch immer eine Ermessensfrage«), aber
inoffiziell gibt er im Gespräch zu: »Ich habe eine gutlaufende
Praxis und keine Tricks nötig. Aber es gibt Kollegen, die haben
weniger zu tun, und die könnten schon mal in Versuchung geraten. Das kann man nicht ausschließen.«

ABSAHNER UND PFUSCHER

Es ist nicht nur nicht auszuschließen, sondern feststehende Tatsache, daß es unter den deutschen Zahnärzten zahllose Ab-
sahner und Pfuscher gibt. Überflüssige, falsche, stümperhafte
Behandlungen sind an der Tagesordnung. Es ist schon erstaun-
lich, wie es die Zahnärzte geschafft haben, zu einer der best-
bezahlten Berufsgruppe in der Ärzteschaft zu werden. (Entsprechend werden sie von anderen Ärztegruppen beneidet,
die sich zum ärztlichen Proletariat zählen, wie Allgemeinmediziner oder Kinderärzte.) Denn ihr Beruf im heutigen Sinne besteht eigentlich erst seit Anfang des 20. Jahrhunderts.

Erst seit dieser Zeit existiert ein akademisches zahnärztli-
ches Studium, und noch bis in die jüngste Zeit gab es neben
den Zahnärzten den Beruf des Dentisten – eines mehr oder
weniger praxisnah ausgebildeten Zahntechnikers. (Der de-
spektierliche Begriff »Zahnklempner« weist noch daraufhin,
daß ein hoher Prozentsatz der zahnärztlichen Tätigkeit mehr
mit Handwerk als mit medizinischer Kunst zu tun hat.)

Und in der Tat gibt es kaum einen Patienten, der nicht beim
Zahnarztwechsel dieselbe Erfahrung macht wie beim Auftrag
für einen neuen Klempner oder Elektriker – der Vorgänger hat
immer grundsätzlich Pfuscharbeit geleistet. Alles muß neu und
besser und schöner gemacht werden. Mit den entsprechenden Kosten natürlich.

Welcher Patient kann schon von sich aus nachvollziehen, ob eine Zahnsanierung, eine Parodontose-Behandlung oder eine Zahnextraktion wirklich notwendig ist? (Zahnentfernungen sind für den Arzt besonders lukrativ, nach dem Motto: »Lücke schafft Brücke«.) Wer kann nachvollziehen, wie viele Gebisse schon durch wahre Stümper an der Bohrmaschine ruiniert worden sind? Wie viele Fehlbehandlungen möglicherweise durch denselben pfuschenden Zahnarzt aufwendig wieder in Ordnung gebracht werden mußten – natürlich gegen erneute Bezahlung?

Wobei diese »Reparaturen« dann oft auch noch aus der eigenen Tasche des Patienten geleistet werden müssen. Denn anders als bei anderen Medizinern hat man sich auch als Kassenpatient schon darauf eingestellt, daß die zahnärztliche Behandlung grundsätzlich den eigenen Geldbeutel strapazieren wird ...

»GESUNDE GEBISSE RUINIERT«

Nur ganz selten kommt es dazu, daß die angeprangerten Praktiken wirklich geahndet werden. Die Kollegen, die später mit der Pfuscherei konfrontiert werden, beschränken sich in der Regel auf eine verbale Verurteilung des Vorgängers und auf die Reparatur (die ihnen ja auch wieder Geld bringt). Daß jedoch ein Zahnarzt einen Patienten von sich aus ermuntert, einen Kollegen wegen eines Kunstfehlers anzuzeigen, kommt so gut wie nie vor.

Wenn Vorfälle aus einer Zahnarztpraxis also wirklich mal an die Öffentlichkeit gelangen, muß es schon sehr dramatisch zugegangen sein. So wie in der Praxis einer 40jährigen promovierten Zahnärztin aus dem Kreis Aurich, deren Fall im Frühjahr 1997 Aufsehen erregte. Die Frau wurde zu viereinhalb

Jahren Haft und vier Jahren Berufsverbot verurteilt, weil sie »gegen alle Regeln der Kunst gesunde Gebisse ruiniert, ihren Opfern große Schmerzen zugefügt und sie dafür auch noch überteuert bezahlen« ließ, wie nach dem Prozeß geschrieben wurde.[132]

Aus dem Prozeßbericht: »»Kaltblütig und brutal« sei die Angeklagte vorgegangen, hieß es in der mündlichen Urteilsbegründung. In das Urteil flossen über 40 Fälle von Körperverletzung und Betrug zu Lasten von Patienten ein. [...] Die Anklage hatte der Frau vorgeworfen, zwischen 1992 und 1994 in ihrer mittlerweile geschlossenen Praxis Notfallpatienten zu überflüssigen Behandlungen überredet zu haben. Leistungen, für die Krankenkassen hätten aufkommen müssen, habe die Zahnärztin zu höheren Sätzen privat in Rechnung gestellt. Mehr als 50 Patienten erstatteten Anzeige. Sie klagten zum Teil über Dauerschmerzen bis hin zu Sprechstörungen nach der Behandlung.« Das Gericht zeigte sich »zutiefst erschüttert« über die Vorgänge in der Praxis, die zu allem Überfluß nach Zeugenaussagen auch noch »versifft und verdreckt« gewesen war. Der Richter betonte, die autoritär auftretende Ärztin habe »Gutgläubigkeit und Vertrauen der Menschen in dieser Region mißbraucht« und damit ihrem Berufsstand »unermeßlichen Schaden« zugefügt.

»Nicht zweckmäßig oder unwirtschaftlich«

Das Beispiel der ostfriesischen Zahnärztin ist sicher ein besonders gravierender Fall – aber, wie auch das von Beate Baumann zeigt: Unsinnige, dafür kostenintensive Behandlungen sind an der Tagesordnung.

In einer Ende 1996 veröffentlichten Studie, bei der Behandlungspläne der Zahnärzte genauer untersucht wurden,[133] müssen sich Patienten in den Zahnarztpraxen extrem häufig unsinnigen oder unwirtschaftlichen Behandlungen unterziehen. Von den 35 000 Behandlungsplänen, die der medizinische Dienst der Krankenkassen im Jahr 1993 in Stichproben überprüft habe, seien zwei Drittel (!) abgelehnt worden, weil die Vorschläge »nicht zweckmäßig oder unwirtschaftlich« waren. Bei einer Analyse für das Land Niedersachsen akzeptierten die Krankenversicherer nach dieser Meldung sogar nur 24 Prozent der vorgelegten Behandlungspläne. Man muß dabei bedenken, daß es hier nur um Anträge für die Krankenkassen geht. Für den Bereich Privatpatienten gibt es solche Überprüfungen nicht – man kann nur erahnen, was sich hier für ein weites Feld von medizinisch möglicherweise nicht indizierten Behandlungs- und Verdienstmöglichkeiten ergibt ...

LEICHTE EINNAHMEQUELLE

Natürlich existieren auch im zahnärztlichen Bereich jenseits von Kostenplänen, die von den Krankenkassen möglicherweise nicht akzeptiert werden, zahlreiche Möglichkeiten der Überdiagnostik und Übertherapie, die sowohl bei Kassen- als auch bei Privatpatienten enorme Kosten verursachen (und dafür Geld in die Taschen der Zahnmediziner bringen). So wird auch in deutschen Zahnarztpraxen nach Meinung von Experten eindeutig zuviel geröntgt.

»Das zahnärztliche Honorar für Röntgenaufnahmen ist eine leichte, durch Hilfspersonal zu erbringende Einnahmequelle«[134], heißt es in dem Buch *Lückenlos*, in dem der Gründungsvorsitzende der »Vereinigung Demokratischer Zahnmedizin«, Wolfgang Kirchhoff, und die Journalistin Krista Federspiel die »goldenen Geschäfte der Zahnärzte« aufspießen.

Die Autoren stellen fest: »Ein großer Teil der Röntgenaufnahmen bei Kieferregulierungen dient nur der Dokumentation und wäre verzichtbar.« Überhaupt werde in vielen Fällen geröntgt, obwohl eine Diagnose auch ohne Röntgenaufnahme möglich wäre. Überdies zitieren sie eine Studie, nach der »ein Großteil der Röntgenbilder so schlecht« sei, »daß sie keine Diagnose zulassen.«

Daß sich Zahnärzte durch »Hilfspersonal« gutbezahlte Leistungen erbringen lassen – dieser Vorwurf trifft auch auf einem Gebiet zu, wo es eindeutig illegal ist. Krista Federspiel und Wolfgang Kirchhoff: »Die Fließbandarbeit in den Mehrstuhlpraxen ist überhaupt nur möglich, wenn Helferinnen Handgriffe übernehmen, die laut ›Gesetz zur Ausübung der Zahnheilkunde‹, Absatz 1/3, eigentlich vom Zahnarzt selbst getan werden müßten. So beschleift der Arzt z. B. Zähne für die Überkronung und wechselt zum nächsten Behandlungsstuhl, während seine ›rechte Hand‹ den Abdruck für die Krone macht. Und ebenso unerlaubt die provisorische Krone aufsetzt. Manche Helferinnen berichten, sie legten sogar Füllungen und würden sie beschleifen. Manche führen Parodontose-Behandlung allein durch und machen alle Röntgenaufnahmen selbständig. In der kieferorthopädischen Praxis entfernen Helferinnen Bögen und Brackets, polieren Zähne auf und machen gar zahnärztlichen Notdienst.«[135]

Dies alles, so die Kritiker, werde branchenintern »nicht einmal mehr als Kavaliersdelikt« angesehen.

MÖGLICHST VIEL PRIVAT

Die Autoren von *Lückenlos* nennen die deutschen Zahnärzte »Weltmeister der Reparaturmedizin« (Kapitelüberschrift) und weisen darauf hin, daß wirksame Maßnahmen zur Prävention von der Zahnärzteschaft nicht angestrebt würden.

Es ist wie überall im Medizin-Busineß: Ein gesunder Patient ist gar kein Patient, an dem kann man nichts verdienen. (Nachdem der weithin anerkannte Schweizer Spezialist für Prävention Professor Marthaler einmal in einem Vortrag BRD-Zahnärzte über erfolgreiche Schweizer Methoden, Zahnkrankheiten im Kindesalter vorzubeugen, informiert hatte, zeigte er sich verwundert über die »Angst vor dem Kariesrückgang«, die ihm anschließend entgegenschlug.[136])

Gleichzeitig wird versucht zu erreichen, daß möglichst viele Leistungen privat liquidiert werden können. So sollen die gesetzlichen Krankenkassen nach den Vorstellungen der Ärztefunktionäre nur noch eine schmale Grundversorgung bezahlen, alles andere direkt aus dem Geldbeutel des Patienten bestritten werden.

Mit den festen Zuzahlungssätzen der Krankenkasse zum Zahnersatz und der Regelung, daß Kinder, die nach 1978 geboren wurden, gar keinen Anspruch mehr auf solche Leistungen haben, steht man schon dicht vor diesem Ziel. Aber das alles macht natürlich nur Sinn, wenn die Patienten den Praxen nicht plötzlich aus Kostengründen fernbleiben und, wie in früheren Zeiten, lieber mit einer Lücke im Gebiß herumlaufen, statt den Zahnärzten Tausende von Mark in den Rachen zu schmeißen.

Was aber, wenn die Patienten sich zieren? Wenn es ihnen gar am nötigen Großgeld mangelt? Man kann nur erahnen, was hinter folgender Meldung (seltsamerweise abgedruckt in einem Internistenblatt) mit dem Titel »Neue Sitten: Zahnärzte als Kreditvermittler?« steht: »Die Führungsspitze des Freien Verbandes Deutscher Zahnärzte (FVDZ) und die Bundeszahnärztekammer warnen den Berufsstand eindringlich davor, Zahnersatz über einen Bankkredit zu finanzieren. Sowohl FVDZ-Chef Ralph Gutmann als auch Kammerpräsident Fritz Josef Wilmes wollen sich dafür einsetzen, in die zahnärztliche

Berufsordnung eine Passage aufzunehmen, die entsprechende Praktiken ausdrücklich untersagt. Gutmann hielt kreditvermittelnden Kollegen vor, sie bedienten sich ›antikollegialer Methoden‹.«[137]

VERKAUFSTRAINING FÜR ZAHNÄRZTE

Weniger Anstoß nehmen die Ärztefunktionäre an der Feststellung, es gehe in Zukunft verstärkt darum, dem Patienten die »Dienstleistung« Zahnersatz und ähnliches auch schmackhaft zu machen – oder, simpel ausgedrückt, zahnärztliche Leistungen zu verkaufen.

So wundert es nicht, daß inzwischen auch Seminare unter dem Titel »Verkaufstraining für Zahnärzte« angeboten werden. Einer, der solche Seminare veranstaltet, ist der ehemalige Pharmareferent und Verkaufstrainer Franz Schlachter. »Die meisten Zahnärzte«, so sagt er,[138] »leiden darunter, daß sie jetzt etwas ›verkaufen‹ sollten: Dies paßt so gar nicht in die Vorstellung von ärztlicher Ethik.« (Bisher konnten sich die Zahnärzte noch einreden, sie handelten nur zum Besten des Patienten. Jetzt lernen sie, offen zuzugeben, daß es um ihr Einkommen geht.)

Die bisherige Sicht der ärztlichen Ethik erklärt Schlachter schlicht zum »Vorurteil«, das es als erstes zu überwinden gelte. Anschließend geht es los: »Im weiteren Verlauf des Trainings wird aufgezeigt, ›wie ich eine Leistung so anbieten kann, daß ein anderer sie unbedingt (auch für Geld!) haben will.‹ «

Daß Zahnärzte bisher ihre Patienten vornehmlich aus deren Angst heraus in den Behandlungsstuhl zu locken vermochten, gefällt dem Verkaufstrainer nicht: »Durch Angst überzeugen basiert auf dem Prinzip ›emotionale Argumentation‹. Meiner Ansicht nach ist dieses Prinzip allein zu schwach. Wenn man emotionale Argumentation mit rationaler verbindet, hat man eine wesentlich stärkere Kombination; wenn es gut gemacht ist, sogar die stärkste, die man sich vorstellen kann.«

Die Angst solle dem Gefühl des »sich Sorgen machen« weichen: »Und qualitativ ist das etwas völlig anderes als pure Angst. Auch aufgeklärte, informierte Menschen ›machen sich Sorgen‹.«

Wie man sein Gegenüber am effektivsten dazu bringt, sich Sorgen zu machen, übt Schlachter in Wochenendkursen mit den Zahnärzten durch »Rollenspiele« und das »Üben bestimmter Verhaltensweisen« ein. Aber keine Angst, liebe Zahnärzte, alles beruht auf dem Prinzip der Freiwilligkeit: Keiner wird wirklich dazu gezwungen, sich im Rollenspiel in die bemitleidenswerte Rolle eines Patienten hineinzuversetzen ...

DAUERTHEMA AMALGAM

Zahnarzt Dr. Werner Riebsahl* aus dem Düsseldorfer Nobelvorort Kaiserswerth hatte ein solches Seminar sicher noch nicht besucht, als er der 17jährigen Verena Ahrens*, einer für ihn neuen Patientin, bei der ersten Behandlung eröffnete: »Sie haben ja lauter Amalgam-Füllungen im Mund. Die müssen wir als erstes entfernen und durch Goldeinlagen oder Keramikfüllungen ersetzen.«

Als die Schülerin um eine schlichte Reparatur ihres mit einer Amalgamfüllung versehenen schmerzenden Zahnes bat, verkündete der Arzt sein Credo: »Bei mir gibt es so etwas nicht. Gold oder Keramik sind die einzigen Materialien, die bei mir zum Einsatz kommen.« Kostenpunkt der empfohlenen Behandlung: 2000 Mark Privatanteil.

Verena erbat sich Bedenkzeit (besser gesagt: die Eltern weigerten sich, eine solche unsinnige Behandlung zu bezahlen) und tauchte nicht mehr in der Praxis auf (es gibt ja auch noch andere Zahnärzte). Riebsahl aber praktiziert noch immer. Er hatte sich wenige Meter neben dem Nobel-Restaurant »Schiffchen« prinzipiell wohl das richtige Umfeld für seine Praxis ausgesucht ...

Die meisten Amalgam-Gegner möchten diesen Stoff vor allem bei neuen Füllungen durch Ersatzstoffe (vom Kunststoff über Gold bis Titan) ersetzen. Wenn aber keine konkreten Beschwerden und Allergien vorliegen (und die sind nur in minimalem Maße anzutreffen), ist das Entfernen intakter Amalgamfüllungen, um die Zähne dann mit einem anderen Stoff zu füllen, nicht nur absolut überflüssig, sondern sogar gefährlich. Denn durch die notwendigen Bohrungen gelangt soviel Quecksilber in den Körper, wie es ansonsten im ganzen Leben bei intakten Füllungen nicht vorkommen würde.

Zu diesem Thema noch zwei Meldungen aus deutschen Zahnarztpraxen, abgedruckt im Magazin *Arzt & Wirtschaft* unter der Rubrik »Aktuelle Urteile für Ärzte«:

- »Eine Patientin ließ sich Amalgamfüllungen austauschen. Der Zahnarzt stellt ihr für die Behandlung 1779 Mark in Rechnung. Die Frau erfuhr erst danach, daß diese Privatrechnung widerrechtlich war. Ihre Kasse übernahm nur teilweise die Kosten und überwies dem Arzt anteilig 708 Mark. Als er den Rest bei der Patientin einklagen wollte, ging er leer aus. Zahnärzte müssen ihre Patienten vorher grundsätzlich über Leistungen der Kasse informieren.«[139]
- »Eine Amalgamentfernung, die lediglich auf vermuteten Krankheitsursachen beruht, ist nicht notwendig, weil nach den allgemeinen Erkenntnissen eine Kausalität zwischen Amalgamfüllungen und Erkrankungen, mit Ausnahme einer Quecksilberallergie, nicht gegeben ist. Die Krankenkasse muß für die Kosten der Amalgamentfernung daher nicht aufkommen.«[140]

Es wird noch mehr solcher Urteile geben, aber sie werden nichts an der Verunsicherung der Patienten hinsichtlich der Schädlichkeit des Zahnfüllstoffes Amalgam ändern. Auch wenn diese Diskussion nicht ausschließlich von Zahnärzten geführt wird, sondern von den verschiedensten (Umwelt-)Gruppen immer wieder aufs Tapet gebracht wird, gibt es nicht wenige Zahnmediziner, die die daraus entstehende Verunsicherung bei den Patienten für sich ausnutzen.

Nicht wenige Patienten haben sich inzwischen zu einer »Totalsanierung« ihres Gebisses überreden lassen, nach dem Motto: Amalgam raus, Gold rein. (Daß Goldfüllungen nicht von der Krankenkasse bezahlt werden, ist selbstverständlich.)

Viele Zahnärzte sind mittlerweile dazu übergegangen, standardmäßig Kunststofffüllungen zu verwenden. Andere tun dies auf Wunsch zwar auch, betonen aber zunächst, daß aus ihrer Sicht eigentlich Gold angebracht wäre. Eine große Zahl von Patienten wird durch eine solche Argumentation überzeugt – oft, ohne auch nur die leiseste Ahnung davon zu haben, daß gerade mit Zahngold sehr viele unlautere Geschäfte betrieben werden.

BETRUG MIT ZAHNGOLD

Um die Dimension zu verdeutlichen, um die es beim Thema Zahngold geht: Pro Jahr werden in Deutschland nach Expertenschätzungen mehr als 40 000 Kilogramm Zahngold abgesetzt.[141]

Die Manipulationen reichen von ungesetzlichen Rabatten durch die Anbieter (die nicht an die Kassen bzw. den Privatpatienten weitergegeben werden) bis hin zum Einsatz von minderwertigen Legierungen, die nicht dem erforderlichen Standard entsprechen und überteuert abgerechnet werden. Aber welcher Patient bekommt davon schon was mit?

Mitte 1997 ging wieder einmal ein spektakulärer Betrugsfall durch die Presse. Rund zwei Dutzend Zahnärzte, so die Frankfurter Staatsanwaltschaft, wurden wegen Abrechnungsbetrugs und Steuerhinterziehung angeklagt.[142] Sie hatten »Sondervergütungen« in Höhe von mehreren hunderttausend Mark eingesteckt – meist bar, im Briefumschlag –, illegale Rabatte, die weder den Kassen bzw. den Patienten noch dem Finanzamt gegenüber deklariert worden waren.

Schon 1984 erkannte die *Neue Juristische Wochenschrift:* »Im Hinblick auf den Milliardenumsatz im Dentalbereich gehen dem Fiskus in Rechnung gestellte Umsatzsteuerbeträge in Millionenhöhe verloren, die der Zahnarzt vereinnahmt, jedoch weder von ihm noch vom Dentallabor erklärt werden.«[143] Da hat sich offenbar nichts verbessert.

Goldanbieter gewähren ihren Abnehmern – Labors und Laborpraxen – Rabatte bis zu 25 Prozent auf den offiziellen Preis. Weil aber rund tausend verschiedene Goldlegierungen unterschiedlichster Qualität angeboten werden, ist es nahezu unmöglich, den tatsächlichen Wert eines Zahngold-Inlays oder einer Krone festzustellen.

Da die Kassen ohnehin nur einen winzigen Zuschuß zahlen, haben sie auch kein Interesse daran – der Dumme ist der Patient, der per Zuzahlung das gute Geschäft der Ärzte und Labors finanziert.

Die Bruttopreise werden von den führenden Zahngoldanbietern – wie der Degussa in Frankfurt und Heraeus in Hanau – in Preislisten veröffentlicht. Dabei liegt der Listenpreis zeitweilig um rund hundert Prozent über dem tatsächlichen Metallwert.[144] Viel Spielraum für Konkurrenzanbieter für »unfaßbar hohe Rabatte« (*Zahnärztliche Mitteilungen*).[145]

Die Fachzeitschrift *Zahn-Technik* rechnete aus, daß ein mittleres Labor mit einem Jahresverbrauch von 20 Kilogramm Legierung auf diese Weise nebenbei jährlich 180 000 Mark illegal einstecken (oder teilweise, ebenso illegal, an die Ärzte weitergeben) könne.[146]

Insgesamt bezahlen die Patienten pro Jahr 1,2 Milliarden Mark für Zahngoldarbeiten – das sind bei den üblicherweise gewährten Rabatten rund 360 Millionen Mark zuviel. Bei solchen Gewinnaussichten ist es nur logisch, daß auch weiterhin viele Zahnärzte Überschriften wie diese aus den letzten Jahren ausnutzen werden: »Einschränkungen beim Amalgam«[147] (April 1995), »Diskussion um Amalgam neu entbrannt«[148] (April 1995), »Zahnärzte gegen breiten Einsatz von Kunststoffen«[149] (August 1995), »Wirkung von Zahn-Amalgam bleibt umstritten«[150] (September 1995), »BUND verlangt Verbot von Amalgam«[151] (Mai 1996), »BUND will Amalgam-Verbot«[152] (Januar 1997).

DIE ERFINDUNG EINER KRANKHEIT

Zum Schluß des Kapitels über Zahnheilkunde eine Exkursion in das Fachgebiet »Innere Medizin«, speziell zum Thema »Cholesterinwerte«.

In seiner hervorragenden soziologischen Arbeit *Krankheit als Erfindung* weist der Philosoph und Anthropologe Professor Dieter Lenzen darauf hin (hier etwas verkürzt dargestellt),[153] daß der *wünschenswerte* Normalwert des Cholesteringehalts im Blut nach Auffassung der modernen Medizin bei über 30jährigen Männern bei 200 mg/dl liege. Der *statistische* Normalwert liege aber bei 40 bis 59 Jahre alten Männern bei 242 ± 49 mg/dl. Lenzens Schluß: »Danach ist, statistisch gesehen, praktisch die gesamte Weltbevölkerung dieser Altersgruppe krank.«

Der Autor kommt zu der Feststellung, mit einer solchen Auffassung vom Normalwert werde »das Konzept des gesunden

Körpers aufgegeben, das sich aus der Naturbeobachtung speist. An seine Stelle tritt ein Optimierungskonzept, dessen oberste Norm die Verlängerung des Lebens bzw. die national-ökonomische Nutzungserweiterung des Individuums darstellt.«

Kommen wir zu den Zähnen zurück, beziehungsweise zu deren »Heimatort« – dem Kiefer. Für diesen gibt es längst auch ein »Optimierungskonzept«, das mit objektiver Gesundheit wenig, mit gesellschaftlichen Normen aber viel zu tun hat. Denn daß es für die Stellung des Kiefers und aller Zähne eine – von wem auch immer definierte – optimale Position gäbe (Fachleute sprechen von »Eugnathie« = fehlerloses Neutralgebiß), ist eine Erfindung der letzten Jahrzehnte. 1928 zählte Europa ganze 20 Kieferorthopäden[154], heute wird praktisch die gesamte Bevölkerung im Kindesalter von Kieferorthopäden versorgt.

Früher lag es in der Hand der Zahnärzte, etwaige krankhafte Schiefstellungen von Zähnen o.ä. mehr oder weniger gut zu behandeln und zu korrigieren (oft schlicht durch Extraktion). Eine Durchsetzung der »Massenkrankheit« Kieferanomalie aber gelang in Europa erst nach 1945.

Nun fragt Professor Lenzen, warum man nahezu allen Kindern und Jugendlichen eine oft bis zu einem Drittel der Lebenszeit während Entstellung des Gesichts durch Zahnklammern und andere orthopädische Geräte zumutet.[155] Und das trotz einer Rückfallquote von zwölf Prozent und obwohl das eigentlich angepeilte Ziel, ein »fehlerloses Gebiß«, laut Untersuchungen praktisch nie erreicht wird.

Er kommt zu dem Schluß: »Nicht der Gesundheitszustand, sondern die Erscheinungsweise der jungen Menschen soll verändert werden.« Zwar stellt Lenzen fest, daß die Suggestion, man sei krank, nur dann gelinge, wenn die Menschen »krankheitsbereit« seien[156] – aber die Suggestion selbst und die Schaffung einer »Normierung«, eines (übrigens amerikanischen)

Ideals, dem das Gesicht möglichst angeglichen werden solle, gingen vom Boden der Medizin aus.

Tausende von Kieferorthopäden in den westlichen Industrie-ländern gehören heute dank dieser zumindest in diesem Ausmaß künstlich geschaffenen Krankheit zu den Spitzenverdienern der ärztlichen Zunft ...

9. Ein (Herzklappen-)Skandal
ohnegleichen

Mafiöse Strukturen

Wohl selten einmal hat ein ganzer Berufsstand innerhalb weniger Tage so an Reputation verloren wie die Elite der deutschen Herzchirurgen im Mai 1994. In einem Artikel des *Spiegel*, der sich auf Informationen der Krankenkassen stützte, waren die »Herren über Leben und Tod«, die Helden der High-Tech-Medizin, plötzlich als geldgierige, um Schmiergeld und kostenlose Reisen schachernde Bande von »Raffkes« entlarvt worden – durch Angehörige der eigenen Branche.

Das Magazin zitierte aus dem Gedächtnisprotokoll eines Zeugen, der bei Verhandlungen zwischen dem Chef eines großen deutschen Herzzentrums und dem Repräsentanten eines Herzklappen-Produzenten selbst zugegen war.[157] Der Professor habe für 1994 bessere Konditionen als im Vorjahr verlangt, worauf ihm der Firmenvertreter antwortete: »Wir denken an eine Rückvergütung von 1500 Mark pro Implantat, allerdings bei einer Mindestabgabe von 200 Klappen in diesem Jahr.«

Der Professor sicherte gar die Abnahme von 250 künstlichen Herzklappen zu – und erhielt daraufhin die Zusicherung, daß ihm und seiner »verehrten Frau Gemahlin« auch noch eine weitere Kongreßreise finanziert werde.

Schwierigkeiten mit dem Krankenhaus, so der Professor, seien nicht zu erwarten – es »würde sich allerdings gut machen, wenn der Klinik bei jeder größeren Lieferung ein zusätzlicher Rabatt eingeräumt würde – die Firma könne ja den Endbetrag entsprechend höher ansetzen.«

Schließlich einigte man sich darauf, daß die Zahlungen »wie bisher« je zur Hälfte auf das Drittmittelkonto der Universitätsklinik (das u. a. für Forschungsgelder in Form von Zuschüssen und Spenden gedacht ist) und auf das Privatkonto des Mediziners erfolgen sollten.

Schon ein einziger solcher Fall wäre schlimm genug gewesen, aber, so hatten die Krankenkassen ermittelt, das dokumentierte Gespräch war weniger die Ausnahme als die Regel.

Insgesamt lagen den Krankenkassen zu diesem Zeitpunkt Gedächtnisprotokolle über solche und ähnliche Verhandlungen an sieben deutschen Herzzentren vor, mit dem deutlichen Hinweis darauf, daß es so »schon seit vielen Jahren an fast allen Herzzentren der alten Bundesrepublik zu[gehe] und mittlerweile auch schon an einigen der Spezialkliniken in den neuen Ländern.« Daß also, mit anderen Worten, regelrecht mafiöse Strukturen den Markt beherrschten. (Der AOK-Geschäftsführer Hans-Jürgen Ahrens führte in dem Zusammenhang aus, die betroffenen 50 Chefärzte und die zehn Firmen, die den deutschen Markt mit Herzklappen belieferten, hätten eine Art Kartell gebildet, um die Preise künstlich hochzuhalten.[158])

Zustande kommen konnten die Geschäfte vor allem, weil die wenigen Anbieter von Herzklappen (vornehmlich Töchter amerikanischer Firmen) praktisch gleichwertige Produkte vertreiben – sich also nur über ein »Backschisch-System« mit den attraktiveren Schmiergeldern von dem jeweiligen Mitanbieter unterscheiden können. Dabei gab es offenbar einen großen Spielraum: Laut *Spiegel*[159] könnten die fraglichen Vertriebsfirmen Herzklappen »nach Insider-Angaben bei ihren US-Müttern für etwa 1000 Mark einkaufen. Sie könnten, selbst mit ansehnlichem Gewinn, für 3000 bis 3500 Mark abgegeben werden.« In Rechnung gestellt wurden den Krankenhäusern aber weit über 6000 Mark, die dann natürlich auch den Krankenkassen gegenüber geltend gemacht wurden.

Die Differenz war freie Verfügungsmasse und kam als rückvergüteter Rabatt im allerbesten Fall – wenn es der Chefarzt gut meinte – dem Krankenhaus zugute, oder – wie im geschilderten Beispiel – Krankenhaus und Arzt zu gleichen Teilen. Manchmal aber auch ganz allein dem Chefarzt. In dem Bericht heißt es: »Relativ honorig sind noch Überweisungen auf ›Drittmittel-Konten‹ der Kliniken. Dort sammeln die Professoren projektgebundene Finanzierungsbeteiligungen der Industrie, aber auch Spenden zur Förderung der Forschung. Manchmal jedoch, hat ein Leitender Oberarzt mitgekriegt, gibt der Chef das Drittmittel-Konto zwar als Überweisungsziel an, aber das Ziel wird auf geheimnisvolle Weise verfehlt.«[160]

Andere Chefärzte, so die Zeugen, ließen sich das Geld auf Auslandskonten überweisen oder erhielten an ausländischen Kongreßorten Bargeld. »Auch kleine Geschenke stärken die Produktbindung. Vom Rabattbudget eines Chefs stellten die Klappenvertreiber seiner Frau einen BMW vor die Tür, der Sohn eines anderen Chirurgen freute sich über einen Personalcomputer.«

Zu allem Überfluß kam auch noch der Verdacht auf, daß solche Praktiken nicht nur in bezug auf Herzklappen, sondern auch bei anderen Medikal-Produkten gang und gäbe waren.

Haltet den Dieb!

Die Enthüllungen platzten wie eine Bombe ein. Wochenlang beherrschte der »Herzklappenskandal« die Medien, vor allem die medizinische Fachpresse. Die täglich erscheinende Zeitung *Ärzteblatt* entwickelte ein eigenes Logo für die Berichterstattung über diesen Skandal und druckte eine Stellungnahme nach der anderen ab. Natürlich vornehmlich mit dem Tenor: Hier wird ein ehrbarer Berufsstand gerufmordet.

Zahlreiche Herzkliniken antworteten mit Stellungnahmen, in denen vor allem betont wurde, die Chefärzte hätten mit den Preisverhandlungen über Implantate überhaupt nichts zu tun, und außerdem sei die eigene Klinik ohnehin nicht betroffen. Lediglich die Städtische Klinik Braunschweig erwähnte immerhin, daß in den letzten Jahren »Spenden in Höhe von 47 000 Mark eingegangenen« seien, mit denen aber natürlich vor allem wissenschaftliche Aktivitäten gefördert« worden seien, »die die Kostenträger nicht finanzieren«.[161] Ansonsten: ein einheller Aufschrei der betroffenen Herzspezialisten. Eine kleine Auswahl:

- »Eine Verfolgung des Berufsstandes der Herzchirurgen«, lautet die Überschrift über eine Stellungnahme von Prof. Dr. Friedrich Wilhelm Hehrlein, Präsident der Gesellschaft für Thorax-, Herz- und Gefäßchirurgie, in der es u. a. heißt: »Wenn es wirklich ein oder zwei schwarze Schafe gäbe, dann müßte man das verfolgen, aber ich sehe im Moment keinen Anlaß dafür.«[162]
- Als »völlig aus der Luft gegriffen« bezeichnet Prof. Dr. Hans-Peter Sattler von der Herzklinik der Universität Frankfurt die Vorwürfe. »Ich schätze das ganze als politische Kampagne ein.«[163]
- »Hier wird ein ganzer Berufsstand und mit ihm die Krankenhäuser diffamiert«, schreibt Dr. Hubertus Müller,

Vorsitzender des Verbandes der Krankenhausdirektoren Deutschlands, und fordert – wie viele andere auch, daß die Krankenkassen ihre Unterlagen den Strafverfolgungsbehörden zuleiten; wohl in der Annahme, daß dann Ruhe sei.

Unisono wird nach der Methode »Haltet den Dieb« der Verdacht ausgesprochen, die Krankenkassen hätten die ganze Angelegenheit nur inszeniert, um die Fallpauschalen bei den Herzoperationen drücken zu können. Der Vorsitzende des Hartmannbundes, Dr. Hans-Jürgen Thomas, sah in der »Schmutz- und Verleumdungskampagne der Krankenkassen wegen angeblicher Schmiergeldzahlungen« ein »Pokerspiel«, um die Politiker unter Druck zu setzen.[164]

Für Dr. Frank Ulrich Montgomery, den Vorsitzenden des Marburger Bundes (der die angestellten Ärzte vertritt), veranstalteten die Krankenkassen ein »Kesseltreiben«, bei dem ihnen jedes Mittel recht sei – »auch das der Diffamierung der Ärzte und Krankenhausverwaltungen.«[165]

Und die Bundesärztekammer beschied pauschal, es handele sich nicht um einen Mediziner-Skandal, sondern um einen Skandal der Krankenkassen.[166]

»BESONDERS DREISTE FORM DER ABSAHNEREI«

Die einzigen kritischen Stellungnahmen kamen zunächst von den Interessenvertretern der Kranken und aus der Politik.

Der Präsident der Deutschen Gesellschaft für Versicherte und Patienten, Rolf Kegel, führte aus: »Daß lebensrettende Arzneimittel und Medizinprodukte ihren Preis haben, ist nicht zu beanstanden. Wenn jedoch Produkte vorsätzlich überteuert in Rechnung gestellt und die Differenz in die Tasche des betreffenden Arztes geflossen ist, so ist dies eine besonders dreiste

Form der Absahnerei im Gesundheitswesen. Gerade in einer Zeit, in der die Sparpolitik im Gesundheitswesen zu erheblichen Mehrbelastungen der Patienten und deutlichen Einkommenseinbußen der niedergelassenen Ärzte geführt hat, ist es unentschuldbar, wenn leitende Krankenhausärzte, deren Nebenverdienste auch nach dem Gesundheitsstrukturgesetz in erheblichem Umfang erlaubt sind, sich rücksichtslos der Vorteilnahme schuldig gemacht haben. Die Vorstellung, daß nach der Art des Rabattmarkensystems Prämien als große Reisen oder kleine Geschenke gefordert worden seien, ist wirklich grotesk.«[167]

Der Sozialexperte der SPD, Rudolf Dreßler, meinte: »Es ist unglaublich, was die an der Korruption beteiligten Ärzte ihren Kollegen angetan haben. Damit ist das Vertrauensverhältnis zwischen Arzt und Patient im wahrsten Sinne des Wortes zur Disposition gestellt. [...] Ich finde es unerträglich, daß der oberste Repräsentant der deutschen Ärzteschaft, Dr. Karsten Vilmar, nichts anderes zu tun hat, als auf die Krankenkassen zu zeigen, die vorgeblich – so habe ich Vilmar verstanden – ihrer Aufsichtspflicht nicht hinreichend nachgekommen seien. [...] Bestätigt sich der Korruptionsverdacht, haben die Ärzte objektiv betrogen. Nun denjenigen, die betrogen worden sind, die Schuld in die Schuhe schieben zu wollen, das finde ich doll.«[168]

Eher bestätigt fühlte sich Dreßlers SPD-Kollege Horst Schmidbauer, MdB: »Daß es zwischen einem kleinen Teil der Ärzteschaft und dem medizinisch-industriellen Komplex seit langem eine unheilvolle Allianz gibt, ist wenig überraschend.«[169]

Alle Kommentatoren machten in ihren Ausführungen die zu diesem Zeitpunkt verständliche Einschränkung: falls sich das alles bestätigen sollte. Was sie nicht wissen konnten: Der Skandal war noch größer, als die Krankenkassen geahnt hatten.

»Bares, Aktien, Autos: Kassen belegen Vorwürfe gegen Ärzte«, betitelte die *Berliner Zeitung*[170] einen Bericht über eine erste Liste von zwölf konkreten Fällen von Verflechtungen zwischen Herzchirurgen und Herzklappen-Herstellern, die von den Krankenkassen wenige Tage nach der ersten *Spiegel*-Veröffentlichung vorgelegt wurde. So hatte u. a. ein Chefarzt von einer Firma ein Aktienpaket im Wert von 100 000 Mark geschenkt bekommen, war im Winter 1992 von einem Medikalhersteller ein Segeltörn in der Karibik veranstaltet worden, an dem mehrere deutsche Ärzte teilgenommen hatten, war an einen Arzt aus dem Bereich Herzchirurgie von einer Firma ein PKW geliefert worden.

Diese Veröffentlichung wurde von der Ärzteschaft mit der Bemerkung kommentiert, bisher deuteten »nur drei der genannten zwölf Fälle tatsächlich auf eine Bestechung« hin.[171] Zudem summierten sich die »in den anonym genannten Fällen angeblich geflossenen Rabatte, Spendengelder, Zuschüsse zu wissenschaftlichen dienstlichen Kongreßreisen sowie für angebliche Geschenke zu weit weniger als den genannten Millionenbeträgen.«

Nie und nimmer komme man auf einen (von den Kassen geschätzten) Schadensbetrag von 45 Millionen Mark. Daß die Kassen vorerst nur Beispiele präsentieren konnten, wurde gegen die Aufdecker verwendet. Dann aber kam die Staatsanwaltschaft zum Zuge. Die Untersuchungen wurden von der Schwerpunkt-Staatsanwalt Wuppertal für kriminelle Vorkommnisse im Gesundheitswesen geleitet. Schon ein erster Zwischenbericht im Frühjahr 1995 hatte es in sich:

• Bei Untersuchungen der deutschen Zentralen der marktbeherrschenden Firmen St. Jude, Medtronic und Sorin hat-

te die Staatsanwaltschaft 5500 Belege gefunden, die belegten, »daß reichlich Geld von den Pharmafirmen an die Ope-
rateure zurückgeflossen sind.«[172]

- Nach Erkenntnissen der Staatsanwalt waren 1500 Klinikbe-
dienstete aus 250 Krankenhäusern, Universitätskliniken und
Herzzentren in Rabattgeschäfte verwickelt, meistens Chef-
und Oberärzte, in wenigen Fällen auch Techniker und Ver-
waltungsangestellte.

- Aufgrund der Erkenntnisse ermittelte die Staatsanwaltschaft
nicht mehr nur wegen des Vorwurfs der Vorteilnahme und
Vorteilsgewährung, sondern auch in zahlreichen Fällen wegen Bestechlichkeit und Bestechung.

Auch in diesem Bericht der Staatsanwaltschaft waren eine
ganze Reihe von anonymisierten Fällen aufgelistet. Die Bandbreite reichte vom neugeschreinerten Chefbüro auf Kosten eines Lieferanten (Kosten: 17 100 DM), über »Kongreßreisen«
(mit Ehefrau) nach Jamaika oder China bis hin zu einem lei-
tenden Arzt, der zehn Prozent persönlichen Rabatt auf den gesamten Umsatz seiner Klinik mit dieser Firma verlangte – und
erhielt.

Zwar ging es bei diesen Schummeleien nicht immer um persönliche Vorteile, sondern auch um die Finanzierung von Kli-
nikausgaben, die der normale Etat nicht hergegeben hätte. Aber
auch in diesen Fällen gilt: Die Gelder »hätten nicht – über erhöhte Preise, die von den Versicherten beglichen werden –
den Kassenmitgliedern aufgebürdet werden dürfen.«[173]

»WIRKLICH KRIMINELL VERHALTEN«

Nach einem zweiten Zwischenbericht der Staatsanwaltschaft,
in dem von 7500 bisher dokumentierten Fällen persönlicher

Zuwendungen die Rede war[174], konnte die Argumentation der Ärztefunktionäre, die bisher allenfalls »Einzelfälle«, ansonsten aber eine groß angelegte »Kampagne« gesehen hatten, nicht mehr aufrecht erhalten werden.

Im Dezember 1995 gestand der Präsident der Ärztekammer Nordrhein, Professor Dr. Jörg Hoppe, ein: »Ein Teil der Ärzte hat sich wirklich kriminell verhalten und die Gelder persönlich kassiert.«[175] Die meisten der in den Herzklappenskandal verwickelten Ärzte aber hätten lediglich »das Budget ihrer Klinik aufbessern wollen.« Die Ärztekammer hatte sich entschlossen, zur Aufklärung der Affäre mit der Staatsanwaltschaft zusammenzuarbeiten. Dabei bescheinigte Hoppe der Behörde, sie recherchiere »sehr sauber«.

Die Ermittlungen der Staatsanwaltschaft mußten inzwischen erheblich ausgeweitet werden. 2700 Ärzte und Techniker in 460 Kliniken wurden überprüft. In Nordrhein-Westfalen liefen in 129 Kliniken Ermittlungen, in Baden-Württemberg waren es 45, in Bayern 75. Die Absprachen zwischen den Klinikärzten und der Industrie seien »selbst vor den Klinikverwaltungen geheimgehalten worden«, so die Staatsanwaltschaft[176].

Auch die Schätzungen über den Gesamtschaden mußten nun korrigiert werden: Die AOK rechnete ihn auf jährlich rund 200 Millionen Mark (!) hoch.[177]

IMMER DAS GLEICHE RABATTMUSTER

Die ungeheure Dimension des Herzklappenskandals mit tatsächlich »mafiösen Absprachen« (so die Staatsanwaltschaft[178]), führte dazu, daß sich die Ermittlungen Jahre hinzogen. Erst Mitte 1996 wurden gegen 1860 Beschuldigte in 418 Krankenhäusern ein Ermittlungsverfahren eröffnet. Der

Vorwurf: Bestechlichkeit, Vorteilsnahme, Betrug, Untreue. Dabei ging es insgesamt um Zuwendungen von mindestens 33 Millionen Mark in nicht weniger als 11 000 Einzelfällen!

Der Verdacht basierte in den meisten Fällen auf Notizen und Protokollen der handelnden Personen in den Anbieterfirmen. Dort tauchte immer das gleiche Muster umsatzabhängiger Rabatte an leitende Ärzte auf, weshalb die Staatsanwaltschaft glaubte, in diesem Fall nicht einigen schwarzen Schafen auf der Spur zu sein, sondern ein Unrechtssystem aufgedeckt zu haben. Im Mittelpunkt: die Elite der deutschen Herzchirurgie!

Auch jetzt wieder Zugeständnisse, aber auch Relativierungen bei den Ärztevertretern. Der Geschäftsführer der Ärztekammer Nordrhein, Wolfgang Klitzsch, drückte es so aus: Persönliche Bereicherung und Luxustourismus zu Kongressen auf Kosten der Industrie seien zu ächten. Anders jedoch müsse man das Einwerben von Industriemitteln für eine bessere Klinikausstattung, für Forschungsprojekte oder ernsthafte Kongreßbesuche werten.[179]

Klitzsch sprach in diesem Zusammenhang von »alternativer Finanzierung«, bestritt gegenüber dem *Spiegel*[180] aber auch nicht, daß eine gut ausgestattete Station die Reputation des Chefoperateurs bei Patienten und Kollegen erhöhe – ein Vorteil, der sich letztlich auch im Einkommen niederschlage.

Und schließlich läßt sich nicht wegdiskutieren, daß dies alles auf Kosten der Krankenkassen passierte, die wieder einmal ihre Schätzung der Schadenssumme nach oben korrigieren mußte: Werner Gerdelmann, Vorstandsmitglied der Ersatzkassenverbände, bezifferte ihn nach dem letzten Erkenntnisstand auf 1,4 bis 1,5 Milliarden Mark!

Seit Mitte 1996 ermitteln die Staatsanwaltschaften nun »vor Ort«. Immer wieder sind in den Zeitungen Meldungen wie diese zu lesen:

- »Die Staatsanwaltschaften in Kiel und Lübeck haben im Zusammenhang mit dem Herzklappenskandal gestern Kliniken und Privatwohnungen in Schleswig-Holstein, Hamburg, Niedersachsen und Berlin durchsucht.«[181] (Januar 1997)
- »Der Skandal um angebliche Schmiergeldzahlungen im Geschäft mit künstlichen Herzklappen beschäftigt nun auch hessische Staatsanwälte. [...] Ermittelt werde gegen Chefärzte oder Verwaltungschefs von 20 hessischen Krankenhäusern [...].«[182] (März 1997)
- »Der bundesweite Herzklappenskandal hat nun auch das renommierte Stuttgarter Robert-Bosch-Krankenhaus erfaßt. Staatsanwälte und Beamte des baden-württembergischen Landeskriminalamtes durchsuchten am Montag die Privatwohnungen von acht Ärzten und Kardiotechnikern sowie zwei Klinikabteilungen. Es wurden umfangreiche Unterlagen sichergestellt.«[183] (Juni 1996)

Ein Ende war bei Niederschrift dieses Buches nicht abzusehen – der Skandal wird die bundesdeutsche Öffentlichkeit noch einige Zeit in Atem halten.

Damit es nicht zu eintönig wird, gibt es im Rahmen der Ermittlungen immer mal wieder neue Horrormeldungen aus der Kardiologenszene. So hieß es in einer dpa-Meldung im September 1997: »Ärzte setzten alte Schrittmacher ein.«[184]

Danach stieß man bei den Herzklappenermittlungen auf folgenden Fall: Ärzte von zwei Kliniken im Umland von München sowie von einer Klinik in Nürnberg sollen Patienten Herzschrittmacher eingesetzt haben, »deren Verwendungsdatum längst abgelaufen war«. Gegen die (Ober-)Ärzte werde »wegen Verdachts der Körperverletzung und Verstoßes gegen das Medizinproduktegesetz ermittelt«, erklärte der Leitende Oberstaatsanwalt Manfred Wick in München.

Der Staatsanwalt konnte keine Angaben darüber machen, ob die mit abgelaufenem Datum verwendeten Herzschrittmacher möglicherweise vorher verstorbenen Patienten explantiert worden waren und wiederverwendet wurden ...

10. Geld holen,
wo es zu kriegen ist

Das Herz am falschen Fleck

Für einen Herzspezialisten, der durch ständige Berichte über bestverdienende Ärzte genervt ist und zusätzlich durch den »Herzklappenskandal« in einem Berufsumfeld arbeitet, das ins Gerede gekommen ist, kann sich die Zeit schon endlos dehnen – aber so endlos, daß er das Gefühl hat, an 1053 Tagen im Jahr zu arbeiten?

Kann man es sich so erklären, daß ein Herzspezialist in Frankfurt bei den Krankenkassen so viele Herzuntersuchungen abgerechnet hat, daß er exakt diese 1053 Tage hätte arbeiten müssen, wenn die Rechnungen korrekt gewesen wären?[185] Wohl kaum. Die Wahrheit ist: Es vergeht kaum ein Monat, in dem nicht wieder von betrügerischen Kardiologen die Rede ist. Viele von ihnen scheinen das Herz auf dem falschen Fleck zu haben – statt in erster Linie an die Heilung ihrer Patientenherzen zu denken, arbeiten sie nach dem Motto: »Darf's (für mich) ein bißchen mehr sein?«

Dabei ist anscheinend jeder Trick recht. So berichtet Bild[186] von einem Mediziner, der in seinem Tennisklub Monat für Monat das Vereinsturnier »gewann« – verbunden jeweils mit einer saftigen Siegprämie. Diese wiederum hatte das Unternehmen gestiftet, das dem Kardiologen die Gerätschaften für die Praxis lieferte. Die Zeitung: »Der renommierte Kardiologe hatte überhöhte Rechnungen für Katheter und Praxisbedarf von den Kassen bezahlen lassen, sich über den Tennisklubtrick am Erlös der überhöhten Rechnung beteiligt.«

Dreist sollen es in Hannover auch zwei Herzspezialisten einer Gemeinschaftspraxis (und möglicherweise noch weitere Kollegen) getrieben haben.[187] Ihr Trick: Sie gründeten allem Anschein nach eine »Handelsgesellschaft«, deren »einzig erkennbare Leistung« (so die Staatsanwaltschaft) darin bestand, Herstellerrechnungen für medizinische Hilfsmittel wie z. B. Katheter mit »erheblichem Zuschlag« zu versehen.

So sollen für eine bestimmte Katheterart von dieser Firma 304,95 Mark in Rechnung gestellt worden sein, obwohl die Marktpreise bei 120 bis 180 Mark lagen. Für Ballonkatheter stellte die Handelsgesellschaft 1594,30 bis 1904,60 Mark in Rechnung, wobei die üblichen Marktpreise nach Kassenangaben bei 800 bis 1000 Mark liegen.

Die Gründung dieser Gesellschaft am 27.9.1995 fiel zeitlich damit zusammen, daß Ärzte ab Oktober 1995 Herzkatheter und Hilfsmittel nicht mehr über »Sprechstundenbedarf« bei den Kassen abrechnen durften, sondern patientenbezogen in Rechnung stellen mußten. Vorher hatten die Kardiologen offenbar für den Sprechstundenbedarf bei den Herstellerfirmen »erhebliche Rabatte« ausgehandelt, die auf das Konto eines Fördervereins geflossen sein sollen, der ebenfalls eng mit den Ärzten verflochten war.

Bei beiden Modellen, versteht sich, wurden weder die durch überteuerte Geräte erzielten Gewinne noch die Rabatte bei den Krankenkassen gemeldet, so daß die Gemeinschaft der Versicherten den Ärzten einen erheblichen Zusatzverdienst finanzierte.

Pressemeldungen sprachen allein im Falle dieser Gemein-schaftspraxis von einem Schaden für die Krankenkassen in Höhe von zehn Millionen Mark in zwei Jahren![188]

WIEDER NUR DIE SPITZE EINES EISBERGS?

Die Krankenkassen sehen in dem Fall der hannoverschen Ge-meinschaftspraxis wieder einmal nur die Spitze eines Eisbergs. Der Medizinische Dienst der Krankenkassen (MDK) Nieder-sachsen brachte den Stein ins Rollen. Nach seinen Erkennt-nissen sollen die Krankenkassen jährlich (!) knapp eine Milliar-de Mark zuviel für die Behandlung von Herzkranken bezahlt haben.[189] Sonderentgelte und Fallpauschalen für Linkskatheter-Untersuchungen und Ballondilatationen seien überhöht abge-rechnet worden, auch sollen Kardiologen betrügerisch Lei-stungen doppelt oder nicht erbrachte Leistungen zusätzlich in Rechnung gestellt haben.

Die Kassen setzten eine zentrale Untersuchungsgruppe un-ter Leitung von Gernot Kiefer ein. Dieser meldete Mitte 1997 der Öffentlichkeit,[190] daß nach Erkenntnissen der Kommission zum Beispiel von Klinik-Kardiologen bei Linkskatheter-Unter-suchungen bisher 1740 Mark berechnet worden seien. Ange-messen aber seien ganze 580 Mark. Noch größer sei der Ge-winn bei Ballondilatationen: Hier würden 6650 Mark pro Fall abgerechnet, obwohl der tatsächliche Preis bei 2950 Mark lie-ge. Ein Großteil der Differenz fließt über nicht bei den Kran-kenkassen abgerechnete Rabatte zurück in die Taschen der Kar-diologen – aber wieder einmal sind die Ankläger anscheinend die Schuldigen: Hätten die Krankenkassen, so lautet es in ei-nem Kommentar der *Ärzte-Zeitung* zu dieser Affäre,[191] feste Pauschalen für den kardiologischen Bedarf eingeführt, wäre nie-mand in Versuchung geführt worden. »Hätte man zum richtigen Zeitpunkt richtig gehandelt, wäre allen Beteiligten die jetzige Situation erspart geblieben.« Titel des Kommentars: »Gelegenheit macht Diebe«.

OPTIMIERTE ABRECHNUNGEN

Doch es geht bei den Klinikkardiologen nicht nur um die Preise für medizinische Hilfsmittel. Auch die Abrechnungen der von ihnen erbrachten ärztlichen Leistungen sind ins Gerede gekommen. Diese Abrechnungen werden meist von sogenannten Abrechnungsfirmen ausgeführt, die den jeweiligen Chefarzt von der Mühe befreien wollen, sich aus der GOÄ immer den optimalen Abrechnungssatz herauszusuchen. Da es mehrere dieser Firmen gibt, kann der Arzt unter ihnen wählen.

So kommt es, daß diese Gesellschaften den jeweiligen Chefärzten eine erhebliche Steigerung des Honorars versprechen, wenn er sie erwählt. Woraus diese Steigerung des Honorars resultiert, bleibt zunächst Geheimnis der Firma, denn der Arzt arbeitet ja soviel wie vorher. Seit einem Fernsehbericht im Juni[192] weiß die Öffentlichkeit, wie die Optimierung der Abrechnungen aussieht: Sie sind oft gefälscht.

Die ARD-Sendung »plusminus« nannte 1997 Beispiele aus der Abrechnungspraxis der größten deutschen Abrechnungsfirma, Unimed, die mehr als die Hälfte der deutschen Herzchirurgie-Chefärzte vertritt:

• Bei einer Herzklappenoperation kostet der Einsatz einer Herzklappe 2234,40 Mark, für den Einsatz mehrerer Herzklappen kann der Arzt 2992,50 Mark verlangen. Für eine Operation stellte Unimed beide Summen in Rechnung. Die Ausrede, laut »plusminus«: ein Versehen.

- Für eine Herzoperation verlangte Unimed ein erhöhtes Honorar, weil der Eingriff besonders schwierig war. Der Patient sei Kettenraucher gewesen. In Wirklichkeit war ein Nichtraucher operiert worden. Aussage von Unimed: Wir sind vom Arzt falsch informiert worden.
- Für den Einsatz der Herz-Lungen-Maschine berechnete Unimed bei einem Patienten 1600 Mark – doch die Maschine war nie eingesetzt worden. Laut Abrechnungsfirma »ein Versehen«.

Wie gesagt, es herrscht ein großer Konkurrenzkampf unter den Abrechnungsfirmen, und so bestreitet Unimed nicht nur, selbst konsequent falsch abzurechnen, sondern beschuldigt nach »plusminus«-Angaben lieber einen Mitbewerber, die Firma Berger, solcher Praktiken.

Auch bei dieser Firma wurde »plusminus« im übrigen fündig:

- Bei einer Herzoperation berechnete die Gesellschaft zusätzlich das Verschließen des Brustkorbs, obwohl dies bereits in der üblichen Pauschale enthalten ist. Es wurden 640 Mark zuviel angesetzt.
- Obwohl mehrere Infusionen und Blutabnahmen bei einem Patienten durch eine Krankenschwester durchgeführt worden waren, wurden diese Tätigkeiten als Chefarztleistungen abgerechnet. Dadurch kamen 400 Mark zuviel in die Kassen des Arztes.

Natürlich kann man solche Beispiele als Einzelfälle abtun. Es ist außerordentlich schwer, die Abrechnungspraxis der Firmen komplett zu überprüfen. Dazu haben zunächst einmal nur die Krankenkassen die Möglichkeit.

Eine von ihnen hat diese Chance auch ergriffen: Anfang 1997 ließ die Union Krankenversicherung beispielsweise 148

Chefarztrechnungen der Unimed vom Gutachter überprüfen.[193]

Das Ergebnis: Der Experte klassifizierte bei einem Gesamthonorarvolumen von 456 233 Mark insgesamt 78 861 Mark als »medizinisch nicht nachvollziehbar«. Die Aussage des Gutachters: »Die Bandbreite der falsch abgerechneten Leistungen reicht im Einzelfall von 80,61 Mark bis 4549,80 Mark.« Grund genug für Christoph Uleer vom Verband der Privaten Krankenversicherung, deftig zu formulieren: »Bei Unimed handelt es sich um eine Abzockerfirma.«

Der Chef des Unternehmens, Michael Uwer, sieht dies etwas anders: Es sei »im Rahmen des Möglichen« abgerechnet worden. Daß dennoch nicht immer alles korrekt zuging, dafür spricht das Verhalten seiner eigenen Firma. Da gab es zum Beispiel eine Unimed-Rechnung über 50 400 Mark, die bei der Central Krankenversicherung eingereicht worden war. Nach dem Protest der Versicherung reduzierte Unimed den Betrag schließlich auf 38 700 Mark.[194]

In diesem Fall hat der von Unimed vertretene Chefarzt einmal nicht das »optimale« Honorar bekommen ...

NEBENHER EIN PAAR MARK VERDIENEN ...

Der Chefarzt wird durch die reduzierte Unimed-Rechnung nicht verarmt sein. Nach einer simplen Rechnung des Bielefelder Diplomingenieurs Günther Schick nämlich kommen Chefärzte auch schon mal auf Stundenhonorare von 5000 Mark und mehr. Schick hatte sich als Patient einer Herzkatheter-Untersuchung unterziehen müssen. Dafür wurde ihm seitens des nicht anwesenden Chefarztes sage und schreibe 4500 Mark in Rechnung gestellt. Und das, obwohl schon eine Pauschale von 1800 Mark getrennt abgerechnet worden war.[195]

Solche Summen kommen dadurch zustande, daß Chefärzte ihre Leistungen Privatpatienten und Krankenkassen gesondert in Rechnung stellen dürfen – und sich somit zusätzlich zu dem von der Klinik bereits gezahlten Monatsgehalt (etwa 11 000 Mark) noch ein paar Mark hinzuverdienen dürfen. Dazu kommen dann noch Honorare für Gutachtertätigkeiten, Beraterverträge mit der Medizinindustrie und Forschungsgelder. Das summiert sich.

Dabei muß man zwar einräumen, daß die Chefärzte auch einen Teil des nebenbei verdienten Geldes an die Klinik abführen müssen. Aber die Höhe dieser Abgabe ist von Klinik zu Klinik, von Land zu Land unterschiedlich und bei Zusatzeinnahmen von bis zu zehn Millionen Mark im Jahr durchaus erträglich.

Drei Jahre brauchte der Grünen-Politiker Bernd Köppl, selbst Arzt, um im Berliner Senat 1996 die neue Regelung durchzusetzen, daß sich die Chefärzte der Unikliniken an den Kosten für die Nutzung der superteuren Diagnosegeräte wie Computer- oder Kernspintomographen, Linkskatheterlabore und diverses anderes medizinisches Großgerät beteiligen. Die Geräte wurden in der Regel von den Krankenhäusern angeschafft, ihre Nutzung aber konnte von den Chefärzten voll beim Patienten abgerechnet werden.

Im Zuge dieser Bestrebungen wurden interessante statistische Daten bekannt. So kamen in Berlin nach Angaben von Gesundheitssenatorin Beate Hübner[196] 24 Chefärzte auf Nebeneinnahmen von jeweils mehr als einer halben Million Mark.

Von den 200 Chefärzten nahezu aller Fachdisziplinen erzielten immerhin 89 Mediziner Zusatzeinkünfte von bis zu 100 000 Mark (also fast in der Höhe ihres normalen Gehaltes). 46 Klinikchefs kamen auf Nebeneinkünfte von bis zu einer Viertelmillion Mark jährlich. Und 35 Chefärzte verdienten zu ihrem Klinikgehalt bis zu eine halbe Million Mark dazu.

Das Kuriose an der Berliner Situation: Wenige Monate nach der Einführung der neuen Abgabepflicht für die Chefärzte an den Unikliniken lehnte der parlamentarische Gesundheitsausschuß des Senats im November 1996 einen Antrag von Bündnis 90/Grüne ab, die neue Regelung auch für die Chefärzte der Städtischen Kliniken einzuführen.[197] Die dürfen die Geräte weiterhin umsonst benutzen.

DIE LUKRATIVE ÄRZTEKETTE

Bundesweit, so schätzte 1994 der Vorsitzende des Marburger Bundes, Dr. Frank-Ulrich Montgomery[198], verdienen 50 bis 100 Chefärzte rund zehn Millionen Mark pro Jahr und Person – vor allem im Universitätsbereich.

Ein solches Exemplar spielte auch bei den Berliner Auseinandersetzungen um höhere Abgaben an die Kliniken eine Rolle: Professor Dr. Roland Felix, Chef der Röntgenabteilung am Rudolf-Virchow-Klinikum. Im Jahre 1992 liquidierte dieser »Herr über 60 Ärzte« (Spiegel) rund vier Millionen Mark von Privatpatienten. Mit den Krankenkassen rechnete er weitere 5,5 Millionen Mark Honorar ab – alles natürlich zusätzlich zum Gehalt und zu anderen Nebeneinkünften.[199]

Eine solche Krankenhausabteilung sei, so drückt es der Präsident der Berliner Ärztekammer, Ellis Huber, aus, »wie eine Lizenz zum Gelddrucken«.[200]

Felix ist insofern ein Paradebeispiel, als er zu jener Ärztegruppe gehört, die vom Krankenhaus-Chefarztwesen besonders profitieren – Röntgen- und Laborärzte, Gerichtsmediziner, Anästhesisten, Pathologen und Hygieniker. Da muß ein Chirurg schon eine Menge schnibbeln, um auf deren Umsätze zu kommen. Denn sie profitieren von einer Art »automatischem Pfründesystem« (Spiegel) – der sogenannten »Ärztekette«.

Dabei werden Patienten von einer Abteilung zur anderen weitergereicht; und ob es sich um Röntgendiagnostik, Blutuntersuchung oder Narkose handelt – der Patient bezahlt jeweils die »Chefarztklasse«, der entsprechende Boß kassiert mit, auch wenn die Untersuchung selbst von (günstigenfalls) einem Oberarzt oder (ungünstigenfalls) einem Assistenten ohne abgeschlossene Facharztausbildung durchgeführt wurde.

Dem baden-württembergischen Landesrechnungshof waren Anfang der 90er Jahre einmal die Anästhesie-Chefärzte von drei Unikliniken aufgefallen, die extrem hohe Fallzahlen abgerechnet hatten. Einer der Professoren hatte zum Beispiel innerhalb von drei Wochen die Narkose von 201 Privatpatienten (305 Narkosestunden) in Rechnung gestellt – wie sich herausstellte, war er selbst aber nur bei acht Fällen selbst dabeigewesen.[201]

Weder krankenhausintern noch von Seiten der Kassen bzw. der privaten Krankenversicherer wird letztlich etwas gegen solche Vorgehensweisen unternommen. Und schon gar nicht von seiten der Politik. Das Magazin *Spiegel* glaubt zu wissen, warum sich am Pfründesystem der Chefärzte so schnell nichts wird ändern lassen: »Harte Schnitte wagen die Politiker aus mehreren Gründen nicht: Die meisten sind Patienten der Chefärzte, oder sie fürchten, es eines Tages zu werden. Wer will schon den Mann reizen, der voraussichtlich das Messer an die Prostata oder das schwache Herz legen wird?«[202]

WILLKÜR DER CHEFÄRZTE

»Die Stellung eines Ordinarius an einer deutschen Universität gleicht der eines mittelalterlichen Potentaten«, sagt ein leitender Oberarzt aus Freiburg, »eine Univerwaltung hat ihm da nicht dreinzureden.«[203] Man kann diese Aussage mühelos auf fast alle Krankenhäuser übertragen. Wobei man den Chefärzten nicht unbedingt nachsagen kann, sie würden sich im Zeichen allgemeiner Sparmaßnahmen gegen Kostenersparnisse sträuben – wenn es andere betrifft.

Unter der Überschrift »Der Willkür des Chefarztes ausgesetzt« berichtet ein Betroffener per Leserzuschrift anonym in einem Ärzteblatt: »Ein Assistenzarzt, besonders in operativer Weiterbildung, ist der Willkür seines Chefarztes ausgesetzt, der ja seinen OP-Katalog vervollständigen möchte. Freizeitausgleich nach einem 24-Stunden-Bereitschaftsdienst besteht nur auf dem Papier. Es gibt Krankenhäuser, wo der Freizeitausgleich überhaupt nicht gewährleistet ist.«[204]

Angehende Ärzte, die nach dem Studium ein praktisches Jahr (PJ) im Krankenhaus verbringen müssen sowie danach als Arzt im Praktikum (AiP) arbeiten, eignen sich vorzüglich dazu, die Kosten der Station und damit des Krankenhauses herunterzudrücken. Indem man ihnen nichts (oder nur wenig) bezahlt, sie aber gleichwohl vollwertige Arbeit verrichten läßt.

»Wie ist der Alltag des PJ-Studenten, der ›ausgebildet‹ wird?« fragt der anonyme Assistenzarzt, und beschreibt ihn dann: »Er arbeitet sieben bis acht Stunden täglich, nimmt Blut ab, verrichtet den Spritzendienst. Er erhebt Anamnesen, die wesentlich ausführlicher als die der Ärzte sind, aber mit ihm selten durchgesprochen werden, weil niemand dafür Zeit hat. Er wird für einen 24-Stunden-Anwesenheitsdienst verpflichtet, um die Ärzte zu entlasten. Ausbildungsveranstaltungen werden ihrem Ruf nicht gerecht, denn Chef- und Oberärzte, die Erfahrung weitergeben sollen, sieht der Student selten.«

Als Arzt im Praktikum geht es dann so weiter: »Ein AiP darf viele Dinge nicht tun, die er aber doch tut, weil er als voller Arzt eingeplant wird, und niemand Zeit dafür hat, die auf dem Papier festgeschriebene Ausbildung an ihm zu tun. Das heißt, er muß genauso viel arbeiten wie ein Assistenzarzt – mit dem einzigen Unterschied, daß er dafür weniger Geld bekommt und ständig das Risiko trägt, ein sogenanntes Übernahmeverschulden zu begehen, weil er sich nicht wehrt, wenn ihm Aufgaben übertragen werden, die er nicht tun sollte. Dagegen wehren? Er müsse die Arbeit nicht tun, ›denn es gibt mehr als genug AiPs‹ wird ihm gesagt.«

Der Assistenzarzt mache pro Woche zirka acht bis zehn Überstunden, die weder vergütet noch in Freizeit abgegolten werden: »Das sind bei einer Überstundenvergütung von etwa 40 Mark pro Stunde zwischen 1200 bis 1600 Mark im Monat, die das Krankenhaus spart, weil kein Mitarbeiter eingestellt wird.«

Ausbeutung von Nachwuchsärzten

Aber, muß man feststellen, es gibt sogar noch extremere Fälle. Beklagt sich der junge Arzt in seinem Leserbrief auch darüber, daß er als AiP »zu einem Drittel der Bezüge, die ein approbierter Arzt verdient«, hochverantwortliche Arbeit leisten muß, so können zahlreiche seiner Kollegen ein noch viel bittereres Lied singen: Sie arbeiten umsonst, um auf die in der Ausbildungsordnung vorgeschriebenen Arbeitszeiten zu kommen!

Zwar verbietet es die Berufsordnung für Ärzte, »einen Kollegen ohne angemessene Vergütung oder unentgeltlich zu beschäftigen oder eine solche Beschäftigung zu bewirken oder zu dulden«, doch gibt es inzwischen Tausende von Nachwuchsmedizinern, die genau dies tun – unter der Regie hochbezahlter Chefärzte. Selbst die konservative *Welt am Sonntag* konnte sich in diesem Zusammenhang den Begriff »Ausbeutung« nicht verkneifen[205] – wenn sie ihn auch in Anführungszeichen setzte.

Die Anführungszeichen sind überflüssig, das Wort stimmt. »Viele Krankenhäuser nutzen das Überangebot an Assistenzärzten schamlos aus, um ihre Budgets zu schonen«, zitiert die Zeitung Günter Jonitz vom Marburger Bund. Gibt es dafür ein besseres Wort als Ausbeutung? Einige Kliniken benutzen für ihre unschönen Praktiken einen schönfärberischen Begriff: »Gastarzt« beziehungsweise »Gastärztin«.

So mußte eine solche »Gastärztin« an der Uniklinik Gießen in einem Vertrag den Passus unterschreiben, daß sie ohne Honorar »unter ständiger Aufsicht und auf Weisung« des Krankenhauses arbeite, dennoch aber »voll verantwortlich für ihre Arbeit sei.«[206] Die Folge einer solchen Regelung: Die Ärztin bekommt kein Geld und muß sich zusätzlich auch noch auf eigene Kosten versichern. Außerdem muß die AiP sogar damit rechnen, daß ihr die Krankenhauszeit gar nicht angerechnet wird. Denn eigentlich ist – siehe oben – eine unentgeltliche Arbeit im Krankenhaus überhaupt nicht erlaubt.

Um solchen Risiken vorzubeugen, raten manche Kliniken und Chefärzte den Arbeitswilligen zu abenteuerlichen Konstruktionen. So mußte in Mecklenburg-Vorpommern ein Arzt seinen Sohn pro Forma in der eigenen Praxis zum BAT-Gehalt (etwa 6000 Mark) einstellen. Dann »delegierte« er ihn an das Klinikum Stralsund, wo er jetzt kostenlos arbeiten »durfte«.

In Gießen riet man Eltern von arbeitswilligen Nachwuchsärzten, eine Stiftung zu gründen, die dann ein »Stipendium« für das eigene Kind bezahlt. Auch in diesem Fall ist die Klinik schön aus dem Schneider.

Der ärztliche Direktor der Universitätsklinik Gießen, Professor Dr. Klaus Knorpp, hat bei solchen Praktiken natürlich nur edle Motive: »Wir wollen in einem rechtlich ungeklärten Raum den Gastärzten, die oft in einer bedrängten Lebenssituation sind, ermöglichen, eine Zukunft zu haben.«[207]

Lohnraub und moderne Sklavenhaltung

Doch nicht nur Studenten im praktischen Jahr oder Ärzte in Ausbildung geraten wegen des anhaltenden Kostendrucks auf die Krankenhäuser immer mehr in Bedrängnis. Wie überall wird auch im Gesundheitswesen nicht bei den Spitzen der Hierarchie gespart, sondern da, wo am wenigsten Widerstand zu erwarten ist: beim normalen medizischen Personal und im Pflegedienst.

Während die Chefärzte munter weiterkassieren und sich die Verwaltungen immer mehr aufblähen, müssen Stationsärzte nicht nur Lohneinbußen hinnehmen (zumindest in Form nichtbezahlter Überstunden), sondern auch unter härtesten Bedingungen arbeiten. Wobei oft gegen geltendes Recht verstoßen wird.

Arbeitszeiten von mehr als neun Stunden täglich oder 50 bis 75 Stunden wöchentlich sind normal. Nach einer in der *Zeit* angeführten Umfrage leisten Klinikärzte im Durchschnitt sechs bezahlte und 21 unbezahlte Überstunden im Monat.[208] Diese Praktiken, die, auf die Bundesrepublik hochgerechnet, Jahr für Jahr eine Personalkosteneinsparung von rund einer Milliarde Mark bringen, nennt die *Zeit* schlicht und richtig »Lohnraub«.

Dabei wurde vor wenigen Jahren eigens ein Gesetz erlassen, das solche Auswüchse verhindern sollte. Aber es wird kaum befolgt. So lehnen viele Chefärzte eine Dokumentation der Überstunden einfach ab. Andere Klinikchefs, weiß die *Zeit*, »führen inzwischen doppelte Dienstpläne: die tatsächlich gültigen mit extremen Belastungen für die Ärzte und gesetzeskonforme Pläne zum Vorzeigen bei den Behörden.«

Zu allem Überfluß gibt es, so Hans Welsch vom Marburger Bund, »eine unglaubliche Menge von Versuchen, Ärzte unter Tariflöhnen zu beschäftigen.«[209] Und der Präsident der hessischen Ärztekammer, Alfred Möhrle, spricht im Zusammenhang mit dem Umstand, daß es Verträge bei Kliniken gibt, bei denen unentgeltlich arbeitende Ärzte auf die Sozialhilfe verwiesen werden, von »moderner Sklavenhaltung«.[210]

Wo es Sklaven gibt, muß man hinzuzufügen, gibt es auch deren »Besitzer«: die Chefärzte. So sieht es auch Ellis Huber: »Es gibt natürlich gute Chefärzte, aber es gibt jede Menge Charakterschweine.« Der streitbare Funktionär fordert die Abschaffung des Chefarztsystems.[211] Denn dieses System sei schuld daran, daß die ärztliche Arbeitskraft stärker als je zuvor ausgebeutet werde.

KONKURRENZ DER KRANKENHÄUSER UNTEREINANDER

Ist die kostensparende Personalpolitik ein Mittel, mit den knapperen Budgets der Krankenhäuser fertigzuwerden, so ist die Ausweitung der Leistungen diagnostischer oder therapeutischer Art ein Mittel, sich gegen die Konkurrenz draußen durchzusetzen. Denn seit immer mehr öffentliche Krankenhäuser aus Kostengründen und wegen ungenügender Bettenauslastung von Schließung bedroht sind und sich andererseits immer häufiger spezialisierte Privatkliniken etablieren, wird der Konkurrenzkampf der Krankenhäuser untereinander härter.

So sprechen Experten zum Beispiel im Bereich der Herzchirurgie von einer »stürmischen Expansion«. Immer öfter wird die Indikation zu einer Herzoperation gestellt – zunehmend auch bei Patienten von über 80 Jahren, die früher »außen vor« blieben.

Dieser Trend war bis vor kurzem noch an den neuen Bundesländern vorbeigegangen, wie ein spöttischer Kommentar des Bremer Anästhesisten Hans Georg Güse zeigt: »In den neuen Ländern haben sie noch nicht alle 70- bis 80jährigen auf potentielle Herzpatienten durchsiebt.«[212]

Nach Angaben des *Spiegel*[213] ist die Sterberate an einzelnen Herzkliniken auffallend hoch. Während die durchschnittliche Sterberate bei etwa 3,6 Prozent liege, sei dieser Wert bei einzelnen Häusern doppelt so hoch. Denn die Anzahl und die Qualifikation der Ärzte hält mit der Entwicklung nicht Schritt.

So berichtet das Magazin von einem Herzzentrum, in dem die Zahl der Herzoperationen von 900 auf 1200 pro Jahr gesteigert werden sollte – ausschließlich, um die Gründung einer Privatklinik zu verhindern.

Nach einem anderen Bericht soll es von Deutschland aus einen ausgedehnten »Kinderherztourismus« geben, der unter anderem darin begründet liegt, daß durch »Vormerklisten« der Eindruck erweckt wurde, es mangele an Kapazität auch für dringende Operationen. Und dies, obwohl möglicherweise in anderen Krankenhäusern Kapazitäten brachliegen.

Doch statt auf diese Kliniken hinzuweisen, stellen einige Kardiologen lieber eine Notfalldeklaration für den sofortigen Transport von Säuglingen und Kleinkindern ins Ausland aus. Weil die Behandlung in ausländischen Kliniken aber immer für unverhältnismäßig hohe, von den Kassen zu bezahlende Kosten sorgten, äußerten einige Chefärzte sogar den Verdacht, daß für solche Deklarationen Provisionen bezahlt würden.

PROFITCENTER KRANKENBETT

Private Krankenhäuser erobern zunehmend den Markt. Mal werden sie neu gegründet, mal werden auch öffentliche Krankenhäuser in Privatkliniken umgewandelt. Letzteres geschah zum Beispiel im brandenburgischen Eberswalde. In der dortigen Werner-Forßmann-Klinik wird das »Krankenbett als Profitcenter« gesehen. Seit der Privatisierung wirft die Klinik Gewinn ab. Zugute kommt dem Krankenhaus dabei, daß mit den Kassen zunehmend nach Fallpauschalen abgerechnet wird.

Die Liegezeiten der Patienten betrugen in Eberswalde 1997 acht Tage (Bundesdurchschnitt: elf Tage) und sollen möglichst rasch auf fünf Tage gedrückt werden.[214] Trotzdem hat das Krankenhaus eine Auslastung von 80 Prozent – weil die Zahl der Behandlungsfälle in fünf Jahren von 10 000 auf über 15 000 erhöht werden konnte. Dabei soll gar nicht bestritten werden, daß, wie die Krankenhausleitung betont, in einer solchen privaten Klinik die Motivation der Mitarbeiter einen hohen Stellenwert hat. Was einerseits eine freundliche Atmosphäre für die Patienten schafft (Kundenorientierung) und andererseits bei dem Unterfangen von Nutzen ist, »finanzielle Ressourcen freizusetzen« (Geschäftsführer und Chefarzt Jens-Uwe Klavehn).

Nicht zu vernachlässigen aber ist das Problem, daß solche am Krankenhausgewinn orientierte Gesundheitsversorgung mit Sicherheit die Gefahr birgt, daß versucht wird, sich auf möglichst lukrative Behandlungen zu spezialisieren, und/oder daß auch überflüssige Maßnahmen und Behandlungen in Erwägung gezogen werden, sobald sie nur ordentlich Geld bringen.

Der Geschäftsführer der Deutschen Krankenhausgesellschaft (DKG), Klaus Prößdorf: »Privatisiert wird nur, was sich rechnet.«[215]

Gut die Hälfte aller Herzoperationen (etwa 70 000 pro Jahr) wird in Privatkliniken getätigt. Im Rhön-Klinikum (Träger: eine Aktiengesellschaft) in Neustadt an der Saale »erledigen die Chirurgen weit über 3000 Eingriffe pro Jahr, an der Frankfurter Börse stieg der Kurs der Rhön-Aktien in Jahresfrist um gut 50 auf 150 Punkte«, berichtete der *Spiegel* 1995.

11. Geschenke, Spenden und andere Gefälligkeiten

Das Reisen ist des Arztes Lust

Eine Episode aus der guten, alten Zeit: »[...] kurz nach Praxisschluß erscheint eine attraktive Dame, in einer Hand den obligatorischen Koffer mit den Mustern und den Broschüren, in der anderen Hand eine Tasche, aus der sie mit gewinnendem Lächeln drei Flaschen Champagner, zwei Schallplatten, diverse Kosmetika für die Sprechstundenhilfen sowie ein nagelneues Stethoskop zieht.«[216]

So wie es hier Peter Sichrovsky beschreibt, war es in den goldenen achtziger Jahren, als die Öffentlichkeit noch nicht so sensibilisiert und die Ärzte möglicherweise noch etwas simpler einzufangen waren – die Pharmaberater hatten immer eine kleine Zugabe zu ihren Informationen über neue Arzneiprodukte der von ihnen vertretenen Firmen parat. Stieg der Verbrauch der Medikamente nach dem Besuch in den umliegenden Apotheken nachweislich an, war auch schon mal ein Fernseher als »Dankeschön« drin.

Sicher: Kleine Geschenke erhalten die Freundschaft, aber wer läßt sich schon gerne der Korruption bezichtigen? Und so hat sich die Strategie inzwischen geändert. Auch das klingt bei

Sichrovsky schon an. Er zitiert Pharma-Marketingexperten mit den Erkenntnis, man müsse »im Kopfe des Arztes denken, sich mit seinen Problemen identifizieren« sowie mit der Aussage: »Wer die Arztkommunikation beherrscht, beherrscht die Zukunft«.[217] Er kommt zu der Erkenntnis,[218] Grundlage des Pharma-Marketings sei die Bedürfnis- und Problemstruktur des verschreibenden Arztes.

Man braucht nur einmal die in den Wartezimmern der Ärzte herumliegenden Zeitschriften zu betrachten, um die »Bedürfnis- und Problemstruktur« des durchschnittlichen Arztes zu erkennen: Nach den Lehrern gibt es offensichtlich keine Berufsgruppe, die so gerne und viel reist, wie die Ärzteschaft. *Geo, Abenteuer und Reisen, Globo, Tours,* und wie die Zeitschriften alle heißen mögen, haben in den Ärzten offenbar eine konstante Lesergruppe. Es gibt sogar eine Spezialschrift mit dem Titel *ärztliches Reise- & Kultur journal.*

Wenn man seine Reiseleidenschaft dann auch noch mit tatsächlichen oder angeblichen Fortbildungsveranstaltungen und Kongressen verbinden kann, um so besser. Und um so lukrativer für die reisenden Ärzte und die zahlenden Pharmaunternehmen. Korruption? Wo denn?

WEITERBILDUNG AM KALTEN BÜFETT

»Aggressives Marketing« nennt Ellis Huber[219] die Praxis, Kongreßreisen zu bezahlen oder sogar Urlaub mit einer Pseudo-Fortbildungsveranstaltung zu verknüpfen. Und der Ex-Chefarzt Hans Schwabe weiß im Zusammenhang mit solchen Kursen und Kongressen: »Ein nicht geringer Anteil von derartigen, häufigen ›Weiterbildungs-Veranstaltungen‹ findet ohnehin mehr am kalten oder warmen Büfett statt, das von der Pharmaindustrie – als häufigste Veranstalterin derartiger Ereignisse –

großzügig gewährt wird. Die steuerliche Abschreibung derartiger Teilnahmen ist häufig wesentlich effektvoller als der vermittelte wissenschaftliche Inhalt.«[220] (Sind Sie überrascht darüber, daß es auch ein Ärztemagazin mit dem schönen Namen *Gour-med* gibt?)

Und so ziehen nicht wenige der rund 17 000 (!) in Deutschland tätigen Pharmavertreter »mit bunten Reisekatalogen unter dem Arm durch die Praxen.« (Huber) Ziele wie die griechischen Inseln Kos und Korfu für Sonnenanbeter oder das österreichische Zuers für Wintersportler sind besonders beliebt.

Solche »geldwerten Zuwendungen« seien »Mittel zum Zweck: Umsatz um jeden Preis!«[221], wettert Huber. Denn je schöner das Ziel der Reise, um so mehr wird sich der Arzt verpflichtet fühlen, sich auch durch eine entsprechende Verschreibungspraxis zu revanchieren.

Das geben die Ärzte sogar offen zu. »Beeinflussen Pharmaunternehmen durch Fortbildungsseminare und -kongresse oder Sachleistungen und Präsente die Verschreibungspraxis der Ärzte?« wollte die Zeitschrift *Capital* in einer Umfrage wissen[222] und erhielt von den gefragten Medizinern ehrliche Anworten: Immerhin 30 Prozent der Ärzte sagten, dies sei häufig der Fall. Zusätzlich meinten 36 Prozent der Gefragten, dies komme gelegentlich vor, 19 Prozent sprachen von »selten« – und nur 14 Prozent der Mediziner wollte dies völlig ausschließen. (Es gibt eben in jedem Beruf auch Spielverderber ...)

AUCH JOURNALISTEN REISEN GERN ...

Da wir gerade bei den Pharma-Unternehmen sind: Auch der Stand der Journalisten reist gern, was sich die Industrie ebenfalls zunutze macht. Die ARD-Sendung »plusminus«[223]

berichtete über eine Lissabon-Reise von 33 Journalisten im Oktober 1996. Übernachtung im Luxushotel. Die Informationen von »plusminus« zu dieser Fahrt: »Die Reise wird vom Pharmakonzern Schering bezahlt. Kosten: rund 3000 Mark pro Person. Einzige Unterbrechung: ein zweieinhalbstündiges Seminar, auf dem von Schering bezahlte Referenten [darunter übrigens ein Arzt] für ein rezeptpflichtiges Medikament gegen Schuppenflechte werben. 35 Zeitungsartikel werden nach der Lissabon-Reise veröffentlicht. Gesamtauflage: mehr als 12,7 Millionen Exemplare. [...] Viele Artikel werben offen für das Schering-Produkt. Obwohl das per Gesetz verboten ist, wie für alle verschreibungspflichtigen Medikamente.«

Die »plusminus«-Redaktion betont: »Von Pharma-Unternehmen bezahlte Journalistenreisen sind keine Seltenheit. Erst im April waren zwei Dutzend Journalisten auf Einladung von Bayer für vier Tage in Venedig. Schleichwerbung in Zeitungen und Zeitschriften ist nach einer Untersuchung der Barmer Ersatzkasse heute eher die Regel. In solchen Zeitungen und Zeitschriften ist auch der Anteil von Pharmawerbung sehr hoch. Viele Patienten drängen ihre Ärzte, ihnen genau die Medikamente zu verschreiben, für die in derartigen Artikeln geworben wird. So müssen die Krankenkassen Jahr für Jahr Milliarden für unsinnige Medikamente ausgeben.«

EDLE MOTIVE?

Das Geschäft mit der Gesundheit ist ein Milliardenbusineß, entsprechend hart umkämpft ist der Markt. Ein Beispiel für die ausufernden Formen des Wettbewerbs ist die Affäre um die Firma Alpha Therapeutic in Langen (Kreis Offenbach). Sie soll nach Presseberichten[224] jahrelang Schmiergelder an Ärzte und Kliniken gezahlt haben. *Focus* meldete, den Krankenkassen seien wegen der als Rabatte getarnten Zuwendungen Schäden in Höhe von mehreren Millionen Mark entstanden. Nach diesen Berichten soll Alpha Therapeutic von 1992 bis 1994 etwa 4,5 Millionen Mark an mehr als 80 Ärzte bezahlt haben, die sich vor allem auf die Behandlung von Bluterpatienten spezialisiert hatten. Die Summen waren meist als »Verkaufsförderung« deklariert worden.

Persönliche Zuwendungen für einzelne Ärzte und Kliniken – sei es nun durch offensichtlich illegale Geldzuwendungen (z. B. bei Rabattgeschäften) oder durch Goodwill-Reisen zu sogenannten Fortbildungsveranstaltungen – sind nur ein Teil der möglichen Verkaufsstrategie. Der zudem auch noch etwas anrüchig ist.

Eine andere Form der Einflußnahme auf Ärzte, Chefärzte und Krankenhäuser ist der tatsächliche Beitrag zu Fortbildung und Forschung, den die Pharma-Unternehmen leisten. Dieser Beitrag ist nicht gering.

Wesentliche Teile der Fortbildung und der Forschung wären ohne »Drittmittel« – also Spenden von Pharmafirmen, Medizingeräteherstellern und anderen Sponsoren – heute gar nicht mehr zu finanzieren. »Ein Armutszeugnis für die angeblich so unabhängige und nur dem Patientenwohl verpflichtete medizinische Wissenschaft«, meint die *Berliner Zeitung*.[225]

DOPPELT KASSIERT

Die Pharmafirmen der Bundesrepublik gaben 1995 rund 4,3 Milliarden Mark für Pharmaforschung aus, davon 1,5 Milliarden für die klinische Erprobung von Medikamenten. Nach Schätzungen werden in der Bundesrepublik jährlich 6000 bis 8000 Arzneimittelprüfungen durchgeführt. Weit über hunderttausend Patienten sind davon betroffen – oft, ohne es zu wissen.

Das für die Studien veranschlagte Geld kommt vornehmlich Kliniken bzw. deren Chefärzten, teilweise aber auch niedergelassenen Ärzten zugute. Doch manchen reicht das Geld der Industrie nicht. Wie der *Spiegel* Anfang 1997 aufdeckte,[226] wird in vielen Fällen zweimal kassiert: Von den Pharmafirmen *und* von den Krankenkassen – für ein und dieselbe Behandlung.

So war besonders die Psychiatrische Klinik der Universität Mainz ins Gerede gekommen. Dort sollen in etlichen Fällen die Hausärzte – gegen die Regeln medizinischer Sorgfaltspflicht – nicht über die Teilnahme ihrer Patienten an wissenschaftlichen Studien (Test neuer Medikamente) unterrichtet worden sein. So kam der Verdacht auf, daß die Klinik für die Studien Millionenbeträge erhielt, dennoch aber bei den Kassen für die Testpatienten die kompletten Pflegesätze abgerechnet wurden.[227]

Um die Studien durchführen zu können, müssen die Patienten oft über mehrere Tage vorbereitet werden (zum Beispiel, um sich von dem bisher benutzten Medikament zu entwöhnen). Dann kann die probeweise Behandlung beginnen. Sollte diese erfolglos sein, muß zur früheren Therapie zurückgekehrt werden.

So vergeht logischerweise viel mehr Zeit als bei einer üblichen Behandlung – und diese Zeit dürfte den Krankenkassen nicht in Rechnung gestellt werden. Ein Mißbrauch dieser Regelung ist aber praktisch kaum nachzuweisen, wenn weder der Patient noch der Hausarzt überhaupt darüber informiert werden, daß der Patient an einem Arzneimitteltest teilgenommen hat.

Der *Spiegel*: »Bei einem Tagessatz von rund 430 Mark in der Psychiatrie und einer durchschnittlichen Testdauer von vier Wochen kann es für die Krankenkassen schnell teuer werden, wenn sie für die Versuche der Pharmaindustrie mitzahlen.«[228]

Die Kassen hegen schon lange den Verdacht, daß sie in bezug auf klinische Studien übers Ohr gehauen werden. So ist sich Gerd Glaeske von der Barmer Ersatzkasse sicher, »daß sich Krankenkassen schon immer an den Kosten klinischer Forschung beteiligt haben, wenn auch ungewollt und intransparent.«[229]

PUBLIZIEREN, SO OFT ES GEHT

Wo falsche Abrechnungen sozusagen als Kavaliersdelikt gelten, da ist der Schritt zu weiteren Betrügereien offenbar nicht weit. Auch in dieser Hinsicht wirkt sich die Abhängigkeit von der Industrie aus.

Der Leiter des Max-Planck-Instituts für Psychiatrie in München, Georg Kreutzberg, betont im Spiegel[230], die Wissenschaftler stünden »heute viel stärker unter Druck« als früher. Der Grund: die Kürzungen staatlicher Forschungsgelder. Dadurch würden die Mediziner gezwungen, ihre Etats durch Zuwendung aus der Pharmaindustrie und von privaten Stiftungen aufzustocken.

Die meisten Gelder bekommt, wer das größte wissenschaftliche Ansehen hat. Dieses wiederum wird durch die Zahl und Qualität der Veröffentlichungen wesentlich mitbestimmt. »Publiziert wird, soviel es eben geht, oft an der Grenze zur Hochstapelei«, hat der Spiegel erkannt.

So soll sich der HNO-Spezialist Prof. Dr. Thomas Lenarz aus Hannover, der 1993 nach eigenen Angaben acht Millionen Mark Forschungsgelder einstrich, in einem Forschungsbericht anläßlich eines HNO-Kongresses in Sydney gebrüstet haben, er habe in gut einem halben Jahr zwölf Hirnstammimplantate eingesetzt. In Wahrheit, so ein Kollege, würden in der ganzen Bundesrepublik pro Jahr zwölf solcher Implantate durchgeführt ...[231]

Die »Ertaubtengemeinschaft im Deutschen Schwerhörigenbund« wies in diesem Zusammenhang daraufhin,[232] daß »es letztendlich um medizinische Hilfe und um medizinische

Forschung für ertaubte Menschen geht.« Wenn Professor Dr. Lenarz »medienträchtige Auftritte« für notwendig halte, »um damit Gelder für medizinische Forschung lockerzumachen, zeigt dies nur, daß die Gesundheits- und Wissenschaftspolitik unserer Regierung zumindest teilweise versagt hat.«

»BEISPIELLOSER BETRUG«

Hat der Bericht des HNO-Spezialisten Lenarz auf dem Kongreß in Sydney noch »Heiterkeit und Kopfschütteln« erregt (und somit wenigstens für Unterhaltung gesorgt), so verging der wissenschaftlichen Fachwelt in einem anderen Fall das Lachen. 1997 nämlich wurde der bisher größte Forschungsskandal der deutschen Nachkriegsgeschichte aufgedeckt. Im Mittelpunkt: der damals 47jährige Krebsforscher Professor Dr. Friedhelm Herrmann sowie dessen langjährige Mitarbeiterin und ehemalige Lebensgefährtin, Professorin Dr. Marion Bach.

Ausgelöst wurde der Skandal durch den jungen Molekularbiologen Eberhard Hansen*, der bei seinen Forschungen auf Ungereimtheiten in den Arbeiten der beiden international renommierten Krebsforscher gestoßen war. Nach genauer Prüfung erwiesen sich die »Ungereimtheiten« als massive Fälschungen.

Der junge Wissenschaftler vertraute sich seinem ehemaligen Doktorvater Professor Dr. Peter Hans Hofschneider vom Max-Planck-Institut in Martinsried an, der schließlich die betroffenen Institute verständigte. Der »Star unter den Gentherapeuten« (*Süddeutsche Zeitung*) Friedhelm Herrmann und seine Mitarbeiterin Marion Brach arbeiteten zwischen 1988 und 1997 zusammen an den Universitäten Mainz und Freiburg sowie am Max-Delbrück-Centrum für Molekulare Medizin in Berlin-Bruch. Allein für seine Arbeiten in Berlin erhielt er von der

Deutschen Forschungsgesellschaft (DFG) 300 000 Mark, von der Deutschen Krebshilfe mehr als 500 000 Mark.[233] Nicht zu vergessen die internationale Reputation, die für die Akquisition von Forschungsgeldern Gold wert ist.

Doch jetzt brach alles zusammen: Nach Eberhard Hansens Entdeckung untersuchte eine Kommission unter Vorsitz des emeritierten Freiburger Mediziners Prof. Wolfgang Gerok folgende, in der *Süddeutschen Zeitung* aufgelisteten Vorwürfe:

- »Die Forscher hätten in ihren Publikationen vielfach Wissenschaftler als Co-Autoren aufgeführt, die zu den betreffenden Arbeiten gar nichts beigetragen hatten. Mitarbeiter dagegen hätten die Manuskripte nicht zur Einsicht erhalten.
- Herrmann und Brach hätten experimentelle Befunde in den Aufsätzen gefälscht, indem sie Abbildungen und Tabellen erfanden und Datenmaterial manipuliert hätten.
- Ein- und dieselbe Abbildung hätten sie in verschiedenen Publikationen verwendet, nur die Bildunterschrift geändert und so Experimente vorgetäuscht.
- Einen Antrag von niederländischen Wissenschaftlern auf Forschungsmittel, den Herrmann zur Begutachtung erhalten hatte, hätten sie thematisch und inhaltlich übernommen, teilweise schlicht abgeschrieben.
- Den Zwischenbericht zu diesem Antrag hätten sie gefälscht, um selbst an die 260 000 Mark zu kommen, die die Thyssen-Stiftung für dieses Forschungsvorhaben bewilligt hatte.
- Schließlich habe Herrmann in seinen Publikationslisten falsche Angaben gemacht.«[234]

Die Untersuchungskommission fand in einem ersten Schritt 37 gefälschte Studien. Die Nachforschungen mußten auf mindestens ein Dutzend weiterer verdächtiger Forschungsarbeiten ausgedehnt werden.[235]

Gegen Professor Friedhelm Herrmann, der inzwischen an der Universität Ulm lehrte, wurde vom Stuttgarter Wissenschaftsminister Klaus von Trotha ein Disziplinarverfahren eingeleitet, der Wissenschaftler wurde vom Dienst suspendiert. Seine ehemalige Lebensgefährtin Marion Brach, mittlerweile Lehrstuhlinhaberin an der Universität Lübeck, wurde im September 1997 von Ministerpräsidentin Heide Simonis aus dem Öffentlichen Dienst entlassen. Eine Abfindung von 100 000 Mark wurde ihr verwehrt.

Marion Brach hatte schon bald, nachdem die Vorwürfe an die Öffentlichkeit gekommen waren, ein Geständnis über ihre Beteiligung an gefälschten Studien abgelegt.[236] Grund für die jahrelangen, konsequenten Fälschungsaktivitäten, so hieß es, war das Streben, an weitere Forschungsgelder zu kommen ...

12. GELDQUELLE KINDERWUNSCH UND EWIGE JUGEND

KINDER IN MASSENPRODUKTION

Die Holländerin Antje van Dijk* hatte sich lange ein Kind gewünscht. Erst die moderne Fortpflanzungsmedizin in Form der In-vitro-Fertilisation, bei der Samen ihres Ehemannes und ihre Eizellen im Reagenzglas verschmolzen, machte ihren Traum wahr. Daß sie Zwillinge bekommen würde, wußte sie seit langem, sie hatte sich darauf eingerichtet – doch als sie die Kinder zum ersten Mal sah, bekam sie einen riesigen Schreck: Sie hatte ein schwarzes und ein weißes Kind zur Welt gebracht!

Auch das kalifornische Ehepaar Jackson* freute sich über ihren kleinen James Dominic, auch wenn er »Nachwuchs aus der Retorte« war. In die Freude mischte sich Ärger, als ruchbar wurde, daß in derselben Klinik, in der sie die In-vitro-Fertilisation hatten durchführen lassen, auch eine andere Patientin Zwillinge zur Welt gebracht hatte, die genetisch Kinder der Jacksons waren.

Sowohl Antje van Dijk als auch das Ehepaar Jackson waren Opfer der zur Massenproduktion ausgearteten Fortpflanzungsmedizin, die in den vergangenen Jahren enorme Fortschritte gemacht hat und – da der Kinderwunsch offenbar für viele zunächst »unfruchtbare« Paare nicht zu zähmen ist – zu einem lukrativen Geschäft wurde.

Die Erklärung für das Zwillingspaar unterschiedlicher Hautfarbe war reine Schlamperei: Das holländische Krankenhaus hatte eine Pipette nacheinander zweimal benutzt: einmal für den Samen des Herrn van Dijk, zuvor aber für den Samen eines anderen Patienten, eines Schwarzen. Das Reinigen der Pipette hatte man schlicht »vergessen«. So vermischten sich Spermareste des Vorgängerpatienten mit denen von Antjes Ehemann.

Das Zwillingspärchen der Jacksons im Bauch einer fremden Patientin war dagegen eine unmittelbare Folge ärztlichen Gewinnstrebens. Man hatte überzählige Embryonen der Jacksons anderen Patientinnen eingepflanzt. Dieser Fall ist Teil eines Skandals um einen der führenden Köpfe der amerikanischen Reproduktionsmedizin, Dr. Ricardo H. Asch. Er und zwei seiner Kollegen wurden vom Dienst suspendiert und unter Anklage gestellt. Die *Medical Tribune* berichtete: »In rund 40 Fällen soll das Trio einen üblen, aber höchst einträglichen Deal mit Eizellen und Embryonen gemacht haben: Mindestens acht Kinder sind bereits geboren, die mit den Frauen, die sie zur Welt brachten, gar nicht verwandt sind ...«[237]

Bei ihren Machenschaften, so das Ärzte-Magazin, »schreckten die Mediziner vor nichts zurück: Sie stimulierten unfruchtbare Frauen mit nicht zugelassenen Medikamenten derartig heftig, daß die Ovarien bis zu 50 Eizellen produzierten. Die ›Extra‹-Eizellen, die sie für die jeweilige Patientin nicht brauchten, fertilisierten und verpflanzten sie dann großzügig.« Gegen Bares natürlich.

Wieviel Geld man im Bereich der Reproduktionsmedizin verdienen kann, wurde deutlich, als in England ein »schwunghafter Handel mit Eizellen« (*Medical Tribune*) aufgedeckt wurde.[238]

Die Eizellen wurden von einer Agentur für etwa 2500 Mark (!) an hilfesuchende Paare verkauft. Die Befruchtung und Einpflanzung in einer Privatklinik kostete zusätzlich knapp 10 000 Mark. Spenderinnen der Eizellen waren unter anderen alleinerziehende Mütter, die bis zu viermal jährlich ihre Eizellen gegen Geld verkauften.

VOM WUNSCHKIND ZUM KLONKIND

Bei Preisen von 2000 bis 8000 Mark pro Versuch (ohne Erfolgsgarantie!)[239] ist die In-vitro-Fertilisation auch in Deutschland längst ein lukratives Geschäft, obgleich unablässig betont wird, daß Vorkommnisse wie die oben geschilderten hierzulande unmöglich seien: Durch das Embryonenschutzgesetz sind Eizellspenden verboten, genauso wie die »Konservierung« von Embryonen. Es dürfen nur maximal drei Embryonen pro Frau erzeugt werden.

Gut 80 Ärztegruppen bieten inzwischen in Deutschland eine künstliche Befruchtung an. Da gibt es natürlich Konkurrenz untereinander, und wer am lautesten tönt, kann sich das größte Stück vom Kuchen abschneiden.

Sieger nach Punkten ist dabei bisher der Gynäkologe Dr. Werner Gehring. Seine »Deutsche Klinik für Fortpflanzungsmedizin« in Bad Münder gilt als führendes Institut, Gehring selber wurde vom *Focus* in die Liste der 500 besten Ärzte Deutschlands aufgenommen.

Möglicherweise gehört er auch in eine noch nicht zusammengestellte *Focus*-Liste der 500 geschäftstüchtigsten Ärzte. Jedenfalls beschränkt sich Gehring keineswegs auf die Fortpflanzungsmedizin, sondern betreibt auch Gesundheitszentren für Fitneß und Wellneß sowie eine Klinik für Schönheitsoperationen. Die »Dr. Gehring Vitalstoffe GmbH« verkauft Vitaminpräparate und Schlankheitsmittel.

Das meiste Aufsehen aber erregte Dr. Werner Gehring, als er im Zuge der Diskussion um das erste geklonte Schaf, genannt Dolly, 1997 öffentlich von seiner Zukunftsvision sprach: dem Klonen des Menschen.

Die *Süddeutsche Zeitung* in einem Porträt des Arztes: »Er wirkte beseelt von der durch Klon-Schaf Dolly entstandenen Idee, aus der Körperzelle eines Patienten eine menschliche Embryo-Kopie herzustellen – um damit kranke Blutzellen oder die alkoholgebeutelte Leber gegen identische Ersatzteile auszutauschen. Anders als bei Transplantationen fremder Zellen müsse man dann nicht befürchten, der Körper könne das Transplantat wieder ausstoßen.«[240] Wörtlich sprach Gehring in einer Fernsehsendung vom Embryo als »individuellem Ersatzteillager«. Und betonte: »Klonen wird zu einer Heilmethode werden.«

Gibt es eigentlich schon eine *Focus*-Liste der 500 begabtesten Dr.-Frankenstein-Nachfolger?

Ein verrutschter Busen

Es ist kein Zufall, daß sich Mediziner wie Dr. Gehring neben der Reproduktionsmedizin auch der plastischen Chirurgie zuwenden: Beide Medizindisziplinen gründen auf letztlich rational nicht zu begründenden, dafür aber um so stärkeren Wünschen – dem vom eigenen Kind und dem von vollkommener Schönheit und ewiger Jugend. Mit solchen Wünschen kann man, so lehrt es eine ganze Industrie, den Leuten jede Menge Geld aus der Tasche ziehen.

Zu welchen Auswüchsen es in der »Schönheitschirurgie« kommt, illustriert das Beispiel der Münchener Sex-Schauspielerin Sibylle Rauch. Wie viele Brustoperationen und Silikonfüllungen sie hinter sich hat, weiß sie im Gespräch mit einem

Reporter der *Abendzeitung*[241] nicht mehr zu sagen. Sicher ist: Es war mindestens eine zuviel.

In dem Bestreben, dem eigenen Altern in einer ständig nach »Frischfleisch« verlangenden, mörderischen Branche ein Schnippchen zu schlagen, war der damals 36jährigen auch ein Brustumfang von 120 Zentimetern nicht genug: Der erfolgreicheren Konkurrenz in Gestalt der jungen, großbrüstigen Dolly Buster wollte sie noch ein paar Zentimeter mehr entgegensetzen.

Aber: »Die letzte Operation«, so die *Abendzeitung*, »ging schief. Im Wortsinne. Das Hautgewebe hat das Gewicht nicht mehr gehalten, der rechte Busen ist verrutscht. Eine Korrektur ist medizinisch sehr schwierig und vor allem für Sibylle Rauch derzeit nicht bezahlbar.« Nach ihren eigenen Angaben hatte sie der Arzt vor der letzten Operation gewarnt, doch, so die Zeitung, »sie wollte lieber das Risiko in Kauf, als keine Aufträge im Sex-Geschäft mehr entgegennehmen.« Mit einem kaputten Busen aber läuft in dem Geschäft nun gar nichts mehr – Anlaß für Sibylle Rauch, einen Selbstmordversuch zu unternehmen.

Vielleicht hätte sie lieber ihr Kämpferherz entdecken und den Arzt verklagen sollen. Denn was für einen Mediziner gilt, der Drogen verschreibt, gilt auch für einen plastischen Chirurgen: »Es entspricht nicht den Regeln der ärztlichen Kunst, wenn [...] der Arzt [...] ein nicht abschätzbares Maß an Nebenwirkungen und Risiken in Kauf nimmt, auch wenn der Patient zu einem solchen Vorgehen seine Zustimmung gibt oder sogar ausdrücklich auf eine Fortsetzung der Behandlung drängt.«[242]

MAL ZU GROSS, MAL ZU KLEIN

Während sich Sibylle Rauch in den Wahn hineingesteigert hat, die Sexkundschaft lechze nach Busen von mehr als 120 Zen-

timetern Umfang (obwohl solche »Atombusen« auf die Mehrzahl der Männer in Wirklichkeit wohl eher abturnend wirken),
haben Lieschen Müller und zunehmend auch Hänschen Müller ähnliche Probleme im Privatleben. Ein zu großer oder zu
kleiner Busen, zu schmale oder zu schwülstige Lippen, abste-
hende Ohren, zu starke Oberschenkel, ein zu kleiner Penis, ein
Bauchansatz – alles, was nach Meinung der durch Hochglanz-
magazine und TV-Berichte unterrichteten Klientel nicht »norm-
gemäß« erscheint, muß operativ verändert werden – für vier-
bis fünfstellige Summen, versteht sich, denn nur selten zahlt die
Krankenkasse.

Dr. med. Wolfgang Kümpel, leitender Arzt einer Münchner
Privatklinik mit dem schönen Namen Chirurgia Ästhetica erklärt, wie perfekt da an einem Idealbild gearbeitet wird: »Mit
Hilfe modernster Computertechnik, entsprechender Software
und einer speziellen Kamera ist es möglich, z. B. Gesichtspro-
fil auf dem Farbmonitor festzuhalten, zu vervielfältigen und dann
bestimmte Projektionen im Gesicht zu verändern. Für die Computersimulation eignen sich besonders Konturveränderungen
von Kinn und Nase, flächenhafte Veränderungen im Augen-
oder Mundwinkelbereich. So entsteht auf dem Monitor z. B.
aus der Höckernase eine gerade, wohlgeformte Nase, das flie-
hende Kinn erhält eine markante Form, und Tränensäcke und
Falten verschwinden. Als Patient entscheiden Sie, wie stark die
Veränderungen ausfallen sollen.«[243]

Bei solchen Versprechungen sieht der Patient schon mal über
die anschließende Bemerkung hinweg: »Natürlich kann der Arzt
aus juristischen Gründen keine Garantie geben, daß das OP-
Ergebnis wie die Computersimulation ausfällt.«

Unterstützung für den Mann

Wichtiger als die verniedlichten Risiken erscheint der Chirurgia Ästhetica der Hinweis auf das »elegante Ambiente« des Hauses, die »Geborgenheit und Ruhe« vermittle: »So entsteht eine Atmosphäre des Vertrauens, in der Sie Ihr körperliches Wohlbefinden erneuern und neue Lebensfreude erlangen können.«

Und, damit wir's nicht vergessen, besonders hervorgehoben: »Eigener Parkplatz vor dem Haus«.

Die begüterte Kundschaft weiß, was ihr zusteht. Dr. med. C.A. Max Frönicke, Chef einer Tagesklinik für ästhetische Chirurgie in Düsseldorf, charakterisiert die Motive der Frauen, die zu ihm kommen, so: »Eine Frau lebt intensiver aus ihrem Äußeren heraus. Sie steht heute viel mehr im Blickfeld, macht Karriere, ist erfolgreich, unterstützt ihren Mann durch ihren Auftritt. Egal, ob mit 50 oder 60, sie fühlt sich jung, dynamisch, voller Energie und möchte auch so aussehen.«[244]

Früher, so Frönicke, »waren es meist Karrierefrauen, Frauen aus dem Showbusineß«, die zu ihm kamen. »Heute kommen alle Gesellschaftsschichten.«

Anzeigenflut

Was der Düsseldorfer Schönheitschirurg unter »alle Gesellschaftsschichten« versteht, sei dahingestellt (ob sich die Putzfrauen, die seiner Klinik das nötige saubere Ambiente verleihen, eine Behandlung im Institut leisten könnten oder wollten, dürfte fraglich sein) – richtig ist, daß im Zuge des allgemeinen Machbarkeitswahns einerseits und des Körperkults andererseits immer mehr Frauen überlegen, ob sie ihr Aussehen chirurgisch »korrigieren« lassen sollen.

Geholfen wird ihnen dabei durch einschlägige Anzeigenwüsten in den Frauenzeitschriften. Insgesamt 166 Praxen bzw. Kliniken für Schönheitschirurgie sind in einer Broschüre der Vereinigung der Deutschen Plastischen Chirurgen verzeichnet.

Diese und andere Institute werben zum Beispiel in der Frauenzeitschrift *Brigitte*. In einer einzigen Ausgabe[245] fanden wir 33 Anzeigen einschlägiger Institute. Da wirbt zum Beispiel Aesculap Aesthetik, Hamburg, mit dem Spruch »Schönheit muß nicht teuer sein«, verspricht das aesthetic team von der Königsallee in Düsseldorf in Versalien »SCHÖNE BRÜSTE«, preist die benachbarte VIP-Ästhetik-Rheinparkklinik »Figur-Verschönerung durch Bodystyling (feinstmodellierende Fettabsaugung)« an und behauptet die Medikos Privatklinik (Dortmund, Wiesbaden, Stuttgart, München), »Optimales Aussehen erfordert optimale Kompetenz«.

Mehr als solche Informationen haben die meisten Interessent(inn)en nicht. Denn obwohl es ständig in den Medien präsent ist, bleibt das Thema Schönheitsoperationen im privaten Rahmen ein Tabu. Man spricht untereinander nur in den seltensten Fälle über solche »Korrekturen« (man kommt halt »verschönt« aus einem Urlaub wieder) – und so gibt es kaum Mund-zu-Mund-Propaganda, die auf anderen medizinischen Gebieten am Ende dazu führt, daß die Qualitäten der einzelnen Ärzte thematisiert werden.

In der *Süddeutschen Zeitung* heißt es dazu (übrigens auf der Senioren-Seite): »Mehr Offenheit und Transparenz würde das ›Gewerbe‹ seriöser machen. So weiß kaum ein Patient, eine Patientin, was genau etwa bei einem Facelifting geschieht und daß es ganz unterschiedliche Arten gibt, diese Operation durchzuführen. Damit steigt die Gefahr, sich in unqualifizierte Hände zu begeben.«[246] Und, speziell auf das Thema Facelifting gemünzt, aber das gilt allgemein: »Der Graubereich, in dem sich unqualifizierte oder nicht ausreichend ausgebildete Scharlatane tummeln, ist groß. Ein Grund dafür ist, daß es in Deutschland keine Zusatzausbildung in der Fachrichtung ›Ästhetische Chirurgie‹ gibt, der Fachrichtung, die sich ausschließlich mit der Gesichtschirurgie befaßt. Der plastische Chirurg ist am Gesicht nicht ausgebildet. Welcher Laie aber kennt den Unterschied?«

HYPERAKTIONISMUS

Nicht nur TV-Sternchen wie Pamela Anderson oder Porno-Aktricen wie Sibylle Rauch, auch große Stars wie Jane Fonda oder Demi Moore brüsteten sich – im wahrsten Sinne des Wortes – mit Schönheit, die aus dem OP stammt: Sie ließen sich die Brust durch Silikon-Implantate vergrößern. Nachdem dieser Stoff ins Gerede gekommen ist und in den USA führende Hersteller angeboten haben, aus einem Milliarden-Fonds Frauen zu entschädigen, die durch den Einsatz von Silikon-Implantaten an Nebenwirkungen erkrankt waren, ist auch hierzulande die Diskussion entbrannt. Immerhin leben in Deutschland etwa eine Viertelmillion Frauen mit Brustimplantaten.

Der Chirurg Professor Dr. Hans Rudolph vom Präsidium der Deutschen Gesellschaft für Plastische und Wiederherstellungschirurgie kritisiert den unkontrollierten Einsatz dieses Stoffes in der Schönheitschirurgie: Es gebe eine »ungeheure Dunkelziffer« von Instituten, an denen Silikon implantiert wird.[247] Weil es »schlicht ums Geld geht und um nichts anderes«, so Ruldolph, bagatellisierten die meisten seiner Kollegen, darunter selbst Klinikchefs, mögliche schwere Komplikationen und Nebenwirkungen des Silikons.

Er selber setzt den Stoff ebenfalls zum Wiederaufbau der Brust ein – weil er keine tauglichen Alternativen sieht.

Doch generell gilt für plastische Chirurgie: Selbst in Fällen, wo der Wunsch nach einer Schönheitsoperation auf den ersten Blick verständlich erscheint, sind die Risiken oft größer als die Heilungschancen.

Der ärztliche Gutachter Dr. Karl Dupré: »Plastische Korrekturen nach vorausgegangenen Krebsoperationen werden [...] in großer Zahl durchgeführt, ohne daß alle Konsequenzen abzusehen sind. Die Heilungschancen bei Krebserkrankungen können beeinträchtigt, die Streuung von Krebszellen auf dem Blut- und Lymphweg provoziert oder begünstigt werden. Die Operationen werden meist ohne genaue Kenntnis des vorangegangenen Operationsbefundes und des subtilen Stadiums der Ausbreitung, ja selbst bei fortgeschrittenen Fällen durchgeführt. Dabei liegen bisher noch gar keine Langzeituntersuchungen über die Folgen vor.«[248]

Seine Schlußfolgerung könnte als Mahnung für das gesamte Gewerbe der Schönheitschirurgie stehen: »Die Gefahren eines für den Patienten gefährlichen Hyperaktionismus sind deshalb kaum irgendwo so groß wie in diesem Fachgebiet und hier geradezu exemplarisch.«

»Vortäuschungsmedizin« Kurwesen

Neben den Schönheitschirurgen füllen auch Annoncen für sogenannte Schönheitsfarmen und Sanatorien die Anzeigenseiten der Frauenzeitschriften. In einer Ausgabe von *Brigitte*[249] fanden sich 84 entsprechende Annoncen!

Hier haben wir es mit einem Teilbereich des wohl allein in Deutschland so perfektionierten Kur- und Badewesens zu tun, über das in den vergangenen Jahren viel diskutiert wurde und das in bezug auf die gesetzlichen Krankenkassen und Sozialversicherungsträger immer weiter beschnitten wird.

Um so wichtiger wird für diese Institutionen der private Bereich. Das ist auch irgendwie konsequent, denn Dr. Dupré zum Beispiel nennt das heutige Kurwesen die »prototypische Form einer nicht oder wenig leistungsorientierten Luxusmedizin«[250]. Die dort tätigen Ärzte, so Dupré, »üben eine weitgehend erfolgsunabhängige Proforma- und oft gewissermaßen eine ›Vortäuschungs‹-Medizin aus, die den Blick für medizinische Realitäten trübt, dem Patienten manchmal eine Exaktheit in Form von geschäftiger Pseudodiagnostik vorspiegelt und gelegentlich an der Grenze zur Quacksalberei liegende ›Therapie‹-Praktiken anwendet.«

Auch der ehemalige Chefarzt Dr. Hans Schwabe hat seine eigene Meinung über die »sogenannten Badeärzte«, die »selbstverständlich« auf ihren »angeblichen medizinischen Erfolgen« beharren – »sie leben ja schließlich davon und nicht einmal schlecht.«[251]

Schwabe erzählt von einem Patienten[252], der wegen Hämorrhoiden zu ihm in Behandlung gekommen war, nachdem er zuvor schon eine Kur wegen dieser unangenehmen Beschwerden gemacht hatte. »[...] enttäuscht teilte er mir mit, daß sie durch die Kur nicht nur nicht verschwunden wären, sondern sogar wesentlich an Größe zugenommen hätten. Ich operierte ihn, und damit war er geheilt.« Allerdings, so Schwabe, sei er doch etwas verwundert gewesen, als ihn der Patient »am Entlassungstage fragte, ob ich nicht eine anschließende Kur befürworten könne.«

Eine andere Patientin erzählte ihm vom ungewöhnlichen Erfolg einer »Trinkkur«.[253] Sie fühlte sich wesentlich verjüngt. Der Effekt sei auf die bahnbrechende Maßnahme ihres Badearztes zurückzuführen, der die übliche Temperatur des zu trinkenden Wassers um ein Grad gesenkt habe. Schwabe: »[...] das hielt sie für eine medizinische Großtat, soweit ich ihrer Erzählung trauen konnte, aber auch ihr Badearzt.« Immerhin zeigte dieser »medizinische Unsinn« (Schwabe), daß »dieser Arzt ein guter Psychologe war.«

Der Chirurg Dr. Schwabe sieht im Kurwesen aber doch noch einen guten Effekt, allerdings für eine andere Berufsgruppe. Ein Jurist habe ihm erzählt, keine andere medizinische Maßnahme bringe ihm soviel Beschäftigung wie die Kur – wegen der nicht seltenen Scheidungsanträge danach ...

Teil III

Ergebnis: Kunstfehler. Ärztepfusch — Fahrlässigkeit, Unfähigkeit und Habgier

13. KUNSTFEHLER SIND ÜBERALL

EIN ALLTAGSERLEBNIS

Dieter Schwarz*, Pfarrer in einer katholischen Ruhrgebietsgemeinde, kann sich an seinen Unfall nicht mehr erinnern: Sein PKW war, wie ihm später mitgeteilt wurde, an einer Autobahnausfahrt mit einem 35-Tonner-Lastkraftwagen zusammengestoßen. Drei in seinem Wagen sitzende Kinder blieben unversehrt. Der Pfarrer selbst wurde ins nächstgelegene Unfallkrankenhaus transportiert, und seit diesem Moment erinnerte er sich wieder ganz genau: Bei einer Röntgenuntersuchung wurden mehrere Rippenbrüche festgestellt, woraufhin er auf die chirurgische Station gelegt wurde. Am Abend geriet Pfarrer Schwarz in Atemnot, zusätzlich traten starke Schmerzen auf. Er rief den diensthabenden Pfleger herbei und wies auf sein Befinden hin. Der Pfleger fragte ihn lakonisch, was er denn wohl nach einem solchen Unfall erwarte – etwa Schmerzfreiheit? Und weigerte sich, den diensthabenden Arzt zu rufen.

Als die Schmerzen gegen Morgen unerträglich wurden, rief Schwarz erneut nach dem Pflegepersonal. Inzwischen hatte die Schicht gewechselt. Jetzt wurde sofort der Arzt alarmiert. Dieser ordnete eine erneute Untersuchung an, und von dieser Untersuchung aus ging es dann, wie Schwarz erzählt, »im

Laufschritt in den OP« – man hatte einen Lungenriß und einen Rippenfellriß festgestellt. Die Lunge war bereits zur Hälfte mit Blut gefüllt, eine Notoperation notwendig geworden. An die folgenden zehn Tage erinnert sich Schwarz wieder nicht mehr – da befand er sich im künstlichen Koma. Seine Lunge konnte gerettet werden, doch noch Jahre nach diesem Geschehen leidet er unter gelegentlichen neurologischen Ausfällen.

Ein krasser Kunstfehler hätte ihn um ein Haar das Leben gekostet. Die Gefahr einer Lungen- und Rippenfellverletzung war bei der Diagnose Rippenbrüche so groß, daß man diese möglichen Komplikationen von vornherein abzuklären hat. Zumindest aber hätten bei den ersten Symptomen die Alarmglocken klingeln müssen.

Pfarrer Schwarz erzählt diese Begebenheit im nachhinein mit verhaltenem Zorn gegen das Klinikpersonal. Seine persönliche Konsequenz aus den Vorfällen war, daß er sich unmittelbar, nachdem er von der Intensivstation wieder auf die normale Station zurückverlegt worden war, in Anwesenheit des Chefarztes und gegen dessen Rat demonstrativ selbst entließ (ohne irgendein Formblatt zu unterschreiben). Er begab sich lieber in die ambulante Obhut von Ärzten, denen er vertrauen konnte. Eine offizielle Beschwerde oder gar eine Anzeige gegen das Krankenhaus zog er nicht in Erwägung.

HOHE DUNKELZIFFER

Der Fall des Pfarrers Schwarz – wir gehen davon aus, daß der Gottesmann kein Interesse daran hatte, im nachhinein Lügen über das Klinikpersonal zu verbreiten – ist kein Einzelfall. Hören Sie sich bei ihren Bekannten um – ähnliche Vorfälle, wenn auch nicht immer mit diesen extremen Auswirkungen, kann jeder aus seiner unmittelbaren Umgebung erzählen. Aber kennen Sie persönlich einen Betroffenen, der zur Gutachterstelle oder zum Gericht gelaufen ist? Kaum. Denn die Fälle, die letztlich aktenkundig werden, sind ganz offenbar nur der Bruchteil einer hohen Dunkelziffer.

Pastor Schwarz hätte ganz offensichtlich gute Gründe gehabt, sich an eine ärztliche Gutachterstelle zu wenden oder gar eine Anzeige gegen die behandelnde Klinik einzureichen. Aber wenn ein Behandlungsfehler ohne Konsequenzen bleibt, ist eine solche Eingabe praktisch sinnlos. Vielleicht ist auch das ein Grund dafür, daß letztlich doch so viele schwere Zwischenfälle passieren – weil man gegen die alltägliche Schlamperei praktisch nichts unternehmen kann.

Die rüstige Rentnerin Ilse Zenker* erzählt zum Beispiel folgende Geschichte: Sie war wegen Gallensteinen und Verdauungsbeschwerden, verbunden mit starker Appetitlosigkeit, in ein anthroposophisch ausgerichtetes Krankenhaus aufgenommen worden. Dort wurden verschiedene Untersuchungen unternommen, u. a. eine Koloskopie (Untersuchung des Dickdarms unter Verwendung eines flexiblen Spezialendoskops).

Ilse Zenker fühlte sich in der Klinik, die für ihre patientenfreundliche Ausrichtung bekannt ist, ausgesprochen wohl. Vor der Koloskopie mußte sie eine Erklärung unterschreiben, in der sie über die Untersuchung und ihre möglichen Folgen aufgeklärt wurde. Unter anderem wurde darauf hingewiesen, daß vor der Operation dringend ein EKG gemacht werden müsse. Die Behandlung hatte während der urlaubsbedingten Abwesenheit des Oberarztes ein Assistenzarzt übernommen.

Am Tag der Untersuchung ging alles ziemlich schnell. Von EKG keine Spur. Später machte Ilse Zenker den aus dem Urlaub zurückgekehrten Oberarzt auf diesen Umstand aufmerksam – worauf der Assistenzarzt den Sachverhalt schlichtweg bestritt. Nicht nur das: Als Ilse Zenker die Klinik verließ, tauchte das

EKG sogar auf der Abrechnung auf – der Assistenzarzt hatte es nachträglich in die Krankenakte eingefügt.

Ilse Zenker: »Der dachte wohl, eine 84jährige Frau sei automatisch vertrottelt. Aber ich merke doch wohl, ob ich an ein EKG-Gerät angeschlossen werde oder nicht.« Natürlich war dieser Vorfall für Ilse Zenker nicht so wichtig, daß sie etwas gegen den Art unternommen hätte. (Kein Gutachtergremium oder Gericht der Welt hätte wegen dieser Nachlässigkeit ohne konkrete Folgen irgend etwas gegen den beteiligten Arzt unternommen.) Sie informierte auch die Krankenkasse nicht, die das nicht angefertigte EKG bezahlen mußte.

Es hat eben nicht jeder Behandlungsfehler, jedes Versäumnis oder jede überflüssige Verordnung schlimme Folgen. Aber: viele Fälle mit wirklich dramatischen Auswirkungen entstanden letztlich einzig durch solche »Lappalien«. Was wäre gewesen, wenn Ilse Zenker tatsächlich akute Herzprobleme gehabt hätte und sich entsprechende Komplikationen während der Untersuchung ergeben hätten? Bei einer 84jährigen hätte so etwas schnell dramatische Konsequenzen haben können. Wahrscheinlich ohne daß jemals die näheren Umstände ans Tageslicht gekommen wären. (Tote können nicht klagen, und gerade bei älteren Patienten sind die Verwandten schon fast automatisch geneigt, den Ärzten zu glauben, wenn sie von einem »schicksalhaften Verlauf« solcher Behandlungen und Untersuchungen sprechen.)

KUNSTFEHLER? BEHANDLUNGSFEHLER? FEHLHEILUNG?

Schon der griechische Philosoph Nikokles brachte es auf den Punkt: »Die Ärzte haben das Glück, daß ihre Erfolge von der Sonne beschienen und ihre Fehler von der Erde bedeckt werden.« Das ist heute nicht anders als früher. Dennoch bläst den

Ärzten der Wind inzwischen etwas heftiger ins Gesicht als früher: Sie haben es zwar nicht durchgehend, aber doch zunehmend mit aufgeklärten, kritischen Patienten zu tun.

Kunstfehler passieren allenthalben, sagt die kritische Öffentlichkei. Ärzte dagegen möchten von diesem Umstand gar nichts wissen. Für sie gibt es höchstens »ärztliche Behandlungsfehler« oder »ärztliches Fehlverhalten«. Und Professor Rupprecht Bernbeck, unter dessen chefärztlicher Leitung an der Orthopädie des Allgemeinen Krankenhauses Barmbek Dutzende von Patienten nach orthopädischen Eingriffen schwere und schwerste Infektionen erlitten hatten[254], wollte selbst von diesen Begriffen nichts wissen: Er sprach von »Fehlheilung«, was der *Spiegel* so interpretierte: »Der Arzt ist besten Willens, und so kann er einen Kunstfehler gar nicht begehen – die Heilung ist's, die es verfehlt einzutreten.«[255]

Wenn es darum geht, die eigene Leistung gebührend herauszustreichen und den medizinischen Beruf als etwas Besseres darzustellen, sprechen alle Ärzte gern von der »Kunst des Heilens«. Falsch gelaufene Behandlungen werden von den Gutachterstellen und gegebenenfalls den Gerichten darauf geprüft, ob sie den »Regeln der ärztlichen Kunst« entsprechend erfolgten.

Gegen die Regeln der ärztlichen Kunst

Wir erlauben es uns, bei ärztlichem Fehlverhalten weiterhin von einem Kunstfehler zu sprechen. Dieser Begriff wird vom Lexikon folgendermaßen definiert: Ein Kunstfehler ist »ein Verstoß gegen die Regeln der ärztlichen Kunst bei der Krankenbehandlung. Sowohl die Durchführung als auch die Unterlassung einer Heilmaßnahme im Einzelfall kann ein Kunstfehler sein. Der Nachweis eines Kunstfehlers verpflichtet zum

Schadensersatz und führt zur Strafbarkeit wegen fahrlässiger Tötung oder Körperverletzung (§§ 222, 230 StGB); indes ist nicht jede mißglückte Heilung das Ergebnis eines Kunstfehlers.«[256]

Ganz so einfach – vor allem, wenn es um die Ahndung von Kunstfehlern geht – ist es nicht, wie wir noch sehen werden. Immerhin sei an dieser Stelle auch betont, daß die Abgrenzung zwischen Kunstfehler und »schicksalhaftem Verlauf« einer Krankheit nicht immer leicht zu ziehen ist.

Die »Regeln der ärztlichen Kunst« bieten ein breites Spektrum an Diagnose- und Therapiemöglichkeiten. Oft ist das, was der eine Arzt – guten Gewissens – für die angemessene Behandlungsmethode hält, für seinen Kollegen obsolet. Dieser rät – mit mindestens ebenso gutem Gewissen – zu einer ganz anderen Therapie. (Daß manch einer diejenige Therapie für die beste hält, die ihm am meisten Geld einbringt, ist zwar Gegenstand dieses Buches, aber Gott sei Dank doch nicht die einzige Motivation für ärztliches Handeln.)

Daß also auch die Schulmedizin nur in den seltensten Fällen Patentrezepte anzubieten hat (von den alternativen Heilmethoden ganz zu schweigen), muß der moderne Patient notgedrungen akzeptieren. Anders verhält es sich mit offensichtlichen Kunstfehlern, wenn also eindeutige Standards verletzt werden. So ist es zum Beispiel ein einfacher und allgemein anerkannter Grundsatz, daß man bei Operationen weder Klemmen, noch Scheren, Spatel oder andere Op-Gegenstände im Körper des Operierten zu vergessen hat. Oder daß sich der Chirurg darüber zu vergewissern hat, ob er wirklich das vorgesehene linke kranke Bein amputiert und nicht das gesunde rechte. Dazu zählt auch die Erkenntnis, daß man eine Lungenentzündung nicht ausschließlich mit homöopathischen Mitteln behandeln darf oder daß ein Säugling, der tagelang unter durch Medikamente nicht zu stoppendem Durchfall leidet, dringend in klinische Behandlung gehört. (Solche und ähnliche Fälle werden in diesem Teil des Buches vorgestellt.)

Bei derartigen Vorkommnissen handelt es sich zumeist um grobe Fahrlässigkeit, den Bereich, wie der ärztliche Gutachter Dr. Karl Dupré meint, »in dem man heute noch im eigentlichen Sinne von Kunstfehlern sprechen kann.« Dupré: »Es handelt sich um Fälle, in denen unbeachtet blieb, was jedem auf Anhieb hätte einleuchten müssen.«[257]

Im Buch *Ärztliche Kunstfehler* von Hans Joachim Mallach u. a. wird in diesem Zusammenhang die Lehrmeinung zitiert: »Ein Schuldvorwurf trifft den Handelnden nur dann, wenn er bei Anwendung der ihm in der konkreten Situation möglichen Sorgfalt den Erfolg hätte voraussehen können und müssen.«[258]

14. Das Gruselkabinett des Dr. Mabuse

Leugnen und vertuschen

Obwohl eine große Zahl von Kunstfehlern selbst für Laien »auf der Hand liegen«, gibt kaum ein Arzt offen zu, Fehler gemacht zu haben. Leugnen und vertuschen heißt anscheinend die oberste Devise. »Immer wieder versuchen Ärzte«, so Dr. Dupré, »gemachte Fehler zu vertuschen, und pfropfen dadurch zusätzliches Fehlverhalten auf, das dem Patienten schließlich zum Verhängnis wird.«[259]

Dr. Boris Meinecke, der sich als Anwalt auf Patientenrecht spezialisiert hat, erklärt, daß es bei 10 000 Rechtsverfahren um Kunstfehler, die seine Kanzlei in den letzten Jahren geführt hat, lediglich fünfmal (!) vorkam, daß der Arzt freiwillig einen Behandlungsfehler zugab. In allen anderen Fällen, auch in den 5000, die für die Mandanten zum Erfolg führten, leugneten die behandelnden Ärzte die Verantwortung.[260]

Besonders dreist handeln jene Ärzte, die erst einen Kunstfehler begehen und sich dann an dessen Reparatur auch noch bereichern wollen. So berichtet die Zeitschrift *Arzt & Wirtschaft* von einem Chirurgen, dem »ein an sich unkomplizierter Eingriff — eine Leisten- und Blinddarmoperation —

mißlang«. Wegen Nachblutungen, so die Zeitschrift, »mußte er erneut zum Messer greifen. Dafür wollte er zusätzlich Honorar.«

Solche menschenverachtende Habgier wurde allerdings nicht belohnt. Das Bundessozialgericht entschied: Für derartige Nachoperationen dürfen Ärzte kein zweites Honorar verlangen.

GANOVENJARGON IM FACHORGAN

Ärzte, so scheint es, haben ständig die Angst, mit einem Fuß bereits im Gefängnis zu stehen. Dabei geht es in den meisten Fällen lediglich um Haftungsfragen und finanzielle Entschädigungen, die durch spezielle Versicherungen abgedeckt sind. Doch der »kriminelle« Touch wird schon dadurch spürbar, daß die Fachzeitschrift *Medical Tribune* – sinnigerweise in der Rubrik »Praxisführung und Geld« – einen Artikel über Kunstfehler und Arzthaftung mit dem Titel »Müssen Sie sich selbst verpfeifen?«[261] versieht.

Bezeichnenderweise ist in diesem Artikel von der ethischen Dimension ärztlichen Fehlverhaltens – immerhin leidet oder stirbt unter solchem Tun manchmal ein Mensch – keine Rede. Nein, es geht einzig um »wertvolle Tips«, »die jeder Arzt kennen sollte, damit er sich nicht durch falsches Verhalten selbst ein Bein stellt.«

Berichtet wird über ein Referat des Kölner Richters Prof. Dr. jur. Wilhelm Uhlenbruck, der nach Darstellung der Zeitung u. a. ausführte: »Strafrechtlich gilt der Grundsatz, daß sich niemand einer strafbaren Handlung zu bezichtigen braucht. Da die ärztliche Fehlbehandlung Körperverletzung ist, kann der Arzt nicht gezwungen werden, sich einer solchen strafbaren Handlung zu bezichtigen.«

Ähnlich sieht es nach Uhlenbruck auch in zivilrechtlicher Sicht aus: »Wie jeder andere, so hat der Bundesgerichtshof einmal formuliert, hat der Arzt ein Recht auf Selbstschutz.«

Getrübt wird diese für Ärzte erfreuliche Feststellung nach dem Bericht der Zeitung durch die Tatsache, daß es so viele Ausnahmen gebe, daß »die Selbstbezichtigungsfreiheit des Arztes weitgehend ausgehöhlt ist.«

In diesem Zusammenhang wird auf folgendes verwiesen: »Wenn der Patient gezielt auf Sie zukommt und ausdrücklich fragt, ob ein Behandlungsfehler vorliegt, dann dürfen Sie nicht den medizinischen Sachverhalt verdrehen und unwahre Sachaussagen machen. Sie dürfen aber wohl ein schuldhaftes Verhalten bestreiten, müssen also kein Verschulden zugeben.«

Dieser Unterschied sei »verdammt wichtig« – wegen des Versicherungsschutzes. »Das ist im Prinzip wie bei einem Verkehrsunfall. Sie dürfen am Unfallort sagen, wie der Sachverhalt aussieht (bin aufgefahren), aber nur ja nicht sagen: ›Ich habe den Unfall verschuldet.‹ Da kann es auch beim Gespräch mit dem Patienten auf die Wortwahl ankommen.«

Immerhin wird auch darauf verwiesen, daß der Arzt dem Patienten gegenüber wenigstens dann »von sich aus auf Fehler hinweisen« muß, wenn »wegen des Fehlers eine Schädigung eingetreten ist, die eine weitere Behandlung nötig macht.«

Und wenn keine weitere Behandlung möglich ist, weil der Patient an dem Kunstfehler verstarb? Ganz einfach: Dann beruft man sich am besten auf das Arzt-Patient-Vertragsverhältnis, das keine Offenbarungspflicht gegenüber den Verwandten einschließt. Mit anderen Worten: Die Angehörigen dürfen ruhig in dem Glauben gehalten werden, der Patient sei an einem »schicksalhaften Verlauf« der Krankheit gestorben.

Aufpassen muß der fehlerhaft arbeitende Arzt dann nur bei der Ausstellung des Totenscheins: Die Leichenschau sollte er, so die Zeitung, besser an einen Kollegen abgeben. (Der in der

Regel nichts merken dürfte, da sich der behandelnde Arzt ja nicht selbst bezichtigen muß.) Lediglich wenn der Schein bewußt falsch ausgefüllt wird, drohen Freiheitsstrafen bis zu fünf Jahren. Kenner behaupten, daß die Gefängnisse mit Ärzten vollgepackt wären, wenn es machbar wäre, die Angaben auf dem Totenschein generell durch eine Obduktion zu überprüfen. (Nach Berechnungen des Instituts für Rechtsmedizin in Münster werden in Deutschland bei der Leichenschau jährlich neben 1200 bis 2400 Tötungsdelikten auch 2000 bis 4000 ärztliche Kunstfehler nicht erkannt.[262])

Schließlich belehrt das Blatt unter der Zwischenüberschrift »Würden Sie Kollegen verpfeifen?« die Leser darüber, daß es sich aus »Ihren Verpflichtungen gegen den Patienten« nicht rechtfertigen ließe, vor einem Patienten die Fehler eines Kollegen zu vertuschen. Manche Juristen meinten sogar, daß im Extremfall eine Bestrafung wegen Strafvereitelung drohen könnte. Zwar hält der Richter Prof. Uhlenbruck diese Auffassung für zu weitgehend, aber die Zeitung mahnt: »[...] sichergehen können Sie nicht, daß nicht doch der Staatsanwalt auf der Matte steht, wenn herauskommt, daß Sie was verschwiegen haben.«

Muß man, um ärztliche Aufrichtigkeit anzumahnen, tatsächlich mit dem Strafrecht drohen?

DIE BEWEISPFLICHT DES PATIENTEN

An dem Umstand, daß Ärzte so mit der Abwehr eventueller Schuldeingeständnisse beschäftigt sind, kann man ersehen, wie schwierig es für Patienten ist, überhaupt zu ihrem Recht zu kommen – zum Beispiel in Form eines Schmerzensgeldes.

Das Kernproblem liegt darin, daß eigentlich die Patienten nachweisen müssen, »daß eine fehlerhafte Behandlung des

Arztes zu einem Schaden geführt hat.« Aus Sicht des Arztes eine erfreuliche Tatsache, denn: »Gerade in der Medizin ist es schwierig, eine solche Kausalität mit der erforderlichen Sicherheit nachzuweisen. Oftmals sind die Zusammenhänge, Wechselwirkungen und individuellen Unterschiede so komplex, daß dem Patienten ein solcher Nachweis nicht gelingen kann.« So stellt es der Arzt und Jurist Dr. Dr. Christian Dierks in der *Ärzte-Zeitung*[263] heraus.

Allerdings: Finden sich zum Beispiel in der Dokumentation des Arztes oder Krankenhauses Lücken, dann dreht sich die Beweislast um. Sind wichtige Röntgenbilder, Aufzeichnungen oder Vermerke in der Krankenakte spurlos verschwunden, legen die Gerichte heute solche Unregelmäßigkeiten eher zuungusten des Arztes aus als früher. Nun muß der Arzt beweisen, daß »auf dem verschwundenen Röntgenbild tatsächlich kein pathologischer Befund zu erkennen war oder das verschwundene EKG regelgerecht war.«

Ähnliches gilt beim sogenannten »groben Behandlungsfehler«. Liegt ein solcher vor, ist es Sache des Mediziners nachzuweisen, daß dieser Fehler nicht zu der beanstandeten Schädigung geführt hat.

Ob es allerdings um einen einfachen oder um einen groben Behandlungsfehler geht, entscheidet allein das Gericht. Dierks meint hierbei eine – für die Ärzte – unerfreuliche Tendenz zu entdecken, »bei relativ eindeutigen gutachterlichen Stellungnahmen zugleich einen groben Behandlungsfehler zu konstatieren«. Und er sagt: »Die zeitliche Konkordanz eines schicksalhaften Verlaufs und eines Behandlungsfehlers darf nicht zu einer automatischen Qualifikation des Behandlungsfehlers als ›grob‹ führen.« (Viele Ärzte versuchen, sich daraufherauszureden, ihr nachweislicher Behandlungsfehler sei zwar bedauerlicherweise vorgefallen, aber der Kranke hätte dasselbe Schicksal auch ohne ihr Zutun erlitten.)

Dierks weist in diesem Zusammenhang auf ein Urteil des Bundesgerichtshofs hin, das der von ihm konstatierten »unerfreulichen Tendenz entgegenwirkt«. In dem Fall hatte ein Gynäkologe eine Zwillingsgeburt vaginal eingeleitet, obwohl es unstreitig indiziert gewesen wäre, einen Kaiserschnitt vorzunehmen. Eines der Kinder erlitt eine geistige Behinderung. Den Arzt rettete das Gutachten eines einzelnen Sachverständigen, der die Behinderung nicht auf die Umstände der Geburt, sondern auf die hochgradige Unreife des Kindes zurückführte.

Der BGH stellte daraufhin fest, es sei nicht ausreichend der Frage nachgegangen worden, ob bei dem Kind bestehende Behinderungen nicht möglicherweise auch andere Ursachen haben könnten. Denn allein diese Möglichkeit führt dazu, daß der eindeutige Behandlungsfehler des Arztes nicht geahndet werden muß.

Die Versicherungen mauern

Solche Hürden und vor allem die in der Regel beim Patienten liegende Beweislast (und nicht etwa ein »deutliches Übermaß an Ermittlungsverfahren«[264], wie der Gutachter Dr. Dupré meint) führen dazu, daß letztlich nur etwa zehn Prozent der vor Gericht anhängigen Kunstfehlerverfahren mit einem Schuldspruch enden.

Auf dem zivilrechtlichen Sektor wird den Patienten zusätzlich der Weg zu ihrem Recht dadurch erschwert, daß sie meist große Versicherungen als Prozeßgegner haben, die mit allen juristischen Tricks versuchen, an einer Zahlung von Schadensersatz und Schmerzensgeld vorbeizukommen. Rechtsanwalt Dr. Meinecke: »Einige Versicherungen, wie die Alte Leipziger, die Bayerische Versicherungskammer und die Transatlantische in Hamburg, zahlen einfach nie freiwillig. Da muß man immer klagen.«[265] Und solche Prozesse, ist hinzuzufügen, ziehen sich manchmal über – für den Patienten quälend lange – Jahre hin.

Daß die Versicherungen so mauern, hat seinen Grund. Denn in den letzten Jahren ist bei den Gerichten die Tendenz erkennbar, Schadensersatzansprüche bzw. Schmerzensgeld deutlich höher anzusetzen als noch vor wenigen Jahren. Noch in den achtziger Jahren gab es – zum Beispiel – in konkreten Fällen von ärztlichem Versagen folgende »Spitzensätze«: 80 000 DM für schwere Hirnschädigung und fast völlige Lähmung durch Narkoseschaden; 50 000 Mark plus 100 Mark monatliche Rente wegen völliger Taubheit eines 15jährigen; 150 000 DM für den Verlust des Geschlechtsorgans eines zehnjährigen Jungen.[266]

Heute kann es (wenn auch bisher in Ausnahmefällen) durchaus passieren, daß die Gesamtschadenssumme die Millionen-Mark-Grenze erreicht und sogar überschreitet. Vor allem in der Geburtshilfe, wo, so der ehemalige Chefarzt Dr. Horst Puder, »ein Klima des Dilettantismus«[267] herrscht, ist es in dieser Hinsicht schnell soweit.

So wurde einer Familie, deren Säugling während der Geburt durch Verschulden des Arztes bleibende Hirnschäden erlitt, nicht nur mehrere hunderttausend Mark Schmerzensgeld (inklusive Kostenübernahme von Umbauten im Haus) zugesprochen, sondern die Versicherung muß zusätzlich bis ans Lebensende des Kindes die Pflegekosten bezahlen – und das summiert sich (*siehe in Kapitel 16: Kaiserschnitt versäumt – Hirnschaden*).

Einer der teuersten Versicherungsfälle bisher war allerdings der eines erwachsenen Mannes, eines Managers. Der 53jährige Unternehmer erlitt einen Herzinfarkt und rief seinen Hausarzt an. Dieser verkannte die eindeutig geschilderten Symptome und bestellte den Patienten zu sich in die Praxis – wo er im Wartezimmer zusammenbrach und unter dramatischen Umständen reanimiert werden mußte. Schaden nach Angaben der Versicherung des Arztes: 4,2 Millionen Mark. Darin enthalten sind monatlich 12 500 Mark Nettoverdienst des Geschädigten plus 7000 Mark Pflegeaufwand, hochgerechnet auf die Lebenserwartung des Mannes. Dazu kommen Umbaukosten sowie 250 000 Mark Schmerzensgeld![268]

Die nächsten Jahre werden zeigen, ob diese Tendenz einer realistischen Bemessung der durch Kunstfehler hervorgerufenen Schäden anhalten wird. Nach Angaben des Ecclesia Versicherungsdienstes, einer Maklerfirma, die knapp die Hälfte der 2325 Krankenhäuser in Deutschland beim Abschluß von Versicherungen und bei der Schadensbearbeitung betreut, erhöhte sich die Anzahl der Arzthaftpflichtschäden in den vergangenen 15 Jahren um das Dreifache. Allein bei dieser Gruppe stieg die Anzahl der bearbeiteten Fälle von unter 1000 im Jahr 1982 auf über 3000 im Jahr 1997. Nach einer Statistik des HUK-Verbandes flossen 1994 bereits 400 Millionen Mark an die Patienten.[269]

Sicher scheint dennoch: Eine Entwicklung wie in Amerika, wo Schmerzensgeldansprüche oft in zweistelliger Millionen-Höhe geltend gemacht werden, brauchen die Versicherungen hierzulande nicht zu befürchten.

400 000 KUNSTFEHLER PRO JAHR?

Wie schon betont, ist die Zahl der bei den Gutachterstellen oder den Gerichten verhandelten Kunstfehler mit Sicherheit nur die Spitze eines Eisbergs. Die Dunkelziffer auch dramatischer Geschehnisse liegt in diesem Bereich außerordentlich hoch.

»Das Besorgniserregendste dabei ist«, sagte Julius Hackethal, »daß die weitaus meisten *vermeidbaren* Todesfälle, Verstümmelungen, Behinderungen, Schmerzen, Ängste und seelischen Qualen als normale Folgen einer Gesundheitshilfe nach den Regeln der ärztlichen Kunst betrachtet werden.«[270]

Die Hamburger Verbraucherzentrale veröffentliche 1997 die (natürlich auch geschätzte) Zahl von jährlich 400 000 Behandlungsfehlern. Nur einer von hundert Fehlern werde auch angezeigt, heißt es da.[271]

Allgemein wird in der Literatur die Zahl von 100 000 Kunstfehlern angegeben. Wobei natürlich nur wirklich gravierendes Fehlverhalten mit starken Konsequenzen für den Patienten gemeint sind (und sicher nicht so scharfe Kriterien gelten wie bei Prof. Hackethal).

Die Medizinkritikerin Beate Wiese macht in diesem Zusammenhang folgende Rechnung auf: 100 000 Fehler bei 130 Millionen Behandlungen pro Jahr »bedeutet statistisch, daß man durchschnittlich über tausendmal eine medizinische Leistung in Anspruch nehmen muß, bevor etwas passiert. Die Gefahr, von einem Arztfehler betroffen zu werden, ist also scheinbar gering. Doch rechnet man ein wenig mit diesen Zahlen, so ergibt sich, daß, falls man einmal wöchentlich zu einem Arzt geht, man wahrscheinlich im Laufe von 20 Jahren einmal Opfer eines medizinischen Kunstfehlers wird.«[272]

Wie gesagt, es geht um Fehler mit schwerwiegenden Auswirkungen. Allein, das Beispiel des nicht angefertigten EKGs bei Ilse Zenker zeigt, daß die Zahl von Fehlern ohne unmittelbare Auswirkungen um ein Vielfaches höher liegt.

Wenn wir von der Zahl von ungefähr 400 000 praktizierenden Ärzten in Deutschland ausgehen und jedem Arzt pro Monat einen einzigen Fehler bei Diagnose oder Therapie zugestehen (es gibt Ärzte, die irren sich mehrmals täglich), dann kommen wir auf eine Zahl von 4,8 Millionen Fehlern pro Jahr. Ein Wunder, daß nicht noch mehr geschieht ...

Eine fünfstellige Zahl von Toten

Doch es geschieht schon genug. Nach Schätzungen des Allgemeinen Patientenverbandes aus dem Jahr 1997 sterben jährlich etwa 25 000 Menschen durch medizinische Fehler. Christian Zimmermann, der Präsident dieses Verbandes, sprach in diesem Zusammenhang von einer Hochrechnung auf wissenschaftlicher Basis, die auch von der Ärzteschaft als realistisch angesehen werde. Nach seinen Angaben sind allein 10 000 Todesfälle auf mangelnde Hygiene im Krankenhaus zurückzuführen (inklusive tödlicher Infektionen nach Operationen). Opfer unnötiger oder überflüssiger Medikamente werden nach dieser Statistik 6000 Patienten, und allein 2000 Menschen sterben pro Jahr an den Folgen einer unsachgemäßen Röntgenbehandlung.[273]

Schon zehn Jahre zuvor schätzte der Tübinger Toxikologe H. Remmer, daß in der damaligen Bundesrepublik allein an den Folgen einer Arzneimittelwirkung oder -nebenwirkung jährlich bis zu 10 000 Patienten in einem Krankenhaus sterben. Dazu kämen zwischen 5000 und 30 000 Patienten, die durch die Einnahme von Arzneimitteln unter ambulanter ärztlicher Betreuung sterben.[274]

Die Negativ-Rangfolge der Disziplinen

In welchen Fachdisplinen und Bereichen der Medizin die meisten Fehler gemacht werden, kann man nicht anhand geschätzter und hochgerechneter Zahlen ausrechnen. Da sollte man sich an die Fälle halten, die tatsächlich zur Anzeige gelangen. Zugegeben: eine etwas schiefe Statistik, denn falsche medikamentöse Behandlung etwa kommt nur in den seltensten Fällen zur Anzeige.

Nach einer Aufstellung für das Jahr 1996 aus dem Zuständigkeitsbereich der Ärztekammer Rheinland entfielen von knapp 1000 Eingaben an die Gutachterkommission ein Drittel allein auf Operationsfehler. Von den 315 Fällen, in denen schließlich Entschädigungen gezahlt wurden, waren zu zwei Dritteln Krankenhausärzte, zu einem Drittel ambulant tätige Mediziner betroffen.

Die meisten Kunstfehler wurden bei Operateuren der Herz-, Kinder- und Plastischen Chirurgie geahndet, gefolgt von der Frauenheilkunde, der Orthopädie und der Inneren Medizin.[275]

Bundesweit fehlen solche eindeutigen Statistiken. Wenn man sich ein Bild über die Negativ-Rangfolge der Disziplinen machen will, muß man die Angaben der Versicherungsgesellschaften zu Hilfe nehmen. Die deutschen Haftpflichtversicherer nennen die Bereiche Chirurgie, Orthopädie, Anästhesie und Gynäkologie als ihre »kostenträchtigsten« Versicherungsgebiete. In diesen Bereichen verdreifachten sich nach Angaben von Uwe Schmidt-Kasparek vom Gesamtverband der deutschen Versicherungswirtschaft (GDV) die Schäden. Bezogen auf das Krankenhaus verdoppelten sich die Schäden.[276]

Peter Gausmann vom Ecclesia Versicherungsdienst nennt nach der Statistik seines Unternehmens folgende Negativ-Rangfolge (logischerweise unter wirtschaftlichen Gesichtspunkten): »Die teuersten Schäden entstehen in der Geburtshilfe, dort ereignen sich zwar nur zwei Prozent der Fehler, diese können in Rekordfällen jedoch mehr als sieben Millionen Mark kosten. Es folgen Chirurgie, Orthopädie und Anästhesie. [...] Maximal 40 Prozent sind klassische Behandlungsfehler; über 60 Prozent der Schäden sind auf Organisationsmängel zurückzuführen.«

In den Bereich Organisationsmängel fallen laut Gausmann auch die 279 Fremdkörper, die nach der Statistik der Ecclesia in Patienten vergessen wurden: Kompressen, Tupfer, Schere oder Nadelhalter – »ein Organisationsmangel, weil die eigentlich selbstverständliche Zählkontrolle nicht durchgeführt wurde.«[277]

Vorsicht Krankenhaus!

Zu den Organisationsmängeln gehören mit Sicherheit auch die Verwechslungen, die in Krankenhäusern ständig stattfinden (s. a. Kapitel 16, »Unersetzlicher Verlust«). Der amerikanische Kinderarzt und Medizinkritiker Prof. Robert S. Mendelsohn hat dazu ein schönes Beispiel parat: »In Krankenhäusern wird alles verwechselt – Patienten inbegriffen. Mein Bruder war vor Jahren zu einer Bruchoperation in der Chirurgie. Seine Operation war für elf Uhr angesetzt. Als ich um halb zehn in sein Zimmer kam, war er nicht da. Ich ahnte sogleich, was geschehen war, rannte hinunter zum OP, und wirklich, da lag er. Sie hatten ihn statt eines anderen Patienten mitgenommen.« Mendelsohn lakonisch: »Zu seinem Glück war eine Gebärmutteroperation vorgesehen.«

Nach Statistiken aus Australien rangieren dort Fehlbehandlungen im Krankenhaus an dritter Stelle aller Todesursachen.[278] Warum sollte es hierzulande anders sein?

Unter den Begriff »Fehlbehandlung« muß man auch die mangelnde Hygiene in den Krankenhäusern rechnen. Infektionen während des Krankenhausaufenthaltes und vor allem bei oder nach Operationen sind das Hauptrisiko für Patienten. Die Gründe dafür liegen in verschiedenen Faktoren. Zum einen gibt es in den Krankenhäusern durch den medizinischen Fortschritt rein statistisch immer mehr Risiko-Patienten – »Frühchen« etwa, Diabetiker oder alte, geschwächte Menschen. Die immer weiter perfektionierten chirurgischen Techniken führen dazu, daß bei immer mehr Krankheitsbildern operative Therapien angewandt werden. Und schließlich vernachlässigen gleichzeitig Ärzte und Patienten die Hygiene in einem eigentlich völlig unverständlichen Ausmaß. 90 Prozent der Krankenhausinfektionen entstehen durch Kontakte mit Ärzten und Pflegepersonal!

So können z. B. Bakterien, die auf der Haut und Schleimhaut des Menschen keinerlei Schaden anrichten, durch operative Eingriffe ins Innere des Patienten gelangen, was manchmal verheerende Folgen hat. So kommen etwa über die Hand, die ein Katheterröhrchen legt, leicht Stuhlkeime in die Blase. Dort führen sie in 50 Prozent aller »Dauerkatheter«-Patienten zu Blasenentzündung.[279]

VORSICHT ARZTPRAXIS!

Mangelnde Hygiene ist keineswegs nur ein Problem der Krankenhäuser. Prüfen Sie selbst: Wie viele der Ärzte, bei denen Sie in Behandlung sind oder waren, waschen sich nach jedem Patientenkontakt die Hände? Das ist vor allem in den modernen Massenpraxen etwa der Orthopäden oder Hautärzte mit bis zu sechs Behandlungskabinen, zwischen denen der Arzt ständig hin- und herhuscht, auch kaum durchzuführen.

Beate Wiese berichtet den Fall eines Arztes, der vom Oberlandesgericht Düsseldorf verurteilt wurde, weil er nacheinander drei Patienten behandelt hatte, ohne sich die Hände zu waschen. Durch die Unsauberkeit entzündete sich bei dem klagenden Patienten nach einer Spritze der Arm, den er seither nur noch eingeschränkt bewegen kann.[280]

Die weitaus schlimmsten Folgen ambulanter ärztlicher Behandlung aber dürften durch falsche Medikation entstehen. Innerhalb eines Forschungsprojekts des Medizinischen Dienstes der Spitzenverbände der Krankenkassen in Essen hat der

Pharmazeut und Mediziner Jürgen Haßler erschreckende Zustände entdeckt.

Die Fragestellung war: Inwieweit berücksichtigen Ärzte in ihrer Verordnungspraxis Gegenanzeigen und Wechselwirkungen der Medikamente? Haßler untersuchte insgesamt 220 000 Verordnungen von 228 Ärzten, die insgesamt 51 144 Patienten betrafen. Das Ergebnis war »alarmierend« (Haßler). Mehr als einem Prozent der Patienten, nämlich genau 599, wurden Tabletten verschrieben, die untereinander nicht verträglich sind. So wurden aufgrund der ärztlichen Verordnungen Asthmaanfälle, Herzrhythmusstörungen und gefährliche Veränderungen des Blutdrucks verursacht. Dazu kam die – nicht neue – Erkenntnis, daß die Ärzte mit ihren Verordnungen manchmal Suchtkranke erzeugen. Einige der wichtigsten aufgespürten Fehler:

• Immer wieder werden sogenannte ACE-Hemmer (zur Blutdrucksenkung) gleichzeitig mit kaliumsparenden Entwässerungsmitteln verordnet, obwohl durch diese Kombination das Herz aus dem Rhythmus stolpern oder gar stillstehen kann.

• Ebenfalls bedenklich ist die in 24 Prozent (!) aller Fälle entdeckte gleichzeitige Vergabe von ACE-Hemmern und Schmerzmitteln wie Aspirin – denn dadurch wird der blutdrucksenkende Effekt der ACE-Hemmer herabgesetzt.

• Als Kunstfehler zu bezeichnen ist auch die gleichzeitige Vergabe von blutdrucksenkenden Betablockern mit dem herzschonenden Hochdruckmittel Verapamil. Dadurch wird die Wirkung so verstärkt, daß – vor allem bei älteren Patienten – die Herzschlagfrequenz gefährlich gesenkt wird. Nicht selten ist eine Notfalleinweisung in ein Krankenhaus notwendig. Diese Kombination von Arzneimitteln bekamen immerhin 29 von 2342 mit Betablockern behandelte Patienten.

- Auch Asthma-Patienten werden oft Medikamente verschrieben, die ihre Krankheit noch verstärken können – so die genannten ACE-Hemmer, Betablocker und auch Aspirin & Co.
- Schließlich bemängelt Haßler die Verordnung von Beruhigungsmitteln à la Valium, die höchstens über einen Zeitraum von vier Wochen verschrieben werden sollten. Knapp acht Prozent aller Patienten werden solche Tranquilizer verschrieben – davon etwa zwei Dritteln sogar länger als die zulässigen 30 Tage. Folge: Sucht und – vor allem bei älteren Patienten – Stürze im Haushalt aufgrund der Sedierung.

Jürgen Haßler kommt zu dem Schluß: »Das nicht akzeptable Verordnungsverhalten ist kein Problem einiger weniger Mediziner, sondern betrifft einen größeren Teil der Ärzteschaft.«[281]

15. Die Gründe für die Misere

Überlastung, Routine etc.

Wie kommt es nun dazu, daß in der medizinischen Betreuung so viel gepfuscht wird? Für Professor Julius Hackethal, der sich intensiv wie kaum ein anderer mit dem Fehlverhalten seiner Kollegen beschäftigte, war dies die Folge von drei Grund-»Übeln«:

1. der 2000jährigen patientenfeindlichen Standesethik,
2. der 100jährigen Kassenmedizin und
3. der weithin in die Irre geratenen, 40 Jahre alten Neuzeit-Schulmedizin.[282]

Zu diesen grundsätzlichen Ursachen kommen viele andere Faktoren, die zum größten Teil miteinander verbunden sind. Nach Expertenmeinung gehen die meisten Kunstfehler auf folgende Umstände zurück:

- mangelhafte Ausbildung,
- zu wenig Erfahrung bei jungen Ärzten,
- praktische Unkündbarkeit der Ärzte an Krankenhäusern trotz Inkompetenz in manchen Fällen,
- totale Überbeanspruchung, vor allem in Teilen des Kranken-

hauswesens (Schichtdienst, Überstunden, Bereitschaftsdienst),
- Organisationsfehler in der Praxis oder am Krankenhaus,
- mangelnde Hygiene,
- ideologische Verbohrtheit (z. B. in Fragen der Homöopathie
  und anderer alternativer Heilverfahren),
- Überschätzung der eigenen Disziplin,
- fachliche Überforderung (vor allem bei jungen Ärzten),
- ärztlicher Standesdünkel (häufigste Beschwerde von Patienten: Mein Arzt nimmt mich nicht ernst.),
- Dialogunfähigkeit, Menschenscheu (gibt es bei Ärzten öfter
  als man denkt),
- Frustration wegen eines ursprünglich zu hohen Berufsideals
  (Helfersyndrom),
- Frustration wegen falscher Berufswahl (wenn z. B. Prestige
  und Wohlstand im Vordergrund standen),
- persönliche Probleme des Arztes (inklusive Krankheiten und
  Süchten),
- Habgier, die zu unnötigen, risikoreichen Diagnosen und The-
  rapien führt,
- Routine.

Nach Meinung des ehemaligen Präsidenten der Deutschen Gesellschaft für Chirurgie, Prof. Gert Carstensen, entstehen vermeidbare Fehler fast immer durch gedankenlose Routine, dagegen auffallend selten bei riskanten operativen Einsätzen. So
sind sie z. B. bei konservativen Knochenbruchbehandlungen
höher als bei der operativen Therapie.[283]

In einer amerikanischen Untersuchung, die in der *Medical
Tribune* zitiert wurde,[284] gaben mehr als 100 amerikanische
Assistenzärzte anonym und ohne Konsequenzen ihre »pein-
lichsten Fehler, unangenehmsten Mißgeschicke und krassesten
Fehlentscheidungen« zu. Dabei stellte sich heraus, daß sich über

die Hälfte dieser jungen Ärzte mit zu vielen anderen Aufgaben überladen fühlte. 54 Prozent betrachteten sich bei ihren Entscheidungen (die sich dann als Fehler herausstellten) nicht als ausreichend kompetent oder zuständig. Und 41 Prozent, so die *Medical Tribune*, waren »physisch überfordert, ›fertig‹ und übermüdet, als die Kaliumsubstitution zum lebensgefährlichen intravenösen Bolus geriet, die Nebennierenkrise bei einem AIDS-Patienten verkannt wurde oder der Spannungspneumothorax bei der Reanimation unberücksichtigt blieb.«

Die Assistenzärzte gaben Fehler zu, die zu zwei Dritteln bei der Diagnose gemacht wurden, zu knapp einem Drittel bei der Medikamentenverordnung, in fünf Prozent der Fälle bei der Informationsweitergabe und in elf Prozent bei ärztlichen Eingriffen.

90 Prozent der Kunstfehler hatten fatale Konsequenzen für die Patienten, bei knapp einem Drittel kam es sogar zum Tode – aber die Betroffenen bzw. Angehörigen erfuhren in der überwiegenden Zahl der Fälle nicht, was wirklich geschehen war. Nach Angabe der Ärzte passierte dies nur in einem Viertel der Fälle. Selbst den Ober- oder Chefarzt informierten nur etwa die Hälfte der Assistenzärzte.

KÖNNEN KRANKE ÄRZTE KRANKEN HELFEN?

Nach amerikanischen Untersuchungen ist der Arztstand selbst die mit am meisten von Krankheiten und Süchten bedrohte Personengruppe. So berichtet zum Beispiel eine Studie aus dem Jahr 1976, daß die Anzahl der stationären Aufnahmen wegen Alkoholmißbrauchs bei Ärzten zwei- bis siebenmal höher sei als in vergleichbaren Gruppen. Nach einer englischen Studie kommt Leberzirrhose bei Ärzten dreimal häufiger vor als bei anderen Berufen. Anfang der 80er Jahre berichtete das

»General Medical Council« in den USA, daß von 51 untersuchten Allgemeinärzten 19 (!) als alkoholsüchtig oder drogenabhängig einzustufen waren.[285]

Ebenso häufig wie Alkohol-, Medikamenten- und Drogenmißbrauch tritt bei den Ärzten das Burnout-Syndrom auf (wahrscheinlich hängt das eine mit dem anderen oft zusammen). Dieser Erschöpfungszustand ist, wie Alwin Schönberger in seinem Buch *Patient Arzt* ausführt, auf eine »Vielzahl von psychischen und physischen, von objektiven und subjektiv als solche empfundenen Streßsymptomen« zurückzuführen. »Vor allem eine dieser Phasen des chronischen Ausbrennens gilt unter Ärzten als besonders häufig: die sogenannte Depersonalisierung, wobei sich der Betroffene mehr und mehr in die innere Emigration zurückzieht, einen Schutzwall um seine Gefühle und Empfindungen baut und Ereignisse, Menschen und schließlich den gesamten Alltag immer weniger an sich heranläßt.«[286]

Schließlich träten private Probleme, Beziehungskrisen und Ehescheidungen bei Ärzten und medizinischem Personal häufiger als in der Durchschnittsbevölkerung auf.

Prof. Mendelsohn aus den USA hat für diese Phänomene eine Erklärung parat: »Wenn ich Ärzte im allgemeinen charakterisieren sollte, würde ich sagen, ihr psychisches Hauptmerkmal ist die Furcht. Sie haben alle ein übertriebenes Sicherheitsbedürfnis, das nie zu befriedigen ist wegen all der Ängste, die man ihnen während der Ausbildung einjagte: Angst zu versagen, Angst vor Fehldiagnose, Angst vor Fehlbehandlung, Angst vor den Bemerkungen ihrer Kollegen, Angst, ehrliche Arbeit zu finden.«[287] Er konstatiert: »Dafür, daß sie die Angst-Pille so ergeben schlucken und ihren Instinkt, Menschen heilen zu wollen, sowie überhaupt ihre menschlichen Gefühle opfern, erhalten Ärzte eine *einzige* Belohnung, die ihnen in der Praxis hilft: Arroganz. Um ihre Angst zu verbergen, hat man sie gelehrt, das autoritäre Gebaren und schlechte Benehmen ihrer Professoren anzunehmen. [...] Was mit Erschöpfung und Angst vor Examen und medizinischen Graden beginnt, endet mit Alkohol- und Drogenproblemen. Und was mit der Arroganz anderen Menschen gegenüber beginnt, führt schließlich zu einem Arzt, der tödliche Prozeduren anwendet und verschreibt und sich wenig um Leben und Gesundheit seiner Patienten kümmert.«

Ist es bei all den Problemen ein Wunder, daß durch Selbstmord mehr Ärzte sterben als durch Auto- und Flugzeugunfälle, Ertrinken und Mord zusammen?

OHNE ÄRZTE KEINE FEHLER

Eine ärztliche Behandlung ist – so wie jedes menschliche Tun – immer mit einem gewissen Risiko verbunden. Nach der Lektüre dieses Buches könnte mancher Leser zu dem Schluß kommen, daß dieses Risiko oft höher als der zu erwartende Nutzen ist. In diesem Zusammenhang kann man eigentlich nur darauf verweisen, daß es einige Fachleute gibt, die diese Meinung durchaus teilen.

Robert S. Mendelsohn führt in seinem Buch *Trau keinem Doktor* einen bedenklichen Umstand auf: Die wenigsten Todesfälle gibt es immer dann, wenn Ärzte überhaupt nicht tätig werden (oder nur einen absoluten Notdienst leisten). Er berichtet zum Beispiel von der kolumbianischen Stadt Bogotà, die anläßlich eines Ärztestreiks für 52 Tage ohne medizinische Versorgung blieb. Nach dieser Zeit stellte eine Zeitung vor allem eine verblüffende Nebenwirkung fest: Die Todefälle gingen um 35 Prozent zurück! Ein Sprecher der Nationalen Leichenbestatter-Vereinigung bestätigte dies mit den Worten: »Es mag ein Zufall sein, aber es stimmt.«[288]

Es war wohl kein Zufall. Denn ähnliches wird aus Los Angeles County berichtet, wo die Ärzte 1976 streikten, um gegen steigende Versicherungssummen bei Fehlbehandlungen zu protestieren. Mendelsohn: »Damals untersuchte Dr. Milton Roemer, Professor für Gesundheitsfürsorge an der Kalifornischen Universität von Los Angeles (UCLA), 17 der größten Krankenhäuser im County und fand heraus, daß 60 Prozent weniger Operationen vorgenommen worden waren« (und damit die Todesrate drastisch sank). »Als der Streik beendet war und die medizinische Maschinerie wieder auf Hochtouren lief, stiegen auch die Todesfälle sofort wieder auf den Stand vor dem Streik.«

Es kommt noch schöner: In Israel reduzierten die Ärzte während einer Protestaktion einen Monat lang die Zahl ihrer täglichen Patienten von insgesamt 65 000 auf nur noch 7000. Nach »Angaben der Jerusalemer Beerdigungsvereinigung gingen während dieses Monats in ganz Israel die Todesfälle um 50 Prozent (!) zurück«, so Mendelsohn. »Seit dem letzten Ärztestreik 20 Jahre zuvor hatte es in Israel keinen so einschneidenden Rückgang der Sterblichkeitsquote gegeben! Als die Ärzte befragt wurden, wie das zu erklären sei, meinten sie, da nur noch die Notfälle zu behandeln waren, hätten sie eben ihre ganze Energie auf die wirklich Kranken konzentrieren können. Als sie sich nicht mehr tagaus, tagein die verhältnismäßig unwichtigen Beschwerden durchschnittlicher Patienten anhören mußten, konnten sie sich intensiver der Erhaltung des Lebens widmen.«

Mendelsohn kommt zu dem lakonischen Schluß: »Was wir brauchen, ist ein dauernder Ärztestreik«.

Ein kleiner Hoffnungsschimmer: Fortbildung

Zu einem dauerhaften Ärztestreik wird es – man mag es bedauern oder nicht – sicher nicht kommen. Es wäre schon einiges gewonnen, wenn die Patienten allgemein ein etwas kritischeres Bewußtsein entwickelten und vielleicht von sich aus nicht mehr so »behandlungswütig« auftreten würden. Nicht für jedes Zipperlein ist ein Arztbesuch notwendig, und die meisten Vorsorgeuntersuchungen kann man sich (*siehe oben*) ohnehin schenken.

Für die Arztseite hoffen wir Patienten, daß die Fähigkeit zur selbstkritischen Betrachtung zunehmen wird. Ein kleines Beispiel, das geeignet ist, einen Hoffnungsschimmer zu wecken, berichtete Mitte 1997 die Ärztekammer Düsseldorf. Nach einem drastischen Anstieg der vor die Gutachterkommission gebrachten und für die Patienten erfolgreich verlaufenen Kunstfehlerverfahren bot die Ärztekammer im Institut für Qualitätssicherung im Gesundheitswesen zwei Fortbildungskurse an. Selbst die Veranstalter waren über die hohe Besucherzahl bei dieser Veranstaltung überrascht. Der *Düsseldorf Express*, der unter der Überschrift »Zu viele Kunstfehler: Chirurgen brauchen Nachhilfe« über diese Initiative berichtete: »Viele Ärzte kamen und drückten noch mal die Schulbank.«[289]

Daß solche Mini-Erfolge hierzulande in einem groß aufgemachten Zeitungsbericht vermeldet werden, wirft auch ein bezeichnendes Licht auf den Stand unserer Medizin: In den USA sind Ärzte zu regelmäßiger Fortbildung verpflichtet. Wie sagt doch der Mediziner Thomas Haßler: »Schließlich wird von jedem Kfz-Mechaniker erwartet, daß er sich mit Neuheiten vertraut macht.«[290]

16. Von Fall zu Fall

Spektakuläre und alltägliche Beispiele

Im Schlußkapitel dieses Buches wird eine Fülle von Beispielen für ärztliches Fehlverhalten angeführt und geschildert. In ihrer Vielfalt dürfte diese Zusammenstellung einigermaßen repräsentativ sein – sowohl für die spektakulären Ereignisse, die immer wieder vorkommen, als auch für die alltäglichen, sonst kaum registrierten Vorfälle.

Dabei ging es weder darum, einzelne Ärzte anzuprangern, noch darum, die jeweiligen Patienten ins Rampenlicht der Öffentlichkeit zu befördern. Auch in diesem Teil des Buches sind daher viele Namen (die mit * gekennzeichneten) geändert worden.

Ein wichtiges Kriterium für die Auswahl war der Umstand, daß die meisten aufgeführten Fallbeispiele zu einer Verurteilung des Arztes oder zumindest einer Feststellung der jeweiligen Gutachterstelle, es habe Fehlverhalten stattgefunden, geführt haben. Zu bedenken ist also, daß es eine schier unübersehbare Fülle von ähnlichen Fällen gibt, in denen der Kunstfehler nicht zu Konsequenzen führte, und sei es nur, weil der Zusammenhang zwischen der falschen Behandlung und dem tragischen Ausgang nicht nachweisbar war.

Fehler können jedem passieren, auch in der Medizin. Aber die hier aufgeführten Fehlhandlungen wären alle vermeidbar gewesen. Um so schlimmer, daß in 99 Prozent aller Fälle schuldhaftes Versagen von den Ärzten schlichtweg abgestritten und oft versucht wird, den wahren Sachverhalt zu verschleiern.

Blinddarm raus – Mulltuch rein

Der 36jährige Horst Seifert* hatte schon davon gehört, was bei Operationen so alles passieren kann. Aber nach dem Motto »Die schlimmen Sachen passieren immer den anderen« ließ er sich voller Vertrauen 1995 im Waldkrankenhaus Bad Godesberg den Blinddarm entfernen. Es kam zu Entzündungen in der Narbengegend, die Wunde heilte nicht planmäßig ab. Eine Röntgenuntersuchung im Krankenhaus führte zu keinem Ergebnis. Horst Seifert wurde vertröstet. Seine Schmerzen aber wurden immer schlimmer.

Dies änderte sich erst, nachdem sich der Leidende in ein anderes Krankenhaus begeben hatte. Dort fand man ein Mull-Tuch in seinem Bauch.

Bei einer neuerlichen Operation (drei Monate nach der ersten!) wurde der vergessene Gegenstand herausoperiert, wobei auch Gewebe entnommen werden mußte, das inzwischen mit dem Tuch verwachsen war.

Seifert, der insgesamt sieben Monate krankgeschrieben war, verlangte verständlicherweise eine Erklärung der erstoperierenden Klinik. Doch von dem evangelischen Krankenhaus wurde ihm lapidar beschieden, der Mulltupfer sei Teil der Behandlungsmethode. Leider erklärte man nicht genauer, wie das gemeint war: Läßt dieses Krankenhaus standardmäßig Mulltupfer im Bauch von Patienten zurück?

Auch die Frage, warum das Tuch bei der Röntgenuntersuchung nicht gefunden wurde (immerhin war es mit Metallstreifen durchwirkt, die auf der Aufnahme gut zu sehen hätten sein müssen), konnte nie geklärt werden – die Aufnahmen waren plötzlich verschwunden.

Erst in einer gerichtlichen Auseinandersetzung erkannte das Krankenhaus den Kunstfehler an – und zahlte 12 000 Mark »Schmerzensgeld«. Ein schwacher Trost.[291]

Tod durch Kontrastmittel

Eine an sich relativ harmlose Dickdarm-Untersuchung mittels eines Kontrastmittels endete für die 68jährige Gertrude Ponti* tödlich.

Während der Untersuchung klagte die Patientin plötzlich über starke Schmerzen und wurde kurz darauf ohnmächtig. Zuvor war dem behandelnden Radiologen aufgefallen, daß das Kontrastmittel nicht wie gewohnt einfloß. Er erhöhte draufhin den Druck, weil er an ein harmloses Hindernis glaubte. Doch Frau Ponti war nicht mehr zu retten, alle Reanimationsversuche blieben vergeblich. Erst bei der Obduktion wurde die Ursache des Dramas entdeckt: Der Arzt hatte das Darmrohr versehentlich durch den Darm in die Vagina eingeschoben: Durch den Druck war die Vagina regelrecht gesprengt worden, und das Kontrastmittel hatte in die Blutbahn und die Bauchhöhle fließen können!

Bittere Ironie der Geschichte: bei der Obduktion wurde herausgefunden, daß der zu untersuchende Dickdarm keinerlei pathologischen Befund aufwies.

Der Arzt wurde wegen Verletzung der ärztlichen Sorgfaltspflicht und fahrlässiger Tötung zu einer Geldstrafe von 12 000 DM verurteilt.[292]

Verhängnisvolle Spritzen

Die 35jährige Kontoristin Stefanie Weiß* begab sich wegen ständiger Kreuzschmerzen in die Behandlung eines Orthopäden. Dieser verabreichte ihr nach einer Röntgenuntersuchung intramuskulär Spritzen in die linke Schulter und die linke Hüfte. Er wiederholte diese Prozedur jeweils im Abstand von zwei Tagen noch dreimal.

Danach war Stefanie Weiß erst richtig krank. Kurz nach der letzten Spritze traten heftige Schmerzen in der Schulter auf, abends setzte Fieber, verbunden mit Schüttelfrost, ein. Am folgenden Tag, einem Samstag, mußte sie wegen unerträglicher Schmerzen den Bereitschaftsarzt rufen. Dieser diagnostizierte einen Spritzenabszeß und veranlaßte unverzüglich die Einweisung in ein Krankenhaus.

Als die geschädigte Frau danach »von verschiedenen Seiten hörte, daß (der Arzt) mehrfach durch unsachgemäße Spritzen Krankheiten verursacht« habe, zeigte sie ihn an. Und tatsächlich: Es stellte sich heraus, daß innerhalb der letzten Monate insgesamt sieben Patienten des Arztes wegen Spritzenabszessen stationär behandelt werden mußten.

In einem gerichtsmedizinischen Gutachten hieß es: »Bei allen Patienten hatten sich Spritzenabszesse, septische und phlegmonöse Entzündungen im Infektionsgebiet gebildet. Jedesmal wurde als Erreger Staphylococcus aureus nachgewiesen.« Es bestünden keine Zweifel, »daß die Abszesse und Phlegmonen die Folge einer hygienisch nicht einwandfreien Spritzenbehandlung gewesen sind. Da als Erreger ausschließlich Staphylococcus aureus nachgewiesen wurde, wird die Keimquelle schon wesentlich eingeengt. In erster Linie ist sie in der Praxis des Arztes zu suchen. In zweiter Linie wäre an die Hersteller der Arzneimittel zu denken: Indes handelt es sich hierbei nur um eine theoretische, nicht um eine praktische Überlegung.

Denn erstens müßten verschiedene Mittel infiziert gewesen sein, und zweitens hat ein Arzt über eine Zeitspanne von 15 Monaten keine Arzneimittelcharge zur Verfügung, die keimhaltig gewesen wäre.«

Die Gutachter kommen zu dem Schluß: »Daß eine Keimverseuchung in einer ärztlichen Praxis wie auch in einem Krankenhaus trotz gebotener Sorgfalt einmal vorkommen kann, lehrt uns die ärztliche Erfahrung. Diese Sorgfalt ist bei [dem Arzt] nach dem amtsärztlichen Bericht in Frage gestellt. Überdies hat das Krankenhaus in sechs Arztbriefen eindeutig auf die Staphylococcus-aureus-Infektionen hingewiesen, ohne daß [der Arzt] daraus Schlüsse gezogen hätte.«

Eine amtsärztliche Praxisinspektion hatte ergeben: »Fehlende Waschbecken, Seifenspender, Desinfektionsmittelspender, Einmalhandschuhspender, keine Kühlschränke zur Aufbewahrung von Arzneimittelzubereitungen. Unsachgemäße Aufbewahrung angebrochener Arzneimittelpackungen und nicht lege artis gelagertes Injektionsmaterial. Keine regelgerechte Hautdesinfektion.«

So erhielt Stefanie Weiß doch noch eine gewisse Genugtuung: Der Orthopäde wurde von einem Schöffengericht wegen Körperverletzung in sieben Fällen zu 12 000 Mark Strafe verurteilt.[293]

Vier Jahre lang Hirntumor nicht erkannt

Einen Leidensweg über vier Jahre mußte der Patient Peter Armbrüster* gehen, ehe die Ärzte bei ihm endlich die richtige Diagnose stellten: Er hatte einen Hirntumor. Aber jetzt gab es keine Rettung mehr.

Dabei konnte es nach dem Verlauf der Krankheitsgeschichte keinen Zweifel geben, daß das Krankheitsbild bereits zu

Beginn der Erkrankung und damit rechtzeitig hätte erkannt werden können, ja müssen. Doch auf seiner Odyssee (so der ärztliche Gutachter Dr. Karl Dupré) durch Arztpraxen und Krankenhäuser war niemand auf die richtige Diagnose gekommen.

Angefangen hatte es damit, daß Armbrüster ständig Flusen vor den Augen sah, sich sein Gesichtsfeld allmählich seitlich einengte und die Sehkraft abnahm. In einer renommierten Diagnostikklinik, in der sich Armbrüster stationär internistisch und augenärztlich untersuchen ließ, wurde eine Regenbogenhautentzündung diagnostiziert. Eine neurologische Untersuchung erfolgte nicht. Auch in einer Augenklinik, in der sich der Patient einer »Fiebertherapie« unterzog, kam niemand auf die Idee, die Symptome Armbrüsters (Gehstörungen, Fallneigung, Zittern, unkoordinierter Bewegungsablauf, Reizbarkeit und kurze Bewußtseinslücken) neurologisch abklären zu lassen.

Inzwischen litt Armbrüster immer stärker unter seiner Krankheit, bis er schließlich ein Jahr vor seinem Tod erblindete. Ein weiteres halbes Jahr später wurde er noch einmal in eine Universitätsaugenklinik eingewiesen, wo eine Operation am Grauen Star erfolgte. Über einen dort während der Narkose erfolgten Zwischenfall wollte man der Ehefrau keine Auskunft geben. Sicher ist: Auch in dieser Klinik erkannte niemand Armbrüsters wirkliches Leiden.

Nachdem sich bei ihrem Mann die Wesensveränderungen verschlimmert hatten und auch noch Kopfschmerzen und Erbrechen auftraten, drang seine Frau eindringlich auf eine neurologische Untersuchung. Doch auch jetzt wurde der Patient nicht zu einer Computertomographie geschickt.

Als eine solche CT nach weiteren Verschlechterungen endlich gemacht wurde, fand man einen vier mal sechs Zentimeter großen Hirntumor in Armbrüsters Kopf. Dieser 95 Gramm schwere bösartige Tumor, der noch keine Metastasen gestreut hatte, wurde dann in einer Operation entfernt – wie gesagt: zu spät, denn wenige Tage danach starb der 55jährige.

Zu den Symptomen Armbrüsters, die dieser schon zu Beginn seiner Leidensgeschichte geschildert hatte, meint Dupré: »Ein Student, der bei solcher Symptomatik, insbesondere der Gesichtsfeldeinengung, nicht an einen Tumor gedacht hätte, wäre zu Zeiten, als es noch mündliche Prüfungen gab, durchs Examen gefallen.«

Und er schildert als weitere Tragik dieses Falles, daß Armbrüster als Privatpatient sein ganzes Vermögen an die Kliniken und Ärzte verlor, die ihn falsch behandelten, und so seine Familie mittellos zurücklassen mußte ...[294]

14 Jahre mit Schere im Bauch

Der 74jährige Oswald Huber* kam als neuer Patient in die internistische Praxis, um sich einmal durchuntersuchen zu lassen. Neben Verdauungsbeschwerden klagte er gegenüber dem Internisten Dr. Eckart Steinberger, der den Fall in der *Medical Tribune* beschrieb, über Dauerschmerzen im Bereich einer alten Operationsnarbe am Oberbauch. Die Beschwerden traten seit Jahren auf, besonders im Sitzen.

Die Anamnese ergab, daß Huber vor einigen Jahren wegen eines Nabelbruchs operiert worden war. Zweimal war im Laufe der folgenden Zeit eine Nachoperation wegen Narbenhernie (Überdehnung der Operationsnarbe) nötig geworden, die letzte vor 14 Jahren.

Seit dieser Zeit waren die Schmerzen aufgetreten und von Huber auch mehreren Ärzten geschildert worden. Auch anläßlich zweier Krankenhausaufenthalte, bei denen einmal eine Lungenembolie behandelt sowie später eine Schilddrüsenoperation durchgeführt wurde, schilderte Huber seine Bauch-beschwerden, ohne daß sich ein Befund ergab.

Dr. Steinberger nahm eine Endoskopie vor und entdeckte bei einer routinemäßigen Durchleuchtung, mit der die Lage des Koloskops überprüft werden sollte, einen Fremdkörper in Hubers Bauch: Bei der Operation vor 14 Jahren war eine 18 Zentimeter lange Arterienklemme in die Bauchdecke einge-näht worden!

So mußte Oswald Huber erneut unters Messer. Die Ope-rateure zogen die Klemme ans Tageslicht – nach der Reinigung sah sie wie neu aus. Das spricht, so die *Medical Tribune* in ei-ner Bildunterschrift, »für die Qualität des Corpus delicti«. Scha-de, daß die Qualität der Ärzte der ihrer Instrumente nicht im-mer entspricht.[295]

BLINDDARMENTZÜNDUNG ÜBERSEHEN

Das Pech, an zwei Krankheiten gleichzeitig zu leiden, wurde der siebenjährigen Steffi zum Verhängnis: Wahrscheinlich wird sie für immer steril bleiben.

Was war geschehen? Als Steffi zusätzlich zu Übelkeit und Appetitlosigkeit noch Magenschmerzen bekam, riefen ihre El-tern samstags den Bereitschaftsarzt. Dieser stellte – korrek-terweise – eine beginnende Mandelentzündung fest und hielt – fälschlicherweise – die Magenschmerzen für eine Folge die-ser Infektion. Er verschrieb Penizillin-Tabletten und einen fie-bersenkenden Saft. Der zwei Tage später – die Bauch-schmerzen waren immer stärker geworden – gerufene Kin-derarzt Dr. Teufer* blieb bei der ursprünglichen Diagnose, obwohl Erbrechen und Durchfall hinzugekommen waren. Er befand auf Scharlach mit »Gastroenteritis« (Entzündung im Magen-Darm-Trakt).

Wiederum zwei Tage später erfuhr der Arzt durch einen Anruf der Großmutter, daß Steffi dünnflüssigen Stuhlgang hatte, und empfahl reichlich Flüssigkeitszufuhr und weiter Diät. Auch durch die folgenden telefonischen Berichte wurde er nicht aufmerksam, und als er dann endlich am sechsten Tag der Erkrankung von den Eltern dringend zu einem Hausbesuch gerufen wurde, fand er Steffi mit tiefliegenden Augen, stöhnend und würgend vor.

Erst jetzt wies er das Kind wegen Ileus (Störung der Darmpassage infolge einer Darmlähmung oder eines Darmverschlusses) und Verdacht auf Blinddarmdurchbruch ins Krankenhaus ein.

In einer sofortigen Operation erkannte man eine diffuse, eitrige Bauchfellentzündung bei perforiertem Blinddarm. Erst nach neuntägiger kontrollierter Beatmung und weiteren sechs Wochen stationärem Aufenthalt durfte Steffi nach Hause – mit dem Befund, daß mit späterer Sterilität zu rechnen sei.

Im Beschluß einer Gutachterstelle wurde vor allem darauf hingewiesen, daß spätestens nach der Meldung vom dünnflüssigen Stuhl ein Hausbesuch angebracht gewesen sei. Solche dünnflüssigen Stühle seien bei einer fortgeschrittenen Appendizitis ein Alarmsignal. Statt dessen beschränkte sich der Arzt auch weiterhin »auf die Entgegennahme mündlicher Mitteilungen von seiten der Großmutter, die ihm über die Arzthelferin weitergegeben wurden, ebenso, wie er auch seine weiteren therapeutischen Maßnahmen über die Arzthelferin weiterleiten ließ.«

So verstrichen zwei Tage ohne ärztliche Befundkontrolle. Und diese »zeitliche Lücke erwies sich in der Folge als fatal«.

Dr. Teufer legte gegen dieses Gutachten – erfolglos – Einspruch ein. Ein ambulant tätiger Kinderarzt sei auf die Angaben der Angehörigen angewiesen, die auch Eigenverantwortung trügen und nicht in einer verantwortungslosen, unmündigen

Situation belassen werden dürften ... (Heißt das, möchte man fragen, daß die Eltern in »Eigenverantwortung« die Blinddarmentzündung selbst hätten diagnostizieren müssen? Wofür brauchen wir dann noch Ärzte?)[296]

EINE FURCHTBARE (NACH-)GEBURT

Angehörige der Heilberufe, die schon einmal eine Zeitlang auf Geburtsstationen gearbeitet haben, warnen in der Regel vor Hausgeburten. Zu deutlich steht ihnen vor Augen, was in möglicherweise seltenen, dann aber um so dramatischeren Komplikationssituationen auf die Gebärende und ihr Kind zukommen kann. An das, was der 25jährigen Unterfränkin Helga Dorstfeld* nach der Geburt ihres vierten Kindes zustieß, hätte gleichwohl niemand vorher denken können.

Als sich die Nachgeburt nicht von selbst löste, rief die Frau einen praktischen Arzt und Geburtshelfer. Der Mediziner gab der Mutter eine Narkose und versuchte zunächst, die Nachgeburt mit bloßen Händen herauszuziehen. Dabei wachte die Frau auf, was den Arzt zu hektischer Aktion trieb: Er entfernte nicht nur die Nachgeburt, sondern auch einen Eierstock sowie Darm- und Scheidenstücke!

Weil diese jetzt akut in Lebensgefahr schwebte, wies der Doktor sie ins nächste Krankenhaus ein – ohne den Chefarzt von seiner Pfuscherei zu informieren. Erst in einer mehrstündigen Operation konnte das Leben der Patientin gerettet werden. Als dauerhafte Schäden blieben Unfruchtbarkeit und die Unfähigkeit, normalen Geschlechtsverkehr zu betreiben.

Zwar sprach die Bezirksregierung Unterfranken ein Berufsverbot gegen den praktischen Arzt aus, doch das Verwaltungsgericht verwarf diesen Spruch wieder und bezog sich dabei auf eine Aussage der Bundesärztekammer: »Nach der

Lebenserfahrung kann damit gerechnet werden, daß der Arzt unter dem Eindruck der Geschehnisse nunmehr seinen ärztlichen Beruf mit noch größerer Sorgfalt ausüben wird.«[297]

Unnötige Schmerzen – 500 Mark

Es sind nicht immer die dramatischen Fälle, in denen Ärzte gegen berufsethische Prinzipen verstoßen. Aber nur in den wenigsten Fällen wird solches Fehlverhalten auch geahndet. Immerhin, Jörg Borchert*, der wegen der Bequemlichkeit seines Hausarztes eine schmerzhafte Nacht zuviel verbringen mußte, wollte dies nicht auf sich beruhen lassen. Bei ihm waren plötzlich heftige Schmerzen in der Hüfte aufgetreten. Seine Frau rief bei besagtem Arzt an, dieser aber sah keinen Anlaß für einen Hausbesuch. So mußte Jörg Borchert unnötig Schmerzen erleiden, bevor am nächsten Tag ein Bandscheibenvorfall bei ihm diagnostiziert wurde und eine Behandlung eingeleitet werden konnte.

Eine Schlichtungsstelle der Ärztekammer bescheinigte dem Arzt unterlassene Hilfeleistung und forderte ihn auf, ein Schmerzensgeld von 500 Mark zu bezahlen. Aber erst, als sich das Sozialgericht Hannover nach einer Klage des Patienten der Meinung der Schlichtungsstelle anschloß, kam Jörg Borchert zu seinem Geld.[298]

33 Zentimeter Stahl im Leib

Ein wahres Martyrium machte Marita Friedrich* nach einer Unterleibsoperation im Bonner Marienhospital durch. Sie litt zwei Monate lang an schrecklichen Schmerzen, konnte nur in seitlich gebückter Haltung gehen und schlief kniend an einen

Polstersessel gelehnt. Alle zwei Stunden mußte sie starke Schmerzmittel einnehmen, um die Qualen überhaupt aushalten zu können. Nur das gute Zureden von Freunden und Verwandten hielt sie von einer Verzweiflungstat ab. Denn vom Krankenhaus kam zunächst keinerlei Hilfe: Die Beschwerden seien nach einer Operation normal, hieß es. Auch auf einer Röntgenaufnahme konnten die Bonner Ärzte nichts entdecken.

Vielleicht hätte man die zuständigen Heilkundler zum Augenarzt schicken sollen. Denn auf weiteren Röntgenaufnahmen (die später in der Sendung »Stern-TV« auch einer staunenden Öffentlichkeit präsentiert wurden) zeigte sich absolut unübersehbar ein 33 (!) Zentimeter langer, massiver Metallkörper, ein sogenannter Garré-Spatel, in Marita Friedrichs Unterleib. Bissiger Kommentar in »Stern-TV«: Damit habe Marita Friedrich einen »unfreiwilligen Rekord« aufgestellt.[299]

DURCHFALL – GEISTIG BEHINDERT

Der vier Wochen alte Säugling Roland hatte aufmerksame Eltern: Als sie bei ihm Durchfall bemerkten, informierten sie sofort ihren Hausarzt. Dieser, der praktische Arzt Dr. Niemann*, begann wegen Pilzbefalls der Mundhöhle eine lokale, medikamentöse Therapie und verordnete gegen den Meteorismus (sogenannte Blähsucht) ebenfalls ein Medikament.

In den folgenden Tagen berichteten die Eltern ihrem Arzt täglich, daß der Durchfall nicht zu stoppen sei. Nach zehn Tagen war das Gewicht des Kleinen auf 2900 Gramm abgefallen. Die Eltern waren entsetzt, ihr Kind sah »am ganzen Körper grau und schon ganz ausgetrocknet aus.«

Erst jetzt kam das Kind in die Universitätsklinik. Im nachhinein behauptete Dr. Niemann, dies sei auf seine Initiative geschehen. Die Eltern bestritten dies und gaben an, sie hätten Roland auf eigenen Entschluß eingeliefert.

Ein müßiger Streit, denn es war ohnehin zu spät: Die schwere hypertone Dehydration, die oft lebensbedrohend verläuft, führte in diesem Fall zu Hirnblutungen und weiteren Komplikationen. Zwar konnte das Leben des Säuglings in einem dramatischen, zwölf Tage währenden Kampf – in dessen Verlauf das Kind zeitweilig künstlich beatmet werden mußte – gerettet werden. Doch ließ sich nicht verhindern, daß Roland sein Leben lang geistig behindert sein wird.

Dabei hätte man das alles leicht vermeiden können. Denn, wie die Sachverständigen feststellten, die »Säuglingstoxikose ist [...] diejenige Kinderkrankheit, die noch zu Beginn des Jahrhunderts dafür verantwortlich war, daß in Mitteleuropa etwa jeder fünfte Säugling vor dem Ende der Säuglingsperiode starb; dabei lag die Sterblichkeit erkrankter Säuglinge bei nahezu 100 Prozent, während sie heute praktisch bei null liegt« – wenn der behandelnde Arzt die Dramatik der Krankheit erkennt. Denn: »Ein Flüssigkeitsdefizit mit einem Gewichtsverlust von fünf Prozent muß als sehr ernst betrachtet werden; zehn Prozent Gewichtsverlust bedeuten eine schwere bedrohliche Dehydration.«

Bei Roland bestand bei der Klinikaufnahme ein Gewichtsverlust von 20 Prozent![300]

KIND TROTZ STERILISATION

Fünf Kinder hatte Familie Münstermann* bereits in die Welt gesetzt, als sich der Familienvater zu einer Sterilisation entschloß – die Familienplanung war abgeschlossen. Ein paar Monate nach der Vasektomie in einem Bezirkskrankenhaus stand fest: Ein sechstes Kind wuchs in Frau Münstermanns Leib. In einer Risikoschwangerschaft wurde es ausgetragen.

Die unfreiwilligen Nochmal-Eltern beanspruchten gegenüber dem operierenden Arzt 1000 Mark Schmerzensgeld und monatlich 430 Mark Unterhalt. Der Prozeß ging bis zum Bundesgerichtshof, das den Münstermanns in letzter Instanz recht gab.

Allerdings ging es weniger darum, daß der Mann trotz Vasektomie zeugungsfähig geblieben war – dies kann passieren und gilt nicht als Kunstfehler. Aber der Arzt hatte Herrn Münstermann nur beiläufig geraten, »zur Sicherheit« nach vier Wochen ein Spermiogramm (Untersuchung auf Samenzellen im Spermium) anfertigen zu lassen. Statt dessen, so befand das Gericht, hätte er eindringlich auf ein mögliches Scheitern des Eingriffs und die dringende Notwendigkeit der Sperma-Untersuchung hinweisen müssen.

Übrigens: Die Unterhaltszahlungen wurden verfügt, weil durch die Vasektomie ja gerade die wirtschaftlichen Belastungen durch ein Kind hätten vermieden werden sollen. Das Kind selbst stellt natürlich keinen Schaden dar ...[301]

GEBÄRMUTTER RAUS – BLASE VERLETZT

In 1,2 Prozent aller Gebärmutteroperationen passiert statistisch gesehen das Mißgeschick, daß die Harnblase verletzt wird. Insofern ist eine solche Komplikation operationstypisch und kein Kunstfehler, auch wenn diese Verletzung vor allem dann auftritt, wenn der Operateur ungeübt ist.

Gerlinde Burghard* war eine jener Frauen, die mit einem solchen Geschehen konfrontiert wurde: Während ihr – wegen einer bösartigen Geschwulst – die Gebärmutter entfernt wurde, verletzte der Chirurg die Harnblase auf etwa drei Zentimetern, wodurch zunächst blutiger Urin austrat. In der Folge bildete sich eine Fistel. Erst durch zwei weitere Operationen konnten die Auswirkungen der Blasenverletzung behoben werden.

Wenn Gerlinde Burghard dann später 8000 Mark Schmerzensgeld zugesprochen wurden, dann nicht wegen des Operationsfehlers. Die behandelnden Ärzte hatten es nach Aussagen der Patientin versäumt, sie über die möglichen Folgen der Operation aufzuklären – dadurch war der ganze operative Eingriff, wie das angerufene Landgericht feststellte, schlicht rechtswidrig.

Außerdem präsentierten die Ärzte dem Gericht eine ausgesprochen lückenhafte Dokumentation in den Krankenunterlagen, so daß sie nicht beweisen konnten, alles zur Aufklärung der Patientin getan zu haben. Auch diese nachlässige Handlung trug zur Verurteilung bei.[302]

Morgen ist auch noch ein Tag ...

Nach übermäßigem Alkoholgenuß in einer Gaststätte war der 44jähriger Arbeiter Werner Otto* mitten in der Nacht auf der Straße verunglückt. Was genau geschah, weiß niemand – fünf Stunden nach Verlassen der Wirtschaft jedenfalls wurde er bewußtlos am Fahrbahnrand liegend aufgefunden.

Otto wurde sofort mit dem Notarztwagen in eine Klinik gebracht. Dort ergab eine in der chirurgischen Ambulanz durchgeführte Erstuntersuchung eine Körpertemperatur von 36,6 Grad sowie u. a. einen Schädelbruch und zahlreiche Blutungsherde in beiden Stirnlappen, im rechten Schäferlappen, über dem Kleinhirnzelt und eine Einengung der linken Seitenkammer ein Zeichen für erhöhten Hirndruck.

Resultat: Werner Otto kam mit der Diagnose »Unterkühlung« auf die Innere Abteilung. Als sich tagsüber die neurologische Symptomatik verstärkte, bat der zuständige Oberarzt seinen chirurgischen Kollegen um eine Übernahme des Patienten. Dieser hatte darauf die beiläufige Bemerkung parat, es hätten schon öfters Patienten auf der Chirurgie gelegen, die dort nicht hingehörten. Aber nach dem Motto »Morgen ist auch noch ein Tag« sagte er die Übernahme für den nächsten Morgen zu.

Er ersparte sich dadurch viel Arbeit, denn am nächsten Morgen lag Otto, dessen Zustand sich laufend verschlechtert hatte, statt dessen auf der Intensivstation, wo er wenig später verstarb.

Zwar kam eine gerichtsmedizinische Beurteilung zu dem Ergebnis, daß der Tod des Mannes »ohne jeden Zweifel die Folge des Schädel-Hirntraumas, offenbar entstanden durch einen Sturz auf den Hinterkopf« war, doch führte dies nicht zu Konsequenzen: Weil nicht mit der »für die strafrechtliche Beurteilung erforderlichen Sicherheit« beweisbar war, daß Werner Otto durch einen zeitigen chirurgischen Eingriff hätte gerettet werden können, wurde ein Verfahren gegen den Chirurgen mit Sinn für gemütliche Zeitabläufe eingestellt.[303]

Hirnschaden statt psychischer Schäden

Weil der Hausarzt Dr. Held* (so erklärte er es den Eltern) der Meinung war, Kleinkinder bekämen in der Kinderklinik prinzipiell einen psychischen Schaden und sollten deshalb so lange wie möglich zu Hause behandelt werden, erlitt ein fünf Monate altes Kind einen bleibenden Hirnschaden mit Krampfanfällen.

Der Arzt hatte bei dem Baby, das er wegen Schnupfen, Husten und Erbrechen behandeln sollte, eine Halsentzündung festgestellt und eine antibiotische Behandlung begonnen. Obwohl sich das Krankheitsbild nicht verbesserte, sondern der Zustand des Säuglings immer schlimmer wurde, verweigerte der telefonisch informierte Mediziner acht Tage nach Ausbruch der Krankheit sogar einen Hausbesuch.

Erst zwei Tage später, nach einer weiteren Verschlimmerung, wies Dr. Held das Baby ins Krankenhaus ein, wo eine schwere, eitrige Meningitis festgestellt wurde.

Die Gutachterstelle der Ärztekammer erkannte auf einen »groben Behandlungsfehler«, denn spätestens, nachdem die Penizillinbehandlung nicht anschlug, hätte der Arzt das Kind in eine Klinik einweisen müssen. Dann, so die Gutachter, hätte auch die schwere Hirnschädigung des Kindes vermieden werden können.[304]

KAISERSCHNITT VERSÄUMT – HIRNSCHADEN

Als Doris Kern* im November 1989 hochschwanger ins Krankenhaus ging, um ihr Kind zu gebären, schien zunächst alles normal zu verlaufen. Dann aber zeichnete das Cardiotokogramm, mit dem die Wehentätigkeit und der Herzschlag des Kindes aufgezeichnet werden, ein katastrophales Bild. Das Kind im Mutterleib war kurz vor dem Ersticken, ein Kaiserschnitt wäre dringend geboten gewesen. Ein später hinzugezogener Gutachter: Die Aufzeichnungen waren eindeutig und »hochpathologisch«.

Aber so unglaublich es klingt: Auf der Geburtsstation des Städtischen Krankenhauses Nettetal erkannte niemand diesen Befund! Statt dessen verkündete der zuständige Gynäkologe, zwar sei das Becken der werdenden Mutter möglicherweise etwas klein für den Säugling, aber man wolle die Geburt ohne Kaiserschnitt durchziehen.

Als er die Gefahr schließlich erkannte, war es zu spät: Achtmal versuchte der Oberarzt in großer Eile, das Kind mit der Saugglocke zu holen. Er geriet in Panik, Arzt und Hebamme schrien sich gegenseitig an. Aufgeschreckt durch diesen Krach eilte schließlich ein Assistenzarzt herbei, der die Initiative übernahm und den Säugling aus dem Leib der Mutter zog.

Wenige Monate nach diesem dramatischen Geschehen stellte sich heraus, daß das kleine Mädchen bleibende Hirnschäden davongetragen hatte.

Dennoch bestritt die Versicherung einen Kunstfehler. Erst als man erkannte, daß eine vorbereitete Klage so gut fundiert war, daß es kaum einen Ausweg gäbe, einigte man sich außergerichtlich auf eine Entschädigung: Mehr als 350 000 Mark Schmerzensgeld wurden der Familie bewilligt, 220 000 DM Zuschuß für den behindertengerechten Hausumbau plus die monatlichen Pflegekosten.

Die Gesundheit aber konnte die Versicherung dem Kind nicht zurückgeben.[305]

Ein Verdacht ist keine Diagnose

Einen »verhaltenen Abort« (Tod des Fetus) diagnostizierte ein Gynäkologe bei der schwangeren Beate Bär* und schlug ihr eine Operation zur Entfernung des Fetus vor. Die Frau willigte aufgrund der bestimmten Diagnose des Arztes ein und unterschrieb eine Zustimmung zum Eingriff, der dann auch durchgeführt wurde.

Ob der Fetus zu diesem Zeitpunkt wirklich schon tot war, konnte im nachhinein nicht mehr festgestellt werden – der Arzt hatte sich nach der Operation nicht um die histologische Untersuchung gekümmert, wie er erklärte. So konnte es bei einer späteren Verhandlung nicht zu einer Verurteilung wegen »fahrlässiger Abtreibung« kommen. Dennoch mußte der Arzt 8000 Mark Schmerzensgeld plus Zinsen zahlen – wegen Körperverletzung. Denn obwohl seine Patientin ihre Einwilligung gegeben hatte, hätte die Operation gar nicht stattfinden dürfen.

Gutachten belegten, daß der Gynäkologe einen Verdacht als handfeste Diagnose ausgegeben und somit die Frau falsch beeinflußt hatte. Lediglich aufgrund von zwei Ultraschalluntersuchungen, auf denen der Fetus nicht zu sehen war, konnte nicht auf dessen Tod geschlossen werden – laut Gutachten passiert es im frühen Schwangerschaftsstadium durchaus öfter, daß sich Feten dem sonographischen Signal »entziehen«.

Der Arzt hätte also seinen Verdacht erst noch verifizieren müssen.[306]

KÖRPERVERLETZUNG ALS SUCHTERSATZ

Dr. Dietmar Grundlach*, Arzt für Allgemeinmedizin, erinnerte sich: Die beiden jungen Leute, die vor einigen Monaten bei ihm in der Praxis erschienen waren, »stellten sich als heroinabhängige Patienten vor und wollten wegen des gemeinsamen Kindes davon loskommen. Beide wiesen ältere Nadeleinstichstellen auf, wirkten sehr blaß und abgemagert ...«

Entscheidend für ihn, so führte Dr. Grundlach aus, sei gewesen, daß die jungen Leute vom Heroin, das auf Dauer mit Sicherheit zum Tode geführt hätte, wegkommen wollten. Er verordnete ihnen deshalb im wesentlichen starke Schmerz- und Schlafmittel. Denn: »Die Schmerzmittelsucht ist im Verhältnis zur Heroinsucht als lächerlich abzutun.«

Den Tod fand der junge Mann auch ohne Heroin: In den letzten Wochen seines Lebens verfiel er zusehends, erlitt krampfartige Anfälle und zeigte so starke geistige Ausfallserscheinungen, daß seine Eltern schon an Entmündigung dachten. Schließlich verstarb er eines Nachts offenbar an einem epileptischen Anfall.

Wie seine Lebensgefährtin berichtete, hatte der Mann in den letzten Monaten seines Lebens wahllos Tabletten geschluckt, »alles, was er bekommen konnte«, ungefähr 30 Tabletten täglich – und zwar Aufputschmittel, Schmerzmittel, Psychopharmaka und Schlaftabletten. Bekommen hatten er und seine

Freundin die Medikamente von Dr. Grundlach – und zwar teilweise auf Kassenrezept, teilweise auf Privatrezept.

In einem gerichtsmedizinischen Gutachten hieß es zu dieser Verordnungspraxis: »Es ist [...] ein alter ärztlicher Erfahrungssatz, daß man beispielsweise das als Rauschmittel gebrauchte Heroin oder Morphin nicht dauerhaft ersetzen kann durch antriebssteigernde Arzneimittel wie AN 1(r) und Captagon(r) sowie durch Schlaf-, Schmerz- oder Beruhigungsmittel. Die Umsetzung Suchtkranker auf solche Mittel ist zeitlich begrenzt, um den Entzug zu erleichtern; sie hat allerdings unter laufender ärztlicher Kontrolle stattzufinden.«

Diese allerdings fand nicht statt – sonst hätte Dr. Grundlach ja den Verfall des Mannes bemerken müssen. Statt dessen verschrieb er die Tabletten oft auf Telefonanruf hin. Die Gutachter: »Allein in den Monaten Januar bis Juli [...], also bis zum Tode des jungen Mannes, hatte [der Arzt], um nur die fünf wichtigsten Mittel zu nennen, teils auf Kassen-, teils auf Privatrezept, – für letztere hatte die junge Frau als Sozialhilfeempfängerin 2200 Mark entrichtet -, 3620 Kapseln Develin(r) retard, 3450 Dragees AN 1(r), 2200 Tabletten Zentropil(r), 1620 Tabletten Mandrax(r) und 1380 Tabletten Neodorm(r) verschrieben. Dividiert man diese Zahlen durch die 211 Tage, gerechnet ab dem 1.1. bis zum 30.7., dann ergeben sich, bezogen auf nur eine Person, Tagesdosen von 17 Kapseln Develin(r) retard, 16 Dragees AN 1(r), zehn Tabletten Zentropil(r), siebeneinhalb Tabletten Mandrax(r) und sechseinhalb Tabletten Neodorm(r). Wenn man diese Tagesdosen mit den [...] empfohlenen Tagesdosen vergleicht, so sind sie nicht nur bezogen auf eine Person, sondern zu gleichen Teilen auch für zwei Personen, bei weitem übersetzt; dies um so mehr, als nicht nur eines dieser Mittel überdosiert war, sondern gleich fünf Mittel in Überdosis einwirkten. Diese Überdosierungen mußten zwangsläufig zu chronischen Vergiftungen führen.«

Da keine Obduktion der Leiche vorgenommen worden war, konnte Dr. Grundlach nicht nachgewiesen werden, daß die Medikation ursächlich für den Tod des jungen Mannes war. Ein Schöffengericht erließ aber wegen zweier Vergehen der vorsätzlichen Körperverletzung einen Strafbefehl in Höhe von 8000 Mark.[307]

DER HERR CHEFARZT HATTE KEINE ZEIT ...

Der Hausarzt von Dieter Zahn* meinte es gut mit seinem Patienten: Er überwies ihn nach einem Sturz vom Fahrrad und mit der Diagnose »Schlüsselbeinbruch« nicht an irgendwen, sondern gleich an den Chefarzt der chirurgischen Klinik des Kreiskrankenhauses, Dr. Grosse*.

Der Chef aber hatte wohl keine Zeit: Ein Assistenzarzt legte Dieter Zahn am 16.8. nach Bestätigung der Diagnose einen sogenannten Rucksackverband an und bat um erneute Vorstellung in zwei Tagen. Dieser Aufforderung kam Zahn nicht nach – weil er starke Schmerzen hatte und sich nicht in der Lage fühlte, Auto zu fahren, ging er zu seinem Hausarzt, der ihm Schmerztabletten verschrieb. Die Schmerzen vergingen nicht, am 22.8. und noch zwei Wochen lang begab sich Dieter Zahn in Behandlung, wobei ihm mal der Verband gelockert, mal wieder gestrafft wurde.

Auf Intervention des Hausarztes nahm Chefarzt Dr. Grosse sich am 5.9., also drei Wochen nach dem Unfall, erstmals selbst des Patienten an, der inzwischen nicht nur über starke Schmerzen, sondern auch über Lähmungserscheinungen in beiden Armen klagte. Dr. Grosse ließ den Verband abnehmen und beschied Dieter Zahn, er möge sich in 14 Tagen wieder vorstellen.

Doch die Schmerzen wurden so unerträglich, daß der Kranke bereits am nächsten Tag wiederkam und nach einer Röntgenuntersuchung zum Nervenarzt überwiesen wurde. Dieser schickte Zahn eine Woche später zur stationären Behandlung in eine Nervenklinik. Dort wurde eine »obere Plexus brachialis-Lähmung rechts mehr als links durch Druckläsion« diagnostiziert. Ausdrücklich stellte man fest, daß die Nervenschädigung auf die Höhe des großen Armnervs zu lokalisieren sei, »einem für den Rucksackverband durchaus exponierten Nervenstrang«.

Die Störungen waren auch nach mehr als einem halben Jahr nur zum Teil beseitigt. Herr Zahn mußte weiter in krankengymnastischer Behandlung bleiben.

Eine Gutachterstelle entschied daraufhin, daß die Behandlung des Patienten fehlerhaft gewesen sei. Bei jeder Konsultation habe Zahn auf die für eine Druckschädigung typischen Symptome hingewiesen. Trotzdem sei der Rucksack erst nach drei Wochen entfernt worden.

Als daraufhin der Chefarzt Einspruch einlegte, mit der Begründung, Dieter Zahn trage eine Mitverantwortung, weil er zum ersten Kontrolltermin nicht erschienen sei und sich somit der »Behandlung entzogen« habe, wies die Gutachterkommission darauf hin, wer sich hier wirklich der Behandlung entzogen habe: »Herr Dr. Grosse hat ausdrücklich mitgeteilt, daß die Verantwortung für die Behandlung des Herrn Zahn in der Ambulanz bei ihm liege. Daher ist es unverständlich, daß er sich weder am 16.8. bei der Erstbehandlung, noch bei den folgenden Behandlungen bis zum 5.9. um Herrn Zahn gekümmert hat.«

Und die Kommission ergänzt: »Über den Ausbildungsstand der Assistenzärzte liegen keine Angaben vor; es besteht mithin der Verdacht, daß diese unbeaufsichtigt die Behandlung des Patienten nicht hätten übernehmen dürfen.«[308]

Im Krankenhaus war alles zu spät

Der einjährige Jan Piper* litt eines Tages an Brechdurchfall. Dies war nicht ungewöhnlich, denn seine vier Jahre ältere Schwester Anna hatte schon vorher ähnliche Symptome, offenbar hatte er sich bei ihr angesteckt. Verständlich, daß Hausarzt Dr. Eichhorn*, der schon Anna behandelt hatte, nun auch die Behandlung von Jan übernahm.

Doch die von ihm verordneten Tabletten halfen nicht. Der Zustand des Kleinkindes verschlechterte sich, und der telefonisch kontaktierte Arzt verordnete neue Medikamente.

Der kommende Tag war ein Feiertag, und weder Dr. Eichhorn noch der Bereitschaftsarzt waren zu erreichen. Der Zustand des Kindes wurde zunehmend schlimmer. Am darauffolgenden Tag erschien der Hausarzt am frühen Nachmittag und später noch einmal zum Hausbesuch. Auch jetzt rief er nicht den Krankenwagen, sondern riet den Eltern lediglich, Jan im eigenen PKW ins Krankenhaus zu fahren, weil er eine Infusion benötige.

Doch es war bereits zu spät. Kurz nach der Einlieferung in die Klinik verstarb der kleine Junge.

»Bei Anwendung der erforderlichen Sorgfalt und Besinnung auf seine ärztlichen Kenntnisse hätte der Angeklagte die Gefahr rechtzeitig erkennen und abwenden können«, hieß es später in einem Urteil des Landgerichts, das den Arzt wegen fahrlässiger Tötung zu einer Geldstrafe von 22 500 Mark verurteilte.[309]

Kotaustritt durch die Vagina

Eine besonders unangenehme Komplikation ergab sich nach einer gynäkologischen Totaloperation bei Katarina Bork*. Zwei

Wochen nach dem Eingriff trat bei ihr Kot aus der Vagina aus. Wie sich herausstellte, hatte der Chirurg beim Nähen der Wunde die Darmwand erfaßt und festgenäht. So entwickelte sich eine Fistel.

Eine Tortur begann: In zwei weiteren Operationen konnte der Kotaustritt aus der Vagina nicht beseitigt werden. Erst als die Ärzte Katarina Bork einen künstlichen Darmausgang legten, gelang es, die Kotfistel zu schließen.

Natürlich hatte Katarina Bork vor der Operation keine Ahnung, daß es solche Komplikationen hätte geben können. Dennoch lag nach Ansicht eines angerufenen Gerichts keine Verletzung der Aufklärungspflicht durch die Ärzte vor – diese gilt nur für operationsübliche Komplikationen, zu denen ein Kotaustritt aus der Scheide mit Sicherheit nicht gehört.

Andererseits wies genau dieser Umstand darauf hin, daß hier ein vermeidbarer Operationsfehler vorlag, und somit konnte Katarina Bork ein Schmerzensgeld von 15 000 Mark zugesprochen werden – vor allem als Ausgleich für die Belastungen, der die Ehe der Frau während der Behandlung ausgesetzt war: Ehelicher Verkehr nämlich war bis zur Beseitigung der unangenehmen Verletzung praktisch nicht möglich.[310]

BLINDDARM STATT LEBENSMITTELVERGIFTUNG

Wenn ein Arzt es sich zu bequem macht und der Selbstdiagnose des Patienten vertraut, ohne eine eigene Diagnose zu stellen, begeht er einen vermeidbaren ärztlichen Behandlungsfehler.

So etwa könnte man das Ergebnis der Krankheitsgeschichte von Alexander Hüttenrauch* benennen. Er hatte sich wegen verschiedener Symptome an seinen Hausarzt gewandt und diesem gegenüber die Vermutung geäußert, es handele sich um eine Lebensmittelvergiftung, da er eine möglicherweise schlecht gewordene Leberwurst verzehrt habe.

Die verordneten Medikamente schlugen nicht an. Daraufhin suchte Hüttenrauch ein paar Tage später einen weiteren Arzt auf. Dieser diagnostizierte eine Blinddarmentzündung im fortgeschrittenen Stadium. Er ertastete durch die Bauchdecke einen faustgroßen Tumor. Wie sich herausstellte, war der Wurmfortsatz bereits durchgebrochen.

Nachdem der Darm in einem mit Komplikationen behafteten Eingriff wieder verschlossen worden war und auch noch eine Nachoperation erfolgen mußte, wandte sich Hüttenrauch an eine ärztliche Gutachterstelle, die zu dem einleitend erwähnten Schluß kam. Unter juristischem Gesichtspunkt sei die Nichtuntersuchung des Kranken sogar als »grob fahrlässig« zu bewerten.[311]

DER PATIENT IST SELBER SCHULD

Unzählige Patienten klagen darüber, vom Arzt nicht ernst genommen zu werden. Um so mißtrauischer muß man sein, wenn ein Arzt das »Hohelied von der Selbstverantwortung« des Patienten singt. Oder, in diesem konkreten Fall, wenn der Hautarzt Dr. Tritscher* in einem Einspruch an die Gutachterstelle der Ärztekammer formuliert, man könne »sich seinen Patienten gegenüber nicht so verhalten, als ob es sich um unmündige, des Lesens und Schreibens nicht fähige Menschen handeln würde.«

Wie kam es zu dieser an sich ja klugen Einsicht? Dr. Tritscher hatte seiner Patientin Franziska Weimar*, die ihn wegen roter Flecken auf dem Rücken aufgesucht hatte, eine UV-Bestrahlungstherapie verordnet.

Bei der ersten Bestrahlung hatte eine Helferin Frau Weimar die Einstellung der Zeituhr an der Bestrahlungskabine erklärt und sie gebeten, sich beim nächsten Mal in eine Liste einzutragen, selbst die Kabine aufzusuchen, die Zeit einzustellen und sich dann bestrahlen zu lassen.

Leider hatte Franziska Weimar beim nächsten Mal ihre Brille vergessen, so daß das Einstellen der Zeituhr wohl nicht so klappte. Die Zeit kam ihr viel zu lang vor, sie unterbrach die Sitzung, um nach der Zeituhr zu sehen, konnte aber wegen ihrer Sehschwäche nichts erkennen. Daraufhin setzte sie die Bestrahlung fort – insgesamt fünf Minuten, statt vorgesehener zehn Sekunden (!).

Es kam, wie es kommen mußte, und wie es in allen Werken über UV-Strahlen steht – Frau Weimar erlitt einen Strahlenschaden, der sich in einem Sonnenbrand mit Blasenbildung äußerte. Die Behandlung dieses erst in der Praxis erworbenen Hautschadens dauerte etwa vier Wochen.

Dr. Tritscher wurde daraufhin von der Gutachterstelle gerügt – weil »die Einstellung der Zeituhr und damit die Strahlendosis nicht in den Verantwortungsbereich des/der Patienten/in« gehöre. Dies sei vielmehr Aufgabe des Arztes oder einer geschulten Helferin. Auch sein Einspruch, der sich – siehe oben – auf den mündigen Patienten bezog, hatte keinen Erfolg. Vielmehr wiesen die Gutachter auf die pikante Tatsache hin, daß Dr. Tritscher selbst in einem Artikel mit der Überschrift »UV-Bestrahlungsgeräte« für eine Fachzeitschrift eine Richtlinie des Bundesgesundheitsamtes zitiert hatte, in der es heißt: »Für medizinische Indikationen geeignete Solarien dürfen nur unter ärztlicher Kontrolle angewendet werden.«[312]

STATT HEILUNG NOTOPERATION

Mit sieben Tagen Krankenhausaufenthalt hatte die 53jährige Hamburger Zahnarzthelferin Alissa Grund* gerechnet, als sie sich im städtischen Krankenhaus einer harmlosen Operation am Fußballen unterziehen mußte. Doch sieben Tage nach diesem Eingriff stand fest: die 53jährige Frau mußte sich einer weiteren (Not-)Operation unterziehen und würde für ihr Leben lang gehbehindert bleiben.

Was war geschehen? Zwei Tage, nachdem ihr Fuß nach der ersten Operation verbunden worden war, hatte der diensthabende Arzt den Verband geöffnet und die Drainage entfernt. Doch der Mann hatte es eilig und hielt es nicht einmal für nötig, den Verband zu wechseln – er klebte einfach alles wieder zu. Als bei der Patientin in den folgenden Tagen Schmerzen auftraten, die am fünften Tag recht heftig wurden, empfanden dies die behandelnden Ärzte als »normal«. Erst nach energischem Protest erklärte sich am siebten Tag ein Arzt bereit, den Verband zu wechseln. Ihm fehlten zunächst die Worte, dann hatte er für die Bettlägerige den Rat: »Wenn es Sie beruhigt, dann weinen Sie einen Augenblick.«

Denn Patientin und Arzt bot sich ein Bild des Grauens: der ganze Fuß war schwarz, aus dem offenen Drainageloch floß ein schwarzes Sekret. Eine »Staphylococcus aureus«-Infektion hatte ihr Werk getan.

Noch am selben Abend wurde die oben erwähnte Notoperation durchgeführt, bei der die Chirurgen die Eiterherde entfernten: So wurde der Fuß zum großen Teil verkrüppelt. Lediglich das Allerschlimmste konnte verhindert werden: eine Amputation.[313]

KIEFER GEBROCHEN, NERV ZERFETZT

»Da ging eine gesunde Frau zum Zahnarzt, bloß zur Routine-Kontrolle. Das hätte sie besser bleiben lassen ...« Mit dieser treffenden Bemerkung leitet die Ärztezeitung *Medical Tribune* den

Bericht über einen zahnärztlichen Pfusch-Fall der extremen Art ein. Die Frau habe sich mit ihrem Besuch »Tod und Teufel« eingehandelt – nämlich Kieferbruch, Klinikeinweisung, Wundinfektion und letztendlich eine bleibende Nervenschädigung.

Wie das alles kam, schildert die Ärztezeitung so: »Das Gebiß der 40jährigen gefiel dem Doktor gar nicht. Die Weisheitszähne mußten weg, entschied er und vereinbarte mit der Patientin einen Termin für einen Eingriff – freilich ohne über die Operationsrisiken aufzuklären. Am Tag X ging dann schief, was nur schiefgehen konnte. Der linke Kieferwinkel brach, die Patientin wurde eilig in die Klinik für Mund, Kiefer und Gesichtschirurgie gebracht, wo man ihr in einer mehrstündigen Operation den ›Zahn 38‹ entfernte, die Fraktur mit einer Metallplatte versorgte und den Kiefer verdrahtete. Trotz Antibiose kam es zur Wundinfektion, und im Rahmen der künstlichen Ernährung ging es der Frau so miserabel, daß sie auf Intensiv mußte. Während des mehrwöchigen Krankenhausaufenthaltes stellte sich heraus, daß der Nervus alveolaris inferior ramponiert war, die Patientin mußte sich mit bleibender Taubheit von Unterlippe, Kinn und Zungenspitze abfinden.«

Das »fehlerhafte Wüten« (*Medical Tribune*) des Zahnarztes wurde vom Oberlandesgericht Düsseldorf mit einem Schmerzensgeld von 20 000 Mark plus Ersatz des materiellen Schadens, der während des krankheitsbedingten Ausfalls der Hausfrau und Mutter von zwei Kindern entstanden war, geahndet.[314]

FETUS ALS »LEBENSGEFÄHRLICHE GESCHWULST«

Maria Krieger, spätere Mitbegründerin des »Arbeitskreises Frauenhilfe bei gynäkologischen Problemen«, hatte das Gefühl, schwanger zu sein. Ihr Bauch vergrößerte sich schon – ein lange erwartetes, ersehntes Kind sollte kommen.

Doch ihr Gynäkologe überraschte sie mit einem anderen, niederschmetternden Befund: Er erklärte der entsetzten Patientin, sie trage eine »lebensgefährliche Geschwulst« in ihrem Leib, die einen schnellen Eingriff erfordere.

In einer Totaloperation entfernte der Gynäkologe ihre Gebärmutter, ihre Eileiter und Eierstöcke. Danach begann ein sich über Jahre hinziehender gesundheitlicher Verfall, der mit starken Depressionen verbunden war und gegen den die konsultierten Ärzte kein Mittel wußten – bis endlich ein Mediziner die Ursache herausfand: Maria Krieger litt unter extremem Östrogenmangel, hervorgerufen durch die Nachlässigkeit des operierenden Gynäkologen, der es versäumt hatte, ihr eine zwingend indizierte Hormonersatztherapie zu verordnen.

Möglicherweise stand der Arzt damals zu sehr unter Streß, weil er damit beschäftigt war, seinen noch größeren Kunstfehler zu verschleiern. Denn wie Maria Krieger etliche Jahre nach dem Eingriff durch eine hilfreiche Ärztin von pro familia – die sich die Krankenunterlagen besorgte – erfuhr, war die »lebensgefährliche Geschwulst« tatsächlich ein werdendes Kind gewesen, das bei der Operation beseitigt worden war ...[315]

KNOCHENBRUCH MIT FOLGEN

Einen schier unglaublichen Fall ärztlicher Ignoranz berichtet der Allgemeine Patienten-Verband (apv) in seinem Buch *Ärztefehler – pfuschen und vertuschen*. Die Chronologie der Ereignisse:

Eine 55jährige Frau brach sich bei Schneeglätte den Speichenknochen in der Nähe des Handgelenks. Sie begab sich in ein Krankenhaus und wurde dort ambulant versorgt. Der Arm wurde mit einer Gipsschiene ruhiggestellt. In der Nacht darauf bekam die Frau zunehmend heftiger werdende Schmerzen in der Hand und in den Fingern, die zudem anschwollen und bläulich anliefen. Gleich am Morgen begab sich die Patientin zum weiterbehandelnden Orthopäden. Dieser war über die Klagen der Frau »sehr ungehalten und fordert mit der Begründung, die Schmerzen seien völlig normal, die Patientin auf, sich zusammenzunehmen.« Am Nachmittag sprach die Patientin wegen der starken Schmerzen noch einmal vor. Der Facharzt nahm wieder keine Kenntnis von den geschwollenen Gliedmaßen. Die leidende Frau ließ sich von einer Internistin Schmerzmittel verordnen, die aber kaum halfen. Weil der Orthopäde seinen Urlaub antrat, suchte die Patientin einen anderen Orthopäden auf. Dieser »unternimmt ebenfalls nichts, und zwar mit der Begründung, der Kollege sei zwar ein Rindvieh, aber aus kollegialer Rücksicht dürfe er nichts tun.«

Jetzt stellte sich die Frau dem Vertrauensarzt ihrer Krankenkasse vor. Dieser verweigerte Hilfe mit dem Argument, er dürfe erst nach Ablauf von sechs Wochen tätig werden, außerdem sei sie ja in fachärztlicher Behandlung. Nach drei Wochen wurde der Verband endlich entfernt – es hatte sich eine sogenannte Sudeck'sche Erkrankung entwickelt, mit Schmerzen, Weichteilschwellungen und Kalksalzverarmung der Unterarm- und Handknochen. Nach zwei Jahren (!) konnte die Frau wieder mit Einschränkung Schreibmaschine schreiben.

Bliebe noch zu vermerken, daß die Schlichtungsstelle der Ärztekammer kein Fehlverhalten der Ärzte zu erkennen vermochte, obwohl die Patientin ihre Angaben durch Zeugenaussagen belegen konnte ...[316]

TOD NACH TELEFON-DIAGNOSE

Gero Tönnies* war heftig erkrankt. Er litt unter Fieber, Schweißausbrüchen, Schüttelfrost und Brechreiz. Da er sich zu schwach fühlte, in die Praxis seines Hausarztes zu gehen, rief er diesen an. Dr. Wildenhaus* hatte viel zu tun und beschied seinen Patienten, daß zur Zeit kein Hausbesuch möglich sei. Aber er stellte anhand der Symptome die Diagnose »Virusinfektion« und verordnete entsprechende Medikamente, die Tönnies' Ehefrau auch besorgte.

Das Leiden aber besserte sich nicht, so daß der Patient seinen Hausarzt abends noch einmal telefonisch kontaktierte. Dieser behauptete, daß die Medikamente ihre Wirkung nur noch nicht voll entfaltet hätten und kein Grund zur Beunruhigung gegeben sei. In der Nacht starb Gero Tönnies – wie sich später herausstellte an einer schweren Lungenentzündung und einer eitrigen Rippenfellentzündung.

Eine Klage gegen Dr. Wildenhaus ging bis zum Bundesgerichtshof. Dieser ließ das Argument des Arztes, er habe zuviel zu tun gehabt und deshalb keinen Hausbesuch machen können, nicht gelten. Denn spätestens nach Ende der Sprechstunde hätte er seinen Patienten aufsuchen müssen.

Andernfalls hätte er auf jeden Fall darauf hinweisen müssen, daß er die Behandlung nicht übernehmen könne, damit sich Gero Tönnies noch einen anderen Arzt hätte suchen können.

Die Telefondiagnose jedenfalls führte in den Tod.[317]

SCHERENKLEMME IM LEIB VERROSTET

Viereinhalb Jahre litt Gerhard Hellmann* an starken Schmerzen, nachdem er 1991 in einem Kreiskrankenhaus operiert worden war. Er lief von Arzt zu Arzt, von Krankenhaus zu Krankenhaus, aber der Grund für diese Qualen war anscheinend unauffindbar.

Dann endlich wurde eine Röntgenaufnahme richtig gedeutet: Die Ärzte fanden eine bei der Operation vergessene Schere

(Fachausdruck: Scherenklemme) in seinem Leib, nur wenige Zentimeter von der Schlagader entfernt, was eine permanente Lebensgefahr bedeutete.

Dennoch riet ihm sein Hausarzt von einer neuerlichen Operation ab: Die Sache sei halb so schlimm. Wo die Schere doch nun schon so lange im Leib sei, werde auch weiterhin nichts passieren. Der Stahl der Schere sei so hochwertig, daß von ihr toxikologisch keine Gefahr ausginge. Bei einer Operation aber käme wieder Luft an die Operationsstelle, und auch der Krebs könne wieder aktiviert werden.

So dauerte es noch einige Zeit, bis Gerhard Hellmann sich den Fremdkörper entfernen ließ. Es stellte sich heraus, daß der »hochwertige Stahl« inzwischen am Verrosten war. Zwei Zentimeter hatten sich in seinem Leib ganz aufgelöst.

Zu Beginn der Tortur war Gerhard Hellmann Anfang 50. Bis auf die ständigen unspezifischen Schmerzen ging es ihm nach der Krebsoperation gut – er hätte nach eigenem Empfinden wieder voll arbeiten können. Durch die Unachtsamkeit des Operationsteams aber konnte er seinen Beruf nicht mehr ausüben. Er mußte in Frührente gehen.

Wie sagte ein Opfer in einem ähnlich gelagerten Fall? »Daß bei einer Operation mal etwas schief geht, das kann man ja noch nachvollziehen. Aber daß so offensichtliche Fehler dann später nicht erkannt werden und Patienten mit postoperativen Beschwerden fast als Querulanten behandelt werden – das ist das eigentlich Schlimme.«[318]

OPERATION GELUNGEN – PATIENT TROTZDEM KRANK

Reiter leben nicht ungefährlich, und so dürfte sich Detlev Plettenberg* nicht allzu sehr gewundert haben, als bei ihm nach einem Reitunfall am Knie eine Kreuzbandverletzung diagnostiziert wurde. Ärgerlicher war da schon, daß eine eingeleitete konservative (also nicht-operative) Behandlung nicht anschlug.

Also mußte Detlev Plettenberg unters Messer. Erneut verlief alles normal. Bei der Operation am 16.8. in einer orthopädischen Klinik gab der Professor sein Bestes, laut Operationsbericht handelte es sich um einen Routineeingriff ohne wesentliche Komplikationen.

Dann aber mußte Plettenberg doch noch eine schmerzliche Erfahrung machen: Zu einer erfolgreichen Behandlung gehört auch eine optimale Nachbehandlung. Und bei der wurde offenbar ein wenig zu sehr der Routine vertraut. Denn obwohl der Patient immer wieder über Schmerzen klagte und ihm deswegen der postoperativ angelegt Gips mehrfach geweitet wurde, kam man erst elf Tage nach der Op auf den Gedanken, den starren Gipsverband ganz zu entfernen und einen Bewegungsgips anzulegen.

Doch da war es schon zu spät. Der Gipsverband hatte so stark auf den Nerv am Ende des Wadenbeins gedrückt, daß ein irreparabler Druckschaden entstanden war. Detlev Plettenberg wird als Andenken an seinen Reitunfall eine 15prozentige Schädigung des Beines behalten, die sich unter anderem dadurch ausdrückt, daß das Knie schon bei geringen Belastungen wie beim Spazierengehen oder Treppensteigen stark schmerzt und anschwillt.[319]

OPERATION VERSCHLEPPT — BEIN AB?

Josef Berg* mußte sich in einem Kreiskrankenhaus ein künstliches Hüftgelenk im rechten Bein einsetzen lassen. Schon bald, so lautete die Prognose, werde er wieder völlig normal laufen können.

Doch es kam anders. Nach der Operation im Oktober 1992 traten heftige Schmerzen und Fieberschübe auf. Sein Gesundheitszustand verschlechterte sich zusehends. An der Operationswunde hatte sich eine Infektion gebildet, die von den Ärzten des Krankenhauses mit antibiotischen Medikamenten behandelt wurde. Berg beschreibt diese Zeit als ziemlich hektisch, denn ständig wurde das Medikament gewechselt, ihm schien, als hätten die Ärzte kein richtiges Behandlungskonzept.

Nach neun Monaten voller Schmerzen kam Berg ein zweites Mal unters Messer. Bei der Operation wurde festgestellt, daß die Infektion Teile des Knochens zerstört hatte. Ein Auswechseln des Implantats wurde zunächst aufgeschoben. Berg mußte auf Krücken laufen, bis weitere anderthalb Jahre später endlich ein neues Implantat eingesetzt werden konnte, das diesmal von der Hüfte bis zum Knie reichte. Die Gefahr eines Verlustes des Beines bestand weiter.

Obwohl Berg in mehreren Gutachten bescheinigt wurde, daß ein Behandlungsfehler vorlag, weil bei der Schwere der Infektion statt einer antibiotischen Behandlung eine sofortige Operation angezeigt gewesen wäre, bekam er zunächst kein Geld von der Haftpflichtversicherung des Krankenhauses. Denn es war eben nur von einem »Behandlungsfehler« die Rede, nicht aber von einem »groben Behandlungsfehler«.

Die Urteile der Experten über die Folgen des Behandlungsfehlers wichen erheblich voneinander ab. Die einen sprachen davon, die fehlerhafte Behandlung sei überhaupt nicht Ursache der nachfolgenden Beschwerden des Herrn Berg. Ein anderes Fachurteil kam zu dem Schluß, mit sachgerechter Behandlung hätte das Leiden des Herrn Berg um ein Jahr verschoben werden können. Wieder andere glauben, daß es Herrn Berg heute wieder gut ginge, wäre die Infektion rechtzeitig ordentlich behandelt worden.

Berg nützte dies alles nichts – er mußte vor Gericht sein Recht erstreiten. Der Rechtsstreit dauerte bei Niederschrift dieses Buches noch an.[320]

BRUST VÖLLIG UNNÖTIG VERSTÜMMELT

Annemarie Behrend* war eine gründliche Frau – sie achtete auf Körpersignale und glaubte eines Tages, einen Knoten in der Brust bemerkt zu haben. Der eingeschaltete Frauenarzt konnte zwar nichts ertasten, überwies Frau Behrend aber zur Mammographie, die ohne entscheidenden Befund blieb. Auch in einer Klinik konnte kein Knoten ertastet werden, doch nach einer Gewebsentnahme riet man der Patientin zur Operation. Sie sollte sich den Drüsenkörper der Brust ganz entfernen und durch eine Prothese ersetzen lassen – und zwar wegen des Aussehens in beiden Brüsten.

Weil der Operateur diesen Eingriff nicht, wie üblich, in einer Sitzung durchführte, sondern die Prothese erst nach zwei Wochen einsetzen wollte, kam es zu einer krankhaften Gewebsreaktion. Außerdem war die Prothese zu groß dimensioniert. Folge: Komplikationen wie Nachblutungen, Entzündungen und Gewebsnekrosen. Die Prothese wurde abgestoßen und wiedereingepflanzt. Nach mehreren Operationen waren Annemarie Behrends Brüste endgültig verstümmelt.

Bei den Operationen war es nach einem Sachverständigenurteil zu mehreren vermeidbaren Fehlern gekommen. Noch niederschmetternder aber war für Annemarie Behrend ein Umstand, den sie erst im nachhinein erfuhr: Die ganze Operation war überflüssig, denn bei dem Ergebnis der ursprünglichen Gewebsuntersuchung handelte es sich um einen absolut gutartigen Befund.[321]

MENINGITIS NICHT ERKANNT – JUNGE ERBLINDET

Es hätte ein schöner Spanienurlaub werden sollen, aber Familie Wagner* wird ihren Aufenthalt im Süden und dessen Folgen ewig in grauenvoller Erinnerung behalten. Oliver Wagner sollte am kommenden Tag seinen neunten Geburtstag feiern, als er frühmorgens um fünf Uhr über heftige Kopfschmerzen klagte. Zuvor hatte er sich erbrochen, und das Fieberthermometer zeigte eine Körpertemperatur von 41 Grad an.

Kein Wunder, daß die Eltern ihren Jungen sofort in das nächstgelegene Krankenhaus zur Untersuchung brachten. Dort machte die Mutter den untersuchenden Arzt darauf aufmerksam, daß viele Symptome auf eine Hirnhautentzündung hinwiesen – sie selbst hatte diese Krankheit als Kind durchgemacht und achtete verständlicherweise auf entsprechende Symptome. Doch der spanische Mediziner fand keine Hinweise auf eine Meningitis, sondern verordnete wegen einer eitrigen Angina vier normal dosierte Penizillininjektionen.

Als sich das Befinden des Jungen im Laufe des Tages nicht besserte, entschlossen sich die Wagners, ihren Urlaub abzubrechen. Sie fuhren nach Verabreichung der zweiten Spritze in der folgenden Nacht mit dem Wohnmobil (der Junge konnte also in einem Bett liegen) in Richtung Heimat. Unterwegs spritzte ein französischer Arzt die dritte Penizillinspritze und verordnete weitere Spritzen.

Nach 24 Stunden war die Familie in der Heimatstadt angekommen und suchte einen Bereitschaftsarzt auf. Dieser wollte nun weder von einer eitrigen Angina noch von der durch die Mutter wieder ins Gespräch gebrachten Hirnhautentzündung etwas wissen. Er schaute dem Jungen in den Mund und verzichtete mit den Worten: »Man schießt doch nicht mit Kanonen auf Spatzen« auf die vierte Penizillinspritze. Statt dessen verschrieb er mehrere, vornehmlich homöopathische Mittel. In die Krankenakte notierte er »fieberhafte Tonsillitis« (Mandelentzündung) – mit Fragezeichen.

Am folgenden Morgen verschlechterte sich der Zustand des Jungen dramatisch. Als er um sieben Uhr von seinen Eltern ins

Krankenhaus gebracht wurde, war er bewußtlos. Der dienst-habende Arzt überwies ihn mit dem Notarztwagen in ein an-deres Krankenhaus. Dort endlich stellte man fest, daß der Jun-ge tatsächlich an einer bakteriellen Hirnhautentzündung litt. Trotz einer sofort einsetzenden, gezielten Behandlung wachte Oliver erst einen Monat später wieder auf. Das Kind war für immer erblindet.

Die behandelnden Ärzte, die die Meningitis trotz eindeuti-ger Symptome nicht erkannt hatten, mußten sich Vorwürfe ge-fallen lassen. Als in einem gerichtsmedizinischen Gutachten fest-gestellt wurde, daß der deutsche Arzt verpflichtet gewesen wä-re, dem Kind auch die vierte Penizillinspritze zu geben (die allerdings für das eigentliche Krankheitsbild viel zu niedrig do-siert war) und vor allem den Jungen »in allen Belangen und besonders unter dem Gesichtspunkt einer eitrigen Hirnhaut-entzündung zu untersuchen«, konterte dieser Mediziner mit einer Ohrfeige für die gepeinigten Eltern: Er, der unfähig war, die schwere Krankheit zu erkennen und eine geeignete Be-handlung einzuleiten, befand plötzlich, es falle ins Auge, »daß die Kindesmutter ihr schwerkrankes Kind der Tortur einer wei-ten Reise ausgesetzt« habe und »dadurch das Immunsystem des Jungen weiter geschwächt und sich somit möglicherweise hinsichtlich der schweren Fehler mitschuldig gemacht« habe.

Dieser freche Einwand blieb allerdings erfolglos. Zwar wur-de ein Verfahren gegen den Arzt eingestellt, aber erst nach-dem der Mediziner eine Geldbuße in Höhe von 30 000 Mark bezahlt hatte.[322]

GEBÄRMUTTER ENTFERNT – SCHAMLIPPEN ZUGENÄHT

Der Gynäkologe Dr. Sobeck* hatte ein überzeugendes Auftre-ten, und Anita Vinke* ließ sich überzeugen: Sie habe Myome (gutartige Muskelknoten) im Unterleib, und deshalb müsse ihre Gebärmutter entfernt werden. Eine medizinisch nicht haltbare Indikation – aber der Arzt hat scheinbar gute Argumente: Die Myome seien jetzt noch nicht so groß, so daß der Eingriff auch nicht so dramatisch sei. Im Moment könne er die Gebärmutter auch noch durch die Vagina entfernen, so würden keine Narben zurückbleiben.

Nach der Operation aber traten bei Anita Vinke Beschwerden auf, deren wichtigste starke Schmerzen bei sexuellen Kontakten waren. Nach einer Phase der Trauer und der Wut wandte sich die verzweifelte Frau an eine andere Ärztin. Diese stellte bei einer Untersuchung fest, daß ihr Kollege Anita Vinkes kleine Schamlippen weitgehend zugenäht hatte. Diese Verstümmelung konnte zum Glück operativ beseitigt werden.

Später erfuhr die Selbsthilfegruppe »Arbeitskreis Frauenselbsthilfe bei gynäkologischen Problemen« in Hamburg von mindestens drei weiteren Frauen, denen der besagte Gynäkologe die inneren Schamlippen zugenäht hatte.[323]

TOD NACH RABIATER ZANGENGEBURT

Prof. Julius Hackethal berichtete in seinen Büchern von vielen Fällen ärztlichen Fehlverhaltens. Besonders bitter war für ihn, daß die Verantwortlichen für Ärztepfusch oft nicht zur Verantwortung gezogen werden können, obwohl die Verantwortung oft auf der Hand liegt.

Ein solcher Fall ist der von Eva Breuer*, die im Alter von 24 Jahren ihr erstes Kind erwartete. Schon ihr Frauenarzt stellte während der Schwangerschaft fest, daß Eva Breuer wohl ein zu enges Becken habe und voraussichtlich ein Kaiserschnitt erforderlich sei. Auch ein hinzugezogener Professor für Geburtshilfe und Frauenheilkunde bestätigte diese Diagnose.

Eva Breuer suchte sich ein Krankenhaus aus, ließ dort weitere Voruntersuchungen machen und meldete sich vor Ort fünf Tage vor dem errechneten Geburtstermin wegen einsetzender Wehen.

Am späten Abend hatte sie starke Wehen. Ihr Mann bat, den Chefarzt zu rufen, doch dieser war trotz Bereitschaftsdienst nicht zu erreichen. Man verabreichte Eva Breuer starke Schlaf- und Beruhigungsmittel und schickte den Ehemann nach Hause. Erst gegen elf Uhr am nächsten Morgen, nachdem Eva Breuer eine unruhige Nacht verbracht hatte, erschien der Chefarzt im Kreißsaal – weil ein Geburtsstillstand eingetreten war. Es war eine dramatische Situation entstanden, für einen Kaiserschnitt war es zu spät. Der Geburtshelfer holte das Kind mit der Geburtszange durch das enge Becken, wobei er brachiale Gewalt anwenden mußte. Das Kind hatte schließlich am Kopf mehrere Wunden und bekam später Gehirnkrämpfe. Eva Breuer aber erlitt bei der unsäglichen Gewaltkur einen schweren Schockzustand und verstarb nach der Geburt.

Bei einer Sektion wurde als Todesursache Herz-Kreislaufversagen diagnostiziert, hervorgerufen durch eine Fruchtwasserembolie. (Fruchtwasser war in das mütterliche Venensystem und in die Lunge gelangt.) Genau diese verheerende Diagnose aber entlastete paradoxerweise den Arzt: Denn eine Fruchtwasserembolie kann, so Hackethal »in seltenen Ausnahmefällen auch mal bei einer sorgsam geleiteten Geburt passieren. Diese Tatsache schützt die rabiatesten Geburtshelfer. Begründung: Das sei ein nicht sicher vermeidbares Ereignis.«

So wurde ein Verfahren der Staatsanwaltschaft eingestellt.[324]

Amputierte Brust – ein »Lackschaden«

Sechsmal innerhalb weniger Jahre mußten sich die Duisburger Frauenklinik und ihr Chefarzt Prof. Dr. med. Heinz Paschen Prozessen wegen Kunstfehlern stellen. Nicht gerechtfertigte Entfernung eines Uterus, nicht gerechtfertigte Entfernung einer Brust, durchtrennter Harnleiter (zweimal), und Zurücklassen einer Drainage-Lasche im Operationsgebiet (zweimal).

Elisabeth Heinrich* war eine von den Geschädigten: Sie war wegen geringer Zwischenblutungen beim Chefarzt in Behandlung. Dieser tastete ihre Brust ab und entschied ohne weitere Untersuchungen: Da ist ein pflaumengroßer Knoten drin, morgen wird operiert!

Die eingeschüchterte Frau nahm an, daß es sich bei solcher Dringlichkeit um eine gefährliche Krebsgeschwulst handelte, und willigte ein. Zunächst sollte der Knoten entnommen, in einem halben Jahr die Brust total amputiert werden. Dazu kam es nicht – denn eine Untersuchung in einem anderen Duisburger Krankenhaus ergab später keinerlei Anhaltspunkte auf Krebsverdacht. Doch zunächst wurde der Knoten entfernt, wobei die Operation scheinbar ohne Komplikationen verlief. Bis drei Monate später die Operationswunde mitten in einer Nacht wieder aufplatzte und ein länglicher Gegenstand herausquoll.

Elisabeth Heinrich versuchte vergeblich, Hilfe durch das Krankenhaus zu erlangen – der Professor habe erst in fünf Tagen wieder einen Termin frei, hieß es. So mußte sich die gequälte Patientin selbst mit der Pinzette einen zehn Zentimeter langen Plastikschlauch (Fachausdruck: Drainage-Lasche) aus der Wunde ziehen.

Der Professor wurde daraufhin zwar zur Zahlung einer Geldstrafe verurteilt, doch passierte haargenau dasselbe Mißgeschick später noch bei einer weiteren Patientin ... Wie so etwas zustande kommt, kann man sich vielleicht erklären, wenn man die patientenverachtende Einstellung des Chefarztes erfährt: Über die Laschen-Zwischenfälle meinte er: »Die zurückgelassenen Schläuche sind doch Bagatellen. Die Frauen haben keine bleibenden Schäden davongetragen.«

Und ein in seinem Sinne arbeitender Oberarzt hat sich dem Vernehmen nach gegenüber einer 35jährigen Frau, der gerade die Brust amputiert worden war, so geäußert: »Wegen dieses Lackschadens brauchen Sie doch nicht zu heulen.«[325]

TOTE SIND BILLIGER

Eigentlich bestand nach der Operation des zehnjährigen Ingo Speer* Grund zur Freude. Ihm war ein Tumor entfernt worden, der Heilungsverlauf verlief zufriedenstellend. Bis in der Universitätsklinik Münster ein Fehler passierte: Eine Pflegekraft vertauschte aus Versehen die Infusionslösungen und verabreichte dem Jungen Kalium statt Natrium. Ingo Speer fiel in ein Koma.

Ein tragischer Fall von menschlichem Versagen, wie er eigentlich nicht passieren dürfte, aber leider doch immer wieder mal passiert – weil auch im Krankenhaus wie im ganzen Gesundheitswesen Menschen mit all ihren Fehlern arbeiten.

Doch die Tragik wurde noch gesteigert: Die Ärzte bedrängten Ingos Eltern, die Einwilligung zu geben, daß die lebenserhaltenden Maschinen abgestellt würden. Die Eltern berichteten später, die Ärzte hätten in unvorstellbarer Roheit von dem Kranken gesprochen. Das sei doch kein Mensch mehr, was da im Koma liege, sondern nur noch eine Hülle. Auch vertraten die Ärzte die rechtswidrige Meinung, eigentlich bräuchten sie die Zustimmung der Eltern gar nicht. Sie müßten nur die Ethikkommission einzuberufen, um die Entscheidung selbst fällen zu können.

Schließlich gaben die Eltern dem Druck nach und stimmten der Abschaltung der Maschinen zu. Die Versicherung bezahlte 10 000 Mark »Schmerzensgeld« für die drei Monate Koma Ingo Speers, die den Eltern als Erben zufielen. Eine lange Pflege des Komakranken hätte unvergleichlich höhere Kosten verursacht. War das der Grund für das unmenschliche Verhalten?[326]

TOTALOPERATION BEI KAISERSCHNITT

Als Edeltraut Wernecke* nach einem Kaiserschnitt aus der Narkose erwachte, mischte sich in die Freude über das gesund zur Welt gekommene Neugeborene plötzlich Entsetzen: Die Ärzte hatten der jungen Frau mitgeteilt, daß sie bei der Gelegenheit gleich eine Unterleibs-Totaloperation vorgenommen hatten, so daß Edeltraut Wernecke niemals wieder Kinder würde haben können. Der Operateur begründete diese Maßnahme damit, daß er beim Kaiserschnitt einen Knoten auf der Gebärmutter gefunden habe und deshalb die Erweiterung der Operation indiziert gewesen sei. Schließlich habe Edeltraut Wernecke im voraus auf einem Formular ihre Einwilligung für eine eventuelle Erweiterung der Operation aus medizinischen Gründen gegeben.

Doch eine solche »Blankovollmacht« ist ungültig, wie ein Gericht später feststellte. Die Patientin hatte ihre Einwilligung natürlich nur auf Eingriffe im Zusammenhang mit dem Kaiserschnitt gegeben. Niemand hatte ihr vorher gesagt, daß eventuell ganze Organe entnommen würden. Wegen des irreparablen Schadens an ihrer Person sprach ihr das Landgericht Aachen ein Schmerzensgeld von 40 000 Mark zu.[327]

Nach dem Tod des gerade 32jährigen Bernd Sauter* fand seine Frau Susanne bittere Worte über die medizinische Zunft. Über Jahre hinweg war ihr Mann krank gewesen, schließlich wegen seines ständigen Asthmas zum Frührentner geworden – aber die Ärzte hatten ihn hauptsächlich als Simulant behandelt und die Schwere seiner Krankheit verkannt.

Dieser Vorwurf trifft insbesondere die zuletzt behandelnde, naturheilkundlich orientierte Internistin Dr. Merlin*. Sie hatte Sauter schon wegen des Asthmas behandelt und durch eine Behandlung in einer Lungenfachklinik auch kurzfristig gewisse Erfolge erzielt. Am 5.2. wurde sie wegen einer akuten Erkrankung mit hohem Fieber zu ihrem Patienten gerufen.

Die Ärztin diagnostizierte eine Lungenentzündung und wollte Sauter in ein Krankenhaus einweisen, was dieser zunächst ablehnte – zu stark war seine Leidensgeschichte auch mit schmerzhafter und ignoranter Klinikbehandlung verknüpft.

Nun gibt es ja durchaus auch die Möglichkeit, eine Lungenentzündung zu Hause zu behandeln, denn seit der Erfindung des Penizillins ist die Sterblichkeitsrate bei dieser schweren Krankheit von früher über 80 Prozent auf weniger als fünf Prozent gesenkt worden. Doch Frau Dr. Merlin dachte offenbar nicht daran, Antibiotika einzusetzen.

Weil ihr Patient angeblich allergische Reaktionen auf solche Arzneimittel gezeigt habe (dokumentiert sind lediglich einige wenige Allergien), verordnete sie ihm ausschießlich homöopathische Mittelchen, von denen später ein Gutachter bescheinigte: »Die im konkreten Fall durchgeführte medikamentöse Behandlung ist demnach so aufzufassen, als wäre die Lungenentzündung überhaupt nicht medikamentös behandelt worden.«

Und das hatte Folgen: Obwohl die Ärztin den Verfall des Patienten durch regelmäßige Hausbesuche mitbekam, blieb sie bei ihrer homöopathischen Therapie, wobei die Medikamentengabe durch eine Sauerstoffbeatmung ergänzt wurde. Am 10.2. wurde sie nachts um ein Uhr an das Krankenlager gerufen, wobei sie Frau Sauter mitteilte, daß der Gesundheitszustand ihres Mannes bedenklich sei. Doch auch jetzt verordnete sie weiter harmlose Medikamente. Die allerdings nahm Sauter nicht mehr – eine halbe Stunde nach dem Weggang der Ärztin war er tot.

Frau Dr. Melin rechtfertigte ihr Vorgehen später mit der Aussage: »Die homöopathische Behandlung einer Lungenentzündung ist eine ordnungsgemäße, den Regeln der Heilkunst entsprechende Behandlungsmethode, die auch im Hinblick auf den Patienten aussichtsreich war ...«

Doch da mußte sich die Naturheilkundlerin in einem internistischen Gutachten vorhalten lassen: »Mir sind keine durch homöopathische Heilmittel erzielten Heilungen bakteriell-eitriger Lungenentzündungen bekannt. Bereits Hahnemann, der Inaugurator der Homöopathie, hat dazu geraten, bei lebensbedrohlichen Zuständen zur allopathischen Medizin, das heißt zur Behandlung der Symptome, zu greifen.« Der Verfasser zitiert zusätzlich aus dem Standardwerk »Homöopathische Propädeutik«, wo es heißt: »Wann immer eine Lungenentzündung einen bedenklichen Weg einzuschlagen droht, ist die rechtzeitige Anwendung antibiotischer Mittel absolutes Gebot ...«

Der Gutachter kommt zu folgendem Schluß: »Es gibt überhaupt keinen Zweifel darüber, daß der Patient mit großer Wahrscheinlichkeit nicht an der Pneumonie gestorben wäre, wenn er bereits am 4./5.2., also am ersten oder zweiten Fiebertag, mit einem Antibiotikum behandelt worden wäre, nachdem die Beschuldigte anläßlich des Hausbesuchs bei ihm eine beidseitige Lungenentzündung diagnostiziert hatte.«

Das zuständige Schöffengericht schloß sich dieser Ansicht an und verhängte gegen Frau Dr. Merlin einen Strafbefehl wegen fahrlässiger Tötung in Höhe von 13 500 Mark.[328]

»BAUCHMIGRÄNE« WAR BLINDDARMDURCHBRUCH

Spezialkliniken haben sicher ihre Berechtigung: Wenn ganz bestimmte, fest umrissene Krankheitsbilder auftreten, können Ärzte, die sich auf die Behandlung dieser Störungen spezialisiert haben, sicher besser helfen, als ein »Wald- und Wiesendoktor«.

Manchmal jedoch, und diese Erfahrung mußte Julitta Pauly* machen, sind Spezialisten so auf ihr Spezialgebiet fixiert, daß sie von wichtigen allgemeinen Krankheitsbildern weniger Ahnung haben als jeder Praktiker. Im konkreten Fall war Julitta Pauly wegen Migräne, Herzrhythmusstörungen und Ergotismus (hervorgerufen durch ergotaminhaltige Tabletten) in eine Spezialklinik aufgenommen worden, wo sie von Frau Dr. Rust* mittels einer Neuraltherapie behandelt wurde.

Zunächst schien auch alles glatt zu verlaufen: Injektionen eines Lokalanästhetikums, durch welche die Auswirkungen des Monatszyklus auf die Migräne verhindert werden sollten, vertrug Frau Pauly gut.

Etwa 14 Tage nach Beginn des Krankenhausaufenthaltes klagte die Patientin plötzlich über Übelkeit, Erbrechen und Bauchschmerzen. Erst nachdem der Ehemannes gegenüber der diensthabenden Schwester mit juristischen Schritten gedroht hatte, besah sich die Frau Doktor die Patientin.

Sie überlegte laut, ob es sich vielleicht um eine Reaktion auf das von Julitta Pauly wegen der Übelkeit eingenommene Bittersalz oder vielleicht um eine »Bauchmigräne« (ein Begriff, der nicht im medizinischen Wörterbuch zu finden ist) handele. Dann verordnete sie ein Psychopharmakon, falls die Schmerzen stärker werden sollten, und ließ die Patientin liegen.

Die Schmerzen wurden stärker, am nächsten Tag sogar unerträglich. Frau Dr. Rust verordnete zunächst eine Infusion mit Ringerlösung (einer isotonischen Salzlösung) und Kochsalz, später mehrere Injektionen eines krampflösenden Mittels. Die Patientin litt jetzt unter fast unerträglichen Schmerzen und erbrach sich mehrmals. Ihr Ehemann fragte die Ärztin, ob es sich um eine Blinddarmentzündung handeln könne – doch darauf ging Frau Dr. Rust nicht ein. Sie verordnete weitere Injektionen.

Erst nachdem die Nachtschwester den Ernst der Lage erkannte und, statt weiter Injektionen zu verabreichen, Frau Dr. Rust dringend zu der Patientin bat, wies diese Julitta Pauly auf die chirurgische Abteilung des Kreiskrankenhauses ein.

Die Nachtschwester hatte der Frau das Leben gerettet. Bei einer sofortigen Notoperation stellte sich heraus, daß Frau Pauly unter einer »gangränos perforierten Appendix« und einer »kotigen Peritonitis« (Bauchfellentzündung) litt. Der gesamte Unterbauch war mit Eiter gefüllt.

»Daß eine hochakute Appendix, die innerhalb von 24 bis 36 Stunden perforiert, nicht als solche diagnostiziert wird, noch dazu, wenn die Patientin am Anfang der Erkrankung unter stationärer ärztlicher Überwachung steht, kann nur als grob fehlerhaft bezeichnet werden«, hieß es zu diesem Fall im Bescheid einer Gutachterstelle. Auch »Bauchschmerzen vor abgeschlossener Diagnostik mit Schmerzmitteln, krampflösenden und beruhigenden Medikamenten zu behandeln«, müsse als »grob fehlerhaft« bezeichnet werden.

Da nutzte es Frau Dr. Rust auch nichts, daß sie auf ihre hervorragende Weiterbildung in Neuraltherapie verwies. Die Gutachterkommission wies ihren Einspruch ab. Ihre Diagnose »Bauchmigräne« (ein »nicht gebräuchlicher [...] Begriff«) habe sie in die Irre geführt.[329]

Das falsche Bein

An der Qualifikation des chirurgischen Assistenzarztes wollte das Bamberger Klinikum keinen Zweifel aufkommen lassen: Er habe einwandfrei gearbeitet und das Bein des 63jährigen Ludwig Mansch* nach den Regeln der ärztlichen Kunst amputiert.

Dennoch war bei dieser Operation einiges, ja, das Entscheidende, schiefgelaufen. Denn als der Rentner aus der Narkose aufwachte, mußte er feststellen, daß ihm der falsche Unterschenkel abgenommen worden war.

Zwar gab es auch an diesem rechten Bein des Dialysepatienten schon Schädigungen, doch wäre es – im Gegensatz zum linken, das zur Amputation vorgesehen war – noch zu retten gewesen. So aber mußte das andere Bein nachträglich auch noch abgenommen werden, wodurch Ludwig Mansch endgültig zum Krüppel wurde. Wie sich herausstellte, hatten Pfleger das verkehrte Bein mit einem Gurt am OP-Tisch fixiert. Eine letzte Kontrolle durchzuführen war offenbar versäumt worden.

Für die Verwaltung des Krankenhauses eine »Verkettung unglücklicher Umstände«, für die man den Assistenzarzt, der kurz vor seiner Facharztprüfung stand, nicht haftbar machen wollte. Man könne schließlich nicht von einem Kunstfehler sprechen, sondern höchstens von einem »Blackout«.[330]

Pfusch aufdecken? Unkollegial!

An die Kumpanei unter Ärzten appellieren manche verbohrten Pfuscher auch noch, wenn einer von ihnen der Geschädigte ist. So jedenfalls sieht es im Fall des Gynäkologen Dr. Hermann Sieg* aus, der seine 38jährige Ehefrau zur Geburt ihres ersten Kindes in die Gießener Universitätsklinik brachte, weil bei ihr ein Kaiserschnitt indiziert war.

Einige Wochen später erhielt der inzwischen zum Witwer gewordene Gynäkologe vom Klinikleiter Dr. Sieg folgenden Brief: »Sie müßten imstande sein, das tragische Schicksal Ihrer Frau zu verkraften, und nicht den Fehler machen – wie ihn viele Laien begehen –, nämlich nun alles auf mich und meine Mitarbeiter abwälzen zu wollen [...]. Ich habe mir überlegt, ob ich Ihren Brief nicht an die Landesärztekammer Hessen weiterleiten soll, da Sie sich Ihrerseits ausgesprochen unkollegial verhalten.«

Was war geschehen? Nach dem Kaiserschnitt erhielt Dr. Sieg zunächst die Nachricht, Mutter und Kind – einem Sohn – gehe es gut. Doch das hielt offensichtlich nicht lange an. Denn vier Tage später mußte die Wöchnerin wegen eines Darmverschlusses und einer Lungenembolie erst in die Chirurgie, dann auf die Intensivstation. Dr. Sieg versuchte vergeblich, zu ihr vorzudringen – als es ihm schließlich nachts um vier Uhr (!) gelang, lag seine Frau tot im Bett. Dr. Sieg kontrollierte die Geräte und stellte fest, daß Puls und Blutdruck schon längere Zeit erloschen waren.

Der Arzt, der den Anblick seiner toten Frau mit riesig aufgetriebenem Leib nicht länger ertragen konnte, ging geschockt nach Hause. Dort erreichte ihn 26 Stunden später (!) der Anruf eines Professors der Klinik: Seine Frau sei soeben eingeschlafen ...

Zwar gingen aus dem von Dr. Sieg »unkollegial« angeforderten Sektionsbericht mehrere eindeutige Kunstfehler hervor, doch erwies es sich als mehr als schwierig, gegen Prof. Kunstmann* vorzugehen – dieser war in der Landesärztekammer auf mehreren Leitungspositionen aktiv. Und als Gutachter bestellte seine Versicherung einen Kollegen und guten Freund des Professors.[331]

STATT NATÜRLICHER GEBURT
KAISERSCHNITT MIT FOLGEN

Daß eine projektierte natürliche Geburt manchmal auch sehr unnatürlich – und mit entsetzlichen Folgen – ausgehen kann, zeigt der Fall der 23jährigen Corinna Seiffert*, die zur Entbindung extra in eine entsprechend spezialisierte Klinik ging.

Die Schwangere hatte zunächst das Pech, daß im Kreißsaal unerwartet viel los war. So wurde sie mit bereits geöffnetem Muttermund zunächst auf die Station verwiesen, wo sie sich mit der Lamaze'schen Atemtechik über die beginnenden Schmerzen hinweghelfen sollte.

Als dies nicht mehr ging, rief Corinna Seiffert die Hebamme zur Hilfe. Diese verordnete zunächst ein Bad und schloß die Gebärende erst dann an den Cardiotokographen zur Überwachung der Herztätigkeit des Kindes und der Wehentätigkeit an.

Das CTG zeigte Unregelmäßigkeiten, und auf einmal brach Hektik aus.

Der diensthabende Arzt zeigte sich überfordert. Der Chefarzt, dessen Behandlung vorher vereinbart worden war, konnte nicht erreicht werden. Schließlich ordnete ein Oberarzt den sofortigen Kaiserschnitt an, der auch überhastet ausgeführt wurde.

Zwar wurde das Kind auf diese Weise gerettet – es hatte Atemstörungen, erholte sich später aber -, doch bei der Mutter gab es schwerwiegende Komplikationen. Sie mußte wegen innerer Blutungen sofort noch einmal operiert werden, wobei ihr mehrere Liter Blut aus dem Bauch abgesaugt werden mußten. Auch sofortige Bluttransfusionen konnten nicht verhindern, daß Corinna Seiffert in ein Koma verfiel und zwei Wochen lang künstlich beatmet werden mußte. Als sie wieder zu sich kam, war ihr Gehirn unheilbar geschädigt.

Daß die verantwortlichen Ärzte wegen mehrfachem Fehlverhalten verurteilt wurden – fehlerhafte Organisation, mangelnde Überwachung der Kreißenden, eine Kaiserschnittoperation ohne die nötige Sorgfalt und zu spätes Erkennen der Nachblutungen –, war da nur ein magerer Trost für die Eltern von Corinna Seiffert, die zukünftig für ihr Enkelkind und für ihre behinderte Tochter sorgen mußten.[332]

Gebärmutter raus – Niere kaputt

Weil ein bei einer Krebsvorsorge entdecktes Myom (gutartiger Muskelknoten) angeblich zur Gefahr für Leib und Leben werden könne, wurde Bettina Richter* in Hamburg von ihrem Gynäkologen dringend nahegelegt, sich die Gebärmutter entfernen zu lassen.

Sie willigte ein – ein Entschluß mit weitreichenden Folgen. Denn der Operateur beschädigte bei der Operation einen Harnleiter geringfügig. Durch die Vernarbung kam es zum Verschluß des Harnleiters, das Urin staute sich in der Niere, und diese mußte schließlich entfernt werden. Zwar kann man mit einer Niere leben, aber es blieben Bluthochdruck und ständige Medikamenteneinnahme.

Als Bettina Richter nach ihrer Leidenszeit die verantwortlichen Ärzte zur Verantwortung ziehen und verklagen wollte, stellte sich heraus, daß in der Klinik wichtige Beweisstücke (u. a. das Schnittpräparat der Verwachsungen am Harnleiter, für das eine 30jährige Aufbewahrungspflicht besteht) verschwunden waren ...[333]

Diagnose an den falschen Adressaten

Die 52jährige Gudrun Fichtel* wurde nach einem Treppensturz mit einer gebrochenen Rippe ins Krankenhaus aufgenommen und zunächst auf die Intensivstation gelegt. Ihr Befinden war insgesamt unauffällig, dennoch wurde sie routinemäßig anläßlich der Verlegung auf die chirurgische Station geröntgt.

Dabei stellte der diensthabende Röntgen-Assistenzarzt überraschend einen bereits fortgeschrittenen Hämatothorax (Ansammlung von Blut) fest – eine ernste Diagnose, die sofortiges Handeln erforderte. Der Assistenzarzt rief nun auf der chirurgischen Station an, wo die zuständige Ärztin allerdings nicht zu erreichen war. So gab er die Diagnose einem Krankenpflegeschüler weiter, mit der Bitte, sie der Ärztin auszurichten. Der junge Mann hatte von der Tragweite der Diagnose keine Ahnung, und auch das von ihm informierte, frühstückende Pflegepersonal erfaßte die Dringlichkeit des Falls nicht. Niemand informierte die Ärztin, die zwischendurch mal auf die Station kam.

Gudrun Fichtel klagte inzwischen über zunehmende Schmerzen, die medikamentös behandelt wurden. Nachmittags erbrach sie, abends rief sie wegen Atembeschwerden nach einer Schwester.

Die eintreffende Schwester konnte kaum noch einen Puls ertasten, ein Arzt war nicht zu erreichen. Wiederbelebungsversuche blieben erfolglos – Frau Fichtel starb kurze Zeit später.

Der Röntgenassistenzarzt wurde vom Gericht wegen fahrlässiger Tötung verurteilt, weil er hätte sicherstellen müssen, daß seine Diagnose auch wirklich an die behandelnde Ärztin gelangte. Daß er den Befund nur einem Krankenpflegeschüler mitgeteilt hatte, wurde als Kunstfehler beurteilt, auch wenn sich der Arzt darauf berief, daß er überzeugt gewesen sei, einen examinierten Pfleger am Telefon zu haben.

Weil aber auch das andere Personal fehlerhaft gehandelt hatte, verhängte das Gericht lediglich eine Verwarnung und eine Geldstrafe.[334]

Obwohl Elvira Gratschow* ein ganzes Jahr lang ihrem Gynäkologen Dr. Thun* über Zwischenblutungen berichtete, verordnete dieser immer wieder lediglich blutungsstillende Mittel (die keinen Effekt hatten). Dr. Thun hatte sich ganz auf negativ ausfallende zytologische (Zelluntersuchung) und koloskopische Diagnostik verlassen. Dies aber war ein Verhängnis: Denn als Dr. Thun seine Patientin nach zwölf Monaten endlich wegen Verdachts auf einen Polypen oder einen Knoten der Gebärmuttermuskulatur in die Städtische Frauenklinik einwies, wurde dort ein fortgeschrittenes Karzinom festgestellt und wenig später in einer Radikaloperation entfernt. Gott sei Dank waren die umliegenden Gewebe metastasenfrei.

Zwei Wochen später mußte Elvira Gratschow noch mal unters Messer, weil sich ein faustgroßes Hämatom (Bluterguß) im Unterbauch gebildet hatte, das zu einer Lymphstauung und Temperaturerhöhung führte. Zurück blieben eine häßliche, große Narbe am Unterbauch und eine um die Hälfte verkürzte Scheide – Schäden, die in einer Klinik für plastische Chirurgie behoben werden mußten.

Zwar war nicht ganz klar, ob eine Operation zu einem früheren Zeitpunkt wesentlich anders ausgeführt hätte werden müssen, zumindest wären aber die Schäden an der Scheide mit Sicherheit vermieden worden. Ganz abgesehen davon, daß die Patientin monatelang unnötig unter den Blutungen litt.

Von einer Gutachterstelle wurde die ständige Verordnung von blutstillenden Mitteln trotz immer heftiger werdenden und auch farblich unterschiedlichen Blutungen – statt eine indizierte Ausschabung vorzunehmen – als »ein schwerer und für einen Gynäkologen gänzlich unverständlicher Fehler« bezeichnet.

Dr. Thun hatte zu Protokoll gegeben, daß es im Prinzip schon richtig sei, daß man bei jeder Zwischenblutung eine Ausschabung vornehmen sollte – in der Praxis sei dies wegen der Häufigkeit solcher Zwischenblutungen einfach nicht möglich. Auch nicht, wenn eine einzelne Patientin häufig Zwischenblutungen hat?[335]

Apallisches Syndrom nach »harmloser Spritze«

Wer denkt sich schon viel dabei, wenn der Facharzt zu einer Injektionsbehandlung rät? So etwas ist doch Routine. Bei Ingrid Chobot* hatte diese Routine fatale Folgen. Sie war wegen einer Hausstauballergie in Behandlung, und ihr behandelnder Arzt wollte eine Desensibilisierungstherapie durchführen. Zu diesem Zweck setzte er ihr in seiner Praxis eine Injektion.

Ingrid Chobot verließ die Praxis – und brach nach einer Viertelstunde unter einem anaphylaktischen Schock (allergische Reaktion auf das gespritzte Mittel) auf der Straße zusammen. Als Folge erlitt sie eine Hirnschädigung, ein apallisches Syndrom (Funktionsausfall der Großhirnrinde).

Da eine solche mögliche allergische Reaktion in der Regel innerhalb von 30 Minuten nach Verabreichung der Spritze auftritt und bei rechtzeitiger Behandlung mit einem Gegenmittel beherrscht werden kann, wäre der Arzt verpflichtet gewesen, seine Patientin so lange in seiner Praxis unter Beobachtung zu halten. Außerdem monierte das Landgericht Hannover, daß der Arzt Ingrid Chobot nicht über das Risiko der Behandlung aufgeklärt hatte. Der Mediziner wurde vom Landgericht Hannover zu einem Schmerzensgeld von 50 000 Mark verurteilt.[336]

Lange Geburt – katastrophale Folgen

Die 33jährige Beate Hausmann* bereitete sich auf eine normale Geburt vor. Mit leichten Wehen kam sie ins Kreiskran-

270

kenhaus, wo der zuständige Belegarzt sie untersuchte und keine außergewöhnlichen Befunde erhob.

Im Laufe des Tages wurden die Wehen schmerzhafter, in der darauffolgenden Nacht konnte Beate Hausmann nicht schlafen. Am nächsten Morgen wurde sie an den Wehentropf zur Infusion angeschlossen. Doch es dauerte noch bis zum Abend, bis sich der Muttermund vollständig geöffnet hatte.

Die Mutter war völlig erschöpft. Nach zwei Stunden Preßwehen kam das Kind schließlich in schlechtem Zustand zur Welt. Trotzdem wurde es erst nach 45 Minuten in die Kinderklinik verlegt. Es konnte noch nach zwei Jahren nicht selbständig sitzen, geschweige denn laufen. Gutachter hielten dem Gynäkologen später vor, daß die Eröffnungsperiode der Geburt das Doppelte, die Austreibungsperiode sogar das Dreifache der zu tolerierenden Zeit betragen habe. Ein Kaiserschnitt wäre dringend indiziert gewesen. Der Arzt zeigte keinerlei Einsicht. Seiner Ansicht nach sei die Geburt »durchaus normal« verlaufen ...[337]

Aus Narkose erwacht – Bein ab!

Vera Droste* lag wegen eines bösartigen Knotens im Bein im Krankenhaus. Am Vorabend der Operation bekam sie – genau wie eine im selben Zimmer liegende Mitpatientin – ein Formblatt zur Unterschrift vorgelegt: »Zur Klärung des Krankheitsbildes und zur Heilung notwendig werdende Nebeneingriffe finden meine Zustimmung«, stand dort unter anderem. Über die ebenfalls dort zu lesende Formel, sie sei über die Folgen der Operation unterrichtet, scherzte sie noch mit ihrer Zimmergenossin – davon konnte keine Rede sei. Dennoch unterschrieb sie und machte sich keine Sorgen mehr.

Am nächsten Tag, nach dem Aufwachen aus der Narkose, stand der Patientin das Entsetzen ins Gesicht geschrieben: Man hatte ihr, statt nur den Knoten herauszuschneiden, das ganze Bein amputiert! Ohne sie vorher zu fragen!

Lediglich mit ihrem Ehemann und ihrer Tochter hatte der Chirurg, wie sich später herausstellte, vorher gesprochen. Er hatte darauf gedrungen, Vera Droste nichts von der Diagnose Krebs zu sagen. Man solle sie, die erwachsene und autonome 47jährige Frau, vor der Operation nicht zusätzlich belasten ...

Doch auch die Angehörigen waren getäuscht worden. Denn bei dem Krankheitsbild »malignes Melanom« (schnell wachsender Hautkrebs) wäre lediglich eine Entfernung des Geschwulstknotens selbst angezeigt gewesen. Eine Amputation ist in solcher Fällen nicht üblich und nach Aussage aller Spezialisten und entsprechender Fachbücher fast nie angezeigt, außer wenn es sich um Zehen und Finger handelt.

Prof. Julius Hackethal, der diesen Fall berichtete: »Für die Amputation kassierte der Chirurg ein Mehrfaches von dem, was er bei alleiniger Ausschneidung der Knoten mit anschließender Hautplastik hätte in Rechnung stellen können.«[338]

Unersetzlicher Verlust

Der 63jährige Eugen Navratil* war ein rüstiger älterer Herr und als solcher im Herbst 1995 ziemlich zuversichtlich ins Wiener Allgemeine Krankenhaus (AHK) gekommen. Die vorgesehene Penisbeschneidung würde er aller Voraussicht nach gut überstehen.

Sein Pech war, daß es in Wien viele Menschen namens Navratil gibt. Als der Patient im Wartezimmer der Großklinik aus dem Mund eines Pflegers seinen Namen (oder jedenfalls einen ähnlich klingenden) hörte, meldete er sich ergeben – irgendwann mußte es ja mal losgehen.

Der Krankenhausangestellte, der Herrn Navratil nicht persönlich kannte, dachte nicht daran, dessen Erkennungsband zu überprüfen. Dieses wurde vom Anästhesisten anschließend entfernt, um eine Injektion verabreichen zu können. Auch der Chirurg sah keinen Anlaß zu einer Identitätsprüfung des bereits narkotisierten Operationswilligen – die Zeit drängte, das Skalpell wurde angesetzt.

Als Herr Navratil wieder aufwachte, waren ihm zwei unersetzliche Körperteile abhanden gekommen: Statt den Penis zu beschneiden, hatte man ihm beide Hoden abgenommen ...[339]

Abkürzungen

AiP   – Arzt im Praktikum (Ausbildung)
AOK – Allgemeine Ortskrankenkasse
BDI   – Berufsverband Deutscher Internisten
EBM – Einheitlicher Bewertungsmaßstab für ärztliche
        Leistungen
GKV – Gesetzliche Krankenversicherung
GOÄ – Gebührenordnung für Ärzte
IKK   – Bundesverband der Innungs-Krankenkassen
KBV – Kassenärztliche Bundesvereinigung
KV   – Kassenärztliche Vereinigung
Op   – Operation
OP   – Operationssaal
PJ   – Praktisches Jahr (Arzt-Ausbildungsjahr im
        Krankenhaus)
PKV – Verband der Privaten Krankenversicherung

LITERATURVERZEICHNIS

Adler, Ekkehart: *Kranke Rezepte*, Greno Verlagsgesellschaft, Nördlingen 1988.

Ärztefehler – pfuschen und vertuschen. Herausgegeben vom Allgemeinen Patienten-Verband (apv) in Marburg, Fischer Taschenbuch Verlag, Frankfurt/M. 1985.

Büchel, Kurt: *Das Medizin-Syndikat*, Kiepenheuer & Witsch, Köln 1976.

Cyran, Wolfgang: *Vermeidbare Behandlungsfehler des Arztes. Aus der Praxis einer Gutachterstelle*, Gustav Fischer, Stuttgart 1992.

Dupré, Dr. med. Karl: *Ärztliche Behandlungsfehler. Geschädigte Patienten und ihre Rechtsansprüche*, Dr. Werner Jopp Verlag, Wiesbaden 1989.

Federspiel, Krista; Kirchhoff, Wolfgang: *Lückenlos. Die goldenen Geschäfte der Zahnärzte*, Kiepenheuer & Witsch, Köln 1988, Taschenbuch: Knaur, München 1991.

Hackethal, Julius: *Der Meineid des Hippokrates. Von der Verschwörung der Ärzte zur Selbstbestimmung des Patienten*, Gustav Lübbe Verlag, Bergisch-Gladbach 1992.

Hackethal, Julius: *Krankenhaus. Über Patientenschicksale und Zustände in unseren Kliniken*, F. A. Herbig Verlagsbuchhandlung, München, Taschenbuch: Gustav Lübbe Verlag, Bergisch Gladbach 1994.

Handeln statt schlucken. Henno Lohmeyer im Gespräch mit Ellis Huber, edition q, Berlin 1993.

Holzhütter, Dr. med. Rainer: *Vorsicht Krankenhaus! Die Misere in deutschen Krankenhäusern*, Ullstein, Berlin 1996.

Körner, Wolfgang: *Der einzig wahre Patienten-Berater. Vom Kreißsaal bis zur Intensivstation*, Rowohlt Taschenbuch Verlag, Reinbek 1988.

Lenzen, Dieter: *Krankheit als Erfindung. Medizinische Eingriffe in die Kultur*, S. Fischer, Frankfurt 1991.

Mallach, Hans Joachim; Schlenker, Gerhard; Weiser, Alfons: *Ärztliche Kunstfehler. Eine Falldarstellung aus Praxis und Klinik sowie ihre rechtliche Wertung*, Gustav Fischer Verlag, Stuttgart, Jena, New York 1993.

Mendelsohn, Dr. med. Robert S.: *Trau keinem Doktor. Über die Gefahren der modernen Medizin und wie man sich davor schützen kann*, Mahajiva Verlag, Holthausen über Münster 1988.

Schindele, Eva: *Pfusch an der Frau, Krankmachende Normen, Überflüssige Operationen, Lukrative Geschäfte*, Rasch und Röhring, Hamburg 1993.

Schönberger, Alwin: *Patient Arzt. Der kranke Stand*, Ueberreuther, Wien 1995.

Schröder, Gerhard; Schnitzler, Andreas: *Was kostet das Kranksein?* Walhalla Fachverlag, Regensburg, Bonn 1996.

Schwabe, Hans: *Ärzte. Ein Arzt übt Kritik*, S. Roderer Verlag, Regensburg 1985.

Sichrovsky, Peter: *Krankheit auf Rezept. Die Praktiken der Praxisärzte*, Kiepenheuer & Witsch, Köln 1984.

Szasz, Thomas S.: *Der Mythos der Psychotherapie*, Europa Verlag, Wien 1982.

Wiese, Beate: *Ärztliche Kunstfehler*, Fischer Taschenbuch Verlag, Frankfurt/M. 1995.

Zehentbauer, Josef; Steck, Wolfgang: *Chemie für die Seele. Gefahren und Alternativen*, Athenäum Verlag, Königstein 1986.

QUELLENHINWEISE

1 *Süddeutsche Zeitung*, 17.9.1997
2 *SPIEGEL*, 52/1996, S. 174
3 *Hartmannbund-Magazin*, 9/1996, S. 9
4 *SPIEGEL*, 52/1996, S. 174
5 *Hartmannbund-Magazin* 2/97, S. 6
6 *Medical Tribune*, 23.10.1992, S. 54
7 *Medical Tribune*, 16.8.1991, S. 18
8 *SPIEGEL*, 52/1996, S. 174
9 BDI Rundschreiben 4/97, S. 10
10 Dr. med. Mabuse, Juli/August 1996, S. 23
11 U. a. in: Hackethal, *Der Meineid des Hippokrates*, S. 19
12 *Handeln statt schlucken*, S. 173
13 *SPIEGEL*, 26/1997, S. 70
14 Dupré, S. 31
15 Dupré, S. 113
16 *Handeln statt schlucken*, S. 188
17 *SPIEGEL*, 26/1997, S. 70
18 Schwabe, S. 90
19 *Berliner Zeitung*, 28.2.1997
20 *Handeln statt schlucken*, S. 139
21 *Berliner Zeitung*, 1.10.1996
22 *Berliner Zeitung*, 4.9.1997
23 Ärzte-Zeitung, 23.4.1997

24 Ärzte-Zeitung, 30.10.1996

25 Ärzte-Zeitung, 15.4.1997

26 Ärzte-Zeitung 30.10.1996

27 Ärzte-Zeitung, 22.4.1997

28 Ruhr-Nachrichten, 21.1.1997

29 Federspiel/Kirchhoff, S. 105

30 Federspiel/Kirchhoff, S. 103

31 Alle Zahlen nach: Federspiel/Kirchhoff, S. 99 ff.

32 Capital, 6/97, S. 172

33 Dr. med. Mabuse, Juli/August 1996, S. 22 ff.

34 SPIEGEL, 21/1996, S. 204

35 Therapiewoche, 6/1996, S. 318

36 Büchel, S. 66

37 Schwabe, S. 77

38 Schröder/Schnitzler, S. 18 f.

39 Ärzte-Zeitung, 1.12.1994

40 Federspiel/Kirchhoff, S. 82

41 Hartmannbund-Magazin 9/96, S. 16

42 Holzhütter, S. 90 f.

43 SPIEGEL, 32/1995, S. 159

44 Dr. med Mabuse, Juli/August 1996, S. 102

45 »plusminus«, ARD, 12.8.1997

46 Bild, 25.6.1997

47 Express, 11.7.1997

48 BDI Rundschreiben 4/97, S. 11

49 Zitiert nach: plus, 9/97, S. 64

50 Süddeutsche Zeitung, 7.8.1997

51 Dr. med. Mabuse, Juli/August 1996, S. 24

52 Dr. med. Mabuse, Juli/August 1996, S. 25

53 Hartmannbund-Magazin, 3/97, S. 9

54 Hackethal, Der Meineid des Hippokrates, S. 215

55 Süddeutsche Zeitung, 30.9.1997

56 Körner, S. 28

57 *Capital,* 6/1997, S. 178

58 *Medical Tribune,* 16.8.1961, S. 18

59 *Medical Tribune,* 24.5.1996, S. 16 f.

60 Nach: *SPIEGEL,* 14/1997, S. 100

61 Nach: *Bild,* 13.7.1997

62 AP, 5.7.1995 '

63 *Handeln statt schlucken,* S. 172 f.

64 Schindele, S. 22

65 *Handeln statt schlucken,* S. 171 ff.

66 Hackethal, *Der Meineid des Hippokrates,* S. 445

67 *Handeln statt schlucken,* S. 158 f.

68 *Capital,* 6/96, S. 172

69 Mendelsohn, S. 12

70 Mendelsohn, S. 168

71 Schwabe, S. 86 f.

72 *SPIEGEL,* 27/1997, S. 67

73 Hackethal, *Der Meineid des Hippokrates,* S. 172

74 Zitiert in: Hackethal, *Der Meineid des Hippokrates,* S. 209

75 Dupré, S. 134 f.

76 Mendelsohn, S. 170 f.

77 *Bild,* 25.6.1997

78 *Therapiewoche,* 6/1996, S. 311

79 *SPIEGEL,* 32/1993, S. 163

80 *Therapiewoche,* 6/1996, S. 312 ff.

81 Schwab, S. 91

82 *Therapiewoche,* 6/1996, S. 312

83 Barmer, 3/97, S. 37

84 *SPIEGEL,* 32/1993, S. 169

85 Holzhütter, S. 9

86 Holzhütter, S. 9 f.

87 Zitiert nach: Holzhütter, S. 130 f

88 Holzhütter, S. 10

89 Mendelsohn, S. 14

90 Zitiert nach: Büchel, S. 44

91 *Handeln statt schlucken*, S. 169 f.

92 Zitiert nach: *Hartmannbund-Magazin*, 7–8/1996, S. 4

93 Alle folgenden Angaben aus: Büchel, S.9ff

94 Zitiert nach: Büchel, S. 19

95 Zehentbauer/Steck, S. 43

96 Zitiert nach: *Stern*, 23.11.1989, S. 38

97 Adler, S. 81

98 *Stern*, 23.11.1989, S. 41 f.

99 *Stern*, 23.11.1989, S. 62

100 Zitiert nach: Schindele, S. 79

101 Schindele, S. 79

102 *Medical Tribune*, 27.6.1997, S. 3

103 Zitiert nach: Schindele, S. 77

104 Mendelsohn, S. 58

105 Schindele, S. 79 ff.

106 Hackethal, *Der Meineid des Hippokrates*, S. 199

107 *SPIEGEL*, 26/1987, S. 131

108 *SPIEGEL*, 26/1987, S. 140

109 Hackethal, *Der Meineid des Hippokrates,* S. 74

110 *Süddeutsche Zeitung*, 18.10.1997

111 *Ruhr-Nachrichten*, 18.2.1997

112 *SPIEGEL*, 32/1995, S. 161

113 *SPIEGEL*, 32/1995, S. 158

114 *Berliner Zeitung*, 30.5.1996

115 *Berliner Zeitung*, 26.6.1996

116 Nach *SPIEGEL*, 32/1995, S. 158

117 *Berliner Zeitung*, 24.7.1995

118 Zitiert nach: *SPIEGEL*, 32/1995, S. 162

119 Nach: *Bild*, 23.5.1997

120 Zitiert nach: Berliner Zeitung, 13.4.1996

121 Hannelore Hegyi, Wien, in der *Berliner Zeitung*, 24.7.1995

122 *SPIEGEL*, 32/1995, S. 163

123 Zitiert nach: *SPIEGEL*, 32/1995, S. 162

124 Nach: *SPIEGEL* 37/1997

125 Alle Fakten aus: *Süddeutsche Zeitung*, 18.10.1997

126 Alle Fakten aus: *Medical Tribune*, 16.5.1997

127 Zitate nach: *SPIEGEL*, 26/1996, S. 164

128 *Rheinisches Ärzteblatt*, 6/1996, S. 7

129 *SPIEGEL*, 40/1997, S. 80 f.

130 *Bild*, 9.9.1997

131 *Zeit*, 43/1997, S. 46

132 *Süddeutsche Zeitung*, 11.3.1997

133 Nach: *SPIEGEL*, 1/1997, S. 55

134 Federspiel/Kirchhoff, S. 51

135 Federspiel/Kirchhoff, S. 83

136 Nach: Federspiel/Kirchhoff, S. 16

137 *BDI Rundschreiben*, 4/1997, S. 20

138 Interview in: *Zahnärztliche Praxis*, 7+8/1994, S. 262

139 *Arzt & Wirtschaft*, 1/1997, S. 52

140 *Arzt & Wirtschaft*, 1/1997, S. 50

141 *SPIEGEL*, 24/1997, S. 104

142 *SPIEGEL*, 24/1997, S. 101 f.

143 Zitiert nach: Federspiel/Kirchhoff, S. 107

144 *SPIEGEL*, 24/1997, S. 104

145 Nach: *SPIEGEL*, 24/1997, S. 104

146 Nach: *SPIEGEL*, 24/1997, S. 104

147 *Berliner Zeitung*, 7.4.1995

148 *Berliner Zeitung*, 8.4.1995

149 *Berliner Zeitung*, 3.8.1995

150 *Berliner Zeitung*, 12.9.1995

151 *Berliner Zeitung*, 17.5.1996

152 *Berliner Zeitung*, 29.1.1997

153 Lenzen, S. 129

154 Nach: Lenzen, S. 65

155 Lenzen, S. 68 f.

156 Lenzen, S. 123

157 *SPIEGEL*, 22/1994, S. 92

158 *Berliner Zeitung*, 30.5.1994

159 *SPIEGEL*, 22/1994, S. 94 f.

160 *SPIEGEL*, 22/1994, S. 98

161 Ärzte-Zeitung, 3.6.1994

162 Ärzte-Zeitung, 1.6.1994

163 Ärzte-Zeitung, 1.6.1994

164 Ärzte-Zeitung, 1.6.1994

165 *Deutsches Ärzteblatt*, 24/1994, S. A-1689

166 *SPIEGEL*, 13/1995, S. 120

167 Ärzte-Zeitung, 1.6.1994

168 Ärzte-Zeitung, 1.6.1994

169 Ärzte-Zeitung, 3.6.1994

170 *Berliner Zeitung*, 2.6.1994

171 *Deutsches Ärzteblatt*, 24/1994, S. A-1688

172 *SPIEGEL*, 13/1995, S. 120

173 *SPIEGEL*, 13/1995, S. 121

174 *Berliner Zeitung*, 7.12.1995

175 *Ärzte-Zeitung*, 6.12.1995

176 *Ärzte-Zeitung*, 6.12.1995

177 *Berliner Zeitung*, 7.12.1995

178 Laut: *SPIEGEL*, 30/1996, S.148

179 *SPIEGEL*, 30/1996, S.149

180 *SPIEGEL*, 30/1996, S.149

181 *Berliner Zeitung*, 14.1.1997

182 *Berliner Zeitung*, 22.3.1997

183 *Berliner Zeitung*, 11.6.1997

184 *Süddeutsche Zeitung*, 13.9.1997

185 *Ärzte-Zeitung*, 16.6.1997

186 *Bild*, 4.7.1997

187 Fakten nach: Ärzte-Zeitung, 7.7.1996

188 *Hamburger Abendblatt*, 4.7.1997

189 Ärzte-Zeitung, 16.6.1997

190 Ärzte-Zeitung, 16.6.1997

191 Ärzte-Zeitung, 11.7.1997

192 »plusminus«, ARD, 24.6.1997

193 Fakten und Zitate aus: *Capital*, 6/1997, S. 172

194 *Focus*, 14/1997, S. 15

195 Nach: *SPIEGEL*, 23/1994, S. 91 ff.

196 Nach: *Berliner Zeitung*, 16.7.1996

197 *Berliner Zeitung*, 22.11.1996

198 *SPIEGEL*, 23/1994, S. 91 ff.

199 Nach: *SPIEGEL*, 38/1995, S. 90

200 *SPIEGEL*, 38/1995, S. 90

201 Nach: *SPIEGEL*, 23/1994, S. 91 ff

202 *SPIEGEL*, 23/1994, S. 91 ff.

203 *SPIEGEL*, 23/1994, S. 91 ff.

204 *Hartmannbund-Magazin*, 9/96, S. 18

205 *Welt am Sonntag*, 17.8.1997, S. 4

206 »Report«, ARD, 4.8.1997

207 In: »Report«, ARD, 4.8.1997

208 *Zeit*, 30/1997, S. 29

209 Nach: *Zeit*, 30/1997, S. 29

210 Nach: *Zeit*, 30/1997, S.29

211 *Rheinische Post*, 6.8.1997

212 *SPIEGEL*, 46/1995

213 Nach: *Berliner Zeitung*, 30.10.1995

214 Alle Angaben nach: *Zeit*, 30/1997, S. 32

215 In: *SPIEGEL*, 46/1995, S. 57

216 Sichrovsky, S. 45

217 Sichrovsky, S. 217

218 Sichrovsky, S. 216

219 *Handeln statt schlucken*, S. 128

220 Schwabe, S. 14

221 *Handeln statt schlucken*, S. 88 f.

222 *Capital,* 6/97, S. 178
223 Fax-Abruf-Informationen von »plusminus«, ARD,
    24.6.1997
224 *Berliner Zeitung,* 24.6.1996
225 *Berliner Zeitung,* 29.3.1995
226 *SPIEGEL,* 4/1997, S. 64 ff.
227 *SPIEGEL,* 5/1997, S. 18
228 *SPIEGEL,* 4/1997, S. 68
229 *SPIEGEL,* 4/1997, S. 68
230 *SPIEGEL* 31/1997, S. 51
231 Nach *SPIEGEL,* 31/1997, S. 51
232 Leserbrief in *SPIEGEL,* 33/1997, S. 13
233 *Süddeutsche Zeitung,* 7.8.1997
234 *Süddeutsche Zeitung,* 7.8.1997
235 *Ruhr-Nachrichten,* 28.8.1997
236 *Süddeutsche Zeitung,* 29.9.1997
237 *Medical Tribune,* 2.2.1996
238 *Medical Tribune,* 2.2.1996
239 Laut *Süddeutsche Zeitung,* 7.10.1997
240 *Süddeutsche Zeitung,* 7.10.1997
241 *Münchner Abendzeitung,* 22.9.1997
242 Siehe 6. Kapitel, »Sucht als Einnahmequelle«
243 Internet www.PlastischeChirurgie.de, Seite »Wir über
    uns«, 10/1997
244 *Berliner Zeitung,* 11.3.1995
245 *Brigitte,* 23/1997
246 *Süddeutsche Zeitung,* 21.10.1997
247 *SPIEGEL* 36/1997, S. 128
248 Dupré, S. 138 f.
249 *Brigitte,* 23/97
250 Dupré, S. 139
251 Schwabe, S. 97
252 Schwabe, S. 99

253 Schwabe, S. 99

254 *SPIEGEL*, 22/1988, S. 61

255 *SPIEGEL* 22/1988, S. 88

256 Bertelsmann Discovery 1997, Stichwort »Kunstfehler«

257 Dupré, S. 45

258 Mallach u. a., S. 16

259 Dupré, S. 48

260 »Stern-TV«, RTL, 7.8.1997

261 Alle Zitate in diesem Zusammenhang: *Medical Tribune*,
3.4.1992, S. 66

262 *Berliner Zeitung*, 21.5.1997

263 Alle Zitate in diesem Zusammenhang: *Ärzte-Zeitung*,
2.10.1966

264 Dupré, S. 32

265 *Focus*, 8/1995, S. 150 ff.

266 Beispiele aus: *Ärztefehler – pfuschen und vertuschen*, S. 120

267 *SPIEGEL*, 38/1997, S. 191

268 Nach: *SPIEGEL*, 38/1997, S. 192

269 *Zeit*, 18.7.1997, S. 30

270 Hackethal, *Der Meineid des Hippokrates*, S. 161

271 ARD-Videotext, 31.5.1997

272 Wiese, S. 19

273 *Süddeutsche Zeitung*, 17.7.1997

274 Sichrovsky, S. 52 f.

275 *Düsseldorf Express*, 11.8.1997

276 *Capital*, 6/97, S. 117

277 Alle Zitate: *Zeit*, 18.7.1997, S. 30

278 *Focus*, 25/1995, S. 184

279 *SPIEGEL*, 22/1988, S. 61 ff.

280 Wiese, S. 32

281 Alle Fakten aus: *SPIEGEL*, 6/1997, S. 178 f.

282 Hackethal, *Der Meineid des Hippokrates*, S. 16

283 Dupré, S. 86

284 *Medical Tribune*, 13.9.1991, S. 40

285 Schönberger, S. 16 f.

286 Schönberger, S. 17

287 Mendelsohn, S. 150 f.

288 Alle Zitate in diesem Zusammenhang: Mendelsohn, S. 130 f.

289 *Düsseldorf Express*, 11.8.1997

290 *SPIEGEL*, 6/97, S. 179

291 »Stern-TV«, RTL, 7.8.1997

292 *Deutsche Medizinische Wochenschrift*, Band 118, Heft 6 (1993), S. 181 ff.

293 Mallach u. a., S. 21 ff.

294 Dupré, S. 104 ff.

295 *Medical Tribune*, 4.9.1992, S. 14

296 Cyran, S. 233 f.

297 Büchel, S. 176 f.

298 Wiese, S. 90

299 »Stern-TV«, RTL, 7.8.1997

300 Cyran, S. 288 ff.

301 *Medical Tribune*, 15.3.1996

302 Schindele, S. 243 f.

303 Mallach u. a., S. 24 ff.

304 Dupré, S. 107

305 *Focus*, 8/1995, S. 150 f.

306 *Medical Tribune*, 7.6.1996

307 Mallach u. a., S. 227 ff.

308 Cyran, S. 153 ff.

309 Wiese, S. 90 f.

310 Schindele, S. 244 f.

311 Dupré, S. 88

312 Cyran, S. 303 ff.

313 *SPIEGEL*, 22/1988, S. 67

314 *Medical Tribune*, 31.1.1997

315 Schindele, S. 83 f.

316 *Ärztefehler – pfuschen und vertuschen*, S. 81 ff.

317 Wiese, S. 64 f.

318 »Stern-TV«, RTL, 7.8.1997

319 Cyran, S. 186 ff.

320 »Jetzt reicht's«, SAT1, 9.4.1997

321 Dupré, S. 84 f.

322 Mallach u. a., S. 257 ff.

323 Schindele, S. 87

324 Hackethal, *Krankenhaus,* S. 183 ff.

325 Büchel, S. 185 ff.

326 »Stern-TV«, RTL, 7.8.1997

327 Wiese, S. 65

328 Mallach u. a., S. 280 ff.

329 Cyran, S. 135 ff.

330 *Focus,* 13/1996, S. 64

331 Büchel, S. 182 ff.

332 Dupré, S. 75 f.

333 Schindele, S. 86

334 *Medical Tribune*, 5.4.1991, S. 68

335 Cyran, S. 49 ff.

336 Wiese, S. 19

337 Dupré, S. 77 f.

338 Hackethal, *Krankenhaus*, S. 121 ff.

339 *Berliner Zeitung*, 3.11.1995

HEYNE
BÜCHER

Stichwort

*»Die Taschenbuch-
Reihe gibt knappe,
übersichtliche und
aktuelle Auskünfte
zu den jeweiligen
Themen.«*
Westfälische Rundschau

Eine Auswahl:

Heyne-Taschenbücher